# 中国口语传播研究 2023

CHINA
SPEECH
COMMUNICATION
RESEARCH

主编 ◎ 巩晓亮

中国传媒大学出版社
·北京·

图书在版编目(CIP)数据

中国口语传播研究. 2023 / 巩晓亮主编. -- 北京：中国传媒大学出版社，2023.12
ISBN 978-7-5657-3476-2

Ⅰ.①中… Ⅱ.①巩… Ⅲ.①口语—传播学—中国—文集 Ⅳ.①G206-53

中国国家版本馆 CIP 数据核字（2023）第 176292 号

## 中国口语传播研究（2023）
ZHONGGUO KOUYU CHUANBO YANJIU（2023）

| | |
|---|---|
| 主　　编 | 巩晓亮 |
| 策划编辑 | 黄松毅 |
| 责任编辑 | 张　静 |
| 特约编辑 | 李　婷 |
| 责任印制 | 李志鹏 |
| 封面设计 | 拓美设计 |
| 出版发行 | 中国传媒大学出版社 |
| 社　　址 | 北京市朝阳区定福庄东街1号　　邮　编　100024 |
| 电　　话 | 86-10-65450528　65450532　　传　真　65779405 |
| 网　　址 | http://cucp.cuc.edu.cn |
| 经　　销 | 全国新华书店 |
| 印　　刷 | 唐山玺诚印务有限公司 |
| 开　　本 | 787mm×1092mm　1/16 |
| 印　　张 | 18 |
| 字　　数 | 332 千字 |
| 版　　次 | 2023 年 12 月第 1 版 |
| 印　　次 | 2023 年 12 月第 1 次印刷 |
| 书　　号 | ISBN 978-7-5657-3476-2/G·3476　　定　价　88.00 元 |

本社法律顾问：北京嘉润律师事务所　郭建平

# 目 录

**专题策划｜话语创新：口语传播与媒体变革**

3　新文科建设与新学科目录交互背景：播音主持艺术专业的人文素养提升辨析
　　周　星

8　应变与求变
　　——新学科目录视野下口语传播人才培养模式再思考
　　姚　争

13　有声书类节目声音传播的几个核心问题再议
　　曾志华

17　网络流行语与新媒体环境下的口语传播
　　高贵武

20　丝绸之路与现代传播的思考
　　于　飞

25　我国口语传播研究的学术图景与展望
　　——基于 CiteSpace 的知识图谱分析
　　巩晓亮

**口语传播前沿话题研究**

41　国家话语口语传播的公共表达属性与创新空间
　　赖冬阳

| 52 | 主持传播：原点思维与理论路向的再书写 |
| --- | --- |
| | 叶昌前　王艺静 |

| 64 | 讲故事：口语传播的媒介之旅 |
| --- | --- |
| | 米斯茹 |

| 72 | 嬗变与涅槃：全域视听传播的对话黏性解构 |
| --- | --- |
| | 杨　忠 |

| 86 | 再现与重塑：中国演播艺术家口述史的叙事结构 |
| --- | --- |
| | 胡子豪 |

| 95 | 数字修辞口语产制策略研究 |
| --- | --- |
| | 卢佳音 |

| 107 | 人机交互：智媒语境下口语传播新态势 |
| --- | --- |
| | 王路阳 |

| 115 | 社交语言"动物化"：青年群体的心理投射及审思 |
| --- | --- |
| | 孙　昊　余昕晨 |

| 123 | 社交媒体语境下仪式化传播的新主持艺术 |
| --- | --- |
| | ——以主播晃然的直播陈述方式为例 |
| | 温　凯 |

| 129 | 口语传播实践视域下的有声书制作出版 |
| --- | --- |
| | 郭金锦 |

## 口语传播课程与教学研究

| 141 | 守正·历史·创新·未来 |
| --- | --- |
| | ——全媒体播音主持人才培养的新路径和新模式 |
| | 王　群 |

| 148 | 自媒体视域下主持人的多维度培养思考 |
| --- | --- |
| | 张大鹏 |

| 153 | 全媒体语境下播音主持业务融合创新研究
周 隽　舒 雨

| 161 | 成为内容生产者和传播多面手
——融媒体时代主持人自我提升的方法论
马 聪

| 170 | 元宇宙视域下的口语传播教育新图景
侯 月

| 176 | 播音主持师资培养中的"三看齐"理念与实践
——以四川师范大学播音与主持艺术方向为例
杨小锋

| 185 | 保卫言说：数字口语传播生态中播音主持艺术专业的担当与革新
李亚铭　李 虓

| 200 | 从主持大赛的赛制设置看播音主持人才培养的着力方向
李子彤　朱俊河

### ● 行业口语传播研究

| 211 | 传播好中国声音：校外教育口语传播矩阵构建的多元化探索
林 毅

| 219 | 童言童语"话"世界
——儿童艺术语言课程开发实践研究
宋护彬

| 228 | 从"讲述"故事到"讲活"故事
——基于"生本化"的儿童口语教育探索
朱凌佳

| 235 | 垂直领域口语表达技巧探索
——以带货主播培养为例
侯威全

| 243 | 青少年口语表达能力测评内容的研究与设计
孙莜佳　林　毅

| 253 | 口语传播情境下医生职业语言能力探究
张人匀

| 261 | 政务直播的口语传播策略研究
王　瑞

| 271 | 第七届口语传播学术论坛（2022）综述
巩晓亮　邹　运

# 专题策划

## 话语创新：口语传播与媒体变革

# 新文科建设与新学科目录交互背景：播音主持艺术专业的人文素养提升辨析

◆ 周 星*

**摘要：** 本文立足于"新文科建设和新学科目录交互背景"这一基点，深入探讨播音主持专业人才培养。首先分析了新文科建设与新学科目录交互背景下播音主持理论与实践交互融合的关系；其次通过丰富的案例探析播音主持人才培养须注重培育人文素养、树立正确三观、凸显情感价值、鼓励个性表达；最后展望未来播音主持人才培养路径。

## 一、新文科建设与新学科目录交互背景下播音主持人才培养核心：理论与实践相结合

非常感谢会议的邀请，作为外行参与学习，机会难得。接下来我将以正标题提到的"新文科建设与新学科目录交互背景"这一基点来谈谈浅薄的感受。已经有两年建设周期的新文科建设的观念开始深入人心，同时似乎也遇到一些发展的瓶颈。在面对如何向前拓展，向深度拓展，追求交叉融合培养人文社会科学家的新文科建设人才培养目标的时候，我已经看到许多研究者提出了自己的许多见解。而就在此刻，新的学科目录就给予了包括播音与主持艺术专业在内的艺术类学科似乎是反向性的冲击。为什么这么说？因为新文科建设注重的是交融、借鉴、交叉。因此，它更多的是扩展、跨越自己的学科，来适应时代发展的需要。而新的学科目录的趋向似乎是更加重视专业人才在实践性、实务性方面的培养。因此，新文科建设人才培养显然就更需要培养

---

* 周星，教育部戏剧与影视教学指导委员会主任委员、北京师范大学艺术与传媒学院教授。

具有专、精、深的与自身专业和学科相关的技能技巧。从表面上看，两者就有一些抵牾。不过，从它的积极性方面来理解，也许可以视为两者之间是一种交互的关系。我更愿意用积极的眼光来确认新文科建设和新的学科目录所产生的作用。

我们知道，基于传播学、语言学和艺术学这三者的具有交叉性的播音与主持艺术专业，已经蕴含着天然的跨学科性质。而口语传播再如何强化，它的语言根底和传播目标手段都离不开人去实施艺术表达。所以，若专论它依存于播音与主持艺术的归属的一面，自然需要密切关注其受新的学科目录的必然影响，即实践专业性的凸显如何调整。其实，播音与主持艺术专业自然是强化实践的，同时它也离不开多学科理论的影响，正如艺术学科整体也是一样的。人所共知，经过11年艺术学理论和实践相互促进而形成的艺术学科的良好局面，使艺术学科本身已经具备了难以摆脱实践的理论建构，以及同样难以隔离开理论引导的交叉融合所带来的实践性的提升。夸大一点说，也许国家层面可能也意识到艺术学科已经有十余年的两者结合的成熟度。你自然就知道，理论不可能被艺术剥离开，同时迫切需要加强理论与实践的结合，从而培养出更符合中国当下社会需要的实用型人才。或者说实用型的高端人才，它本身具有理论素养，并且能够不断去适应智能时代的需要，所以才有新的学科目录对艺术学科增加专业学位的设置力度。

当然，我这里是站在积极理解的基点上。在这个基点上，我觉得也要结合新文科建设和新的学科目录的交互性，对于包括播音与主持艺术专业在内的学科专业的发展提出自己的设计。即便是从偏向口语传播的角度来看，也需要思考不久的将来去设计1354戏剧影视一级专业学位的时候，对播音与主持艺术专业学位的博士、硕士学位点的整体把握。也许站在一个相对安全的角度来说，对于播音与主持艺术专业人才的培养更要注重人文素养，能够自觉地将理论成果、文化成果应用到播音与主持艺术专业的实践和实证性的研究之中，我觉得这就是我们要讨论问题的核心。

## 二、培育人文素养，树立正确三观

我一再说，虽然多次参加学习，了解了很多，但依然是口语传播的外行，所以我换一个角度，用一些例证，从常人角度来看口语传播的效能、效益及人才培养。我是从生活世界的角度来透视口语传播的效应。

我这里要说的第一个案例，也是我在上课时曾经在别的问题上举的一个中国著名演员的例子，这位演员是中国电影家协会的现任主席陈道明。陈道明在我看到的一个案例里，抑扬顿挫地对着镜头数落："在我们的演员队伍中，在影视剧的表演中出现偏离文化的倾向。"他认为一些影视作品中表现抗日战争时的装扮、表演,不顾历史事实,浓妆艳抹,堪比妓女的化妆。当时我们听到这样的语言吓了一跳。他用这样的角度表达,是质疑在这类影视剧中,演员为什么要用这样不符合时代的妆容。有的人说,人们不喜欢看破破烂烂的装饰,所以要打扮得干干净净、整整齐齐,以适应时代观赏的需要。在这个视频里,陈道明抑扬顿挫,一字一句地给予了严厉的斥责。而在这个视频里,陈道明的神态,特别是他的语言语调中那种高低起伏的魅力,让我忽然想到,这就是我们要培养口语传播者具备的内在素养的表达,特别是要注重培养播音员、主持人的人文素养和历史素养。也许大家觉得我举的例子跟播音与主持艺术的专业性有差距,那我只能以这个角度来理解,陈道明是从内心发出的一种情感褒贬的声音,他具有深厚的人文素养。同时,他内心带有一种历史知识和价值观的坚定支撑,他很自然会发出那种抑扬顿挫的语音,充满着动人的魅力。我觉得这似乎就是我们认为能够凸显口语表达说服力的一种好的境地。陈道明作为表演艺术家,充分显示出口语传播具有相通性的最根本的道理,就是在台词、声音的基础上,靠内在的情感推动音律和谐,情感传递,给予每个字一种逼人的魅力。这种外在和内在相统一,情感和理性相交织的声音在高和低、停和顿之间散发出一种魅力。回到我们说的学院专门培养的人,同样需要强化理论文化素养,培养实践需要的那种专业性知识。凡是在实践过程中,播音与主持艺术专业的人,都要具备更为自主自立的价值观、历史观和人文素养。我特别要提到的是,口语传播者内含的价值观、艺术观以及世界观赋予其更坚实的支撑,或者反向来说,可能再好的技术表达、再出色的实践能力,如果没有人文素养的支撑,也会遭遇巨大的滑铁卢。

### 三、凸显情感价值,鼓励个性表达

我接着要从外在的角度来说,技能技巧当然十分重要,我们津津乐道于在主持的时候、口语表达的时候,所谓的语音的魅力。然而事实上,对于大众而言,更重要的是要去漠视技能技巧,透视感知人内在的理论支撑。

我再举一个例子。我最近上课的时候举了互联网上一个采访的例子,例子中的采访者感动了许多人,我觉得也可以来映射口语传播。说到底,当我们聚焦于口语传播者的时候,虽然他有一种技术的赋能和技巧的判断,但是最终他要面向他传播的对象,他的表现是不是具备一种完整性和感人度是很重要的。有这样一个案例,在互联网上一搜就能搜到,一个男人做了一个很长的街头采访,他对一位江西的21岁的姑娘——一位年轻的母亲进行了采访。她从江西到安徽工作,在采访中她说道,她在江西生下孩子才几个月,丈夫就因为车祸去世了。婆婆拿到抚恤金之后,就把她们母女二人赶出家门,然后她就流落到安徽。采访的时候,她骑了一辆摩托车在社会上送外卖。这个女孩21岁,长得胖乎乎的,还带着口音,她在采访中坚强不屈地说:"怕什么呀,我自己年轻,我可以生活。送外卖,我都是背着孩子楼上楼下地跑。"采访者问她说:"你这不苦吗?"她说:"年轻就要这么跑。"听到那种带着稚气,带着口音,却非常坚定的话语,听的人几乎都会落泪。当采访者说给她一点资助的时候,她坚决不要,她说:"我是有底线的。"采访者问她:"你快乐吗?"她说:"快乐啊,因为我做的就是我自己愿意做的工作。"我举这个例子是想说,当我们在视频中看到这个女孩那种自如的、坚韧的、带着青春气息的对答和眼神时,当我们看到她谈及亲人时遮掩不住的眼泪时,当我们看到她擦干眼泪继续说:"我还要继续在外卖行业做下去,我的理想是要在这儿靠着送外卖挣钱买房子,给女儿一个美好的生活"时,我们真的会感动得稀里哗啦,甚至会有点羞愧。这个案例为什么有很好的传播效果,能够感动人呢?那就是其中人物的人格魅力、精神世界能够感动人。她小小年纪承担了生活的苦难,却表现出一种毫不畏惧、一种超越年龄的青春精神,这种精神散发出迷人的色彩。所以我在这里强调的是,人的精神的内涵会超越技能技巧,在这个意义上,我们说播音与主持艺术专业培养的人格形象远远大于其他的基本技巧。或者反过来说,在强化技能技巧的时候,要不断地告诉他,语音语调后面有一种你琢磨不到却能被他人琢磨到的一种精神、理想、情感。它是丝丝入扣、打动人的。这个标准是人格的标准,文化的标准。

我再从外行的角度举一个未必恰当的例子。大家最近可能看到过一个视频——黑龙江一个执法人员进到店里,店员很文明地说:"欢迎光临,请扫码。"霸道的执法人员却说:"你说颠倒了,要先说扫码。"因此,就把这个店给封了。这个视频具有很强的传播效果,引起了全国人民的愤怒。我第一时间看到,就毫不犹豫地谴责了这种霸道行为。后来国家相关部门也对这件事给予了处理,这让我们的心得到了一些慰藉。我这里所说的就是文明或者权力,或者你所带有的某某职业的标签,最终都需符合人性规则的合理性。同样推演开去,主持人也不是完全靠技能技巧取胜,比如说语音、语调这些。最重要的是在于内含的、道德人性所支撑的、令人信服的人际传播力。所以观念是最重要的,内心符合现实需求是最重要的。

在我们戏剧影视专业领域中,我还有一个小案例作为收尾。很有意思,在过去的影视剧中所有的口音全部要变成普通话,不能用方言。我觉得它有一定道理,因为它是要强制地推广普通话,但这对一些带有地域特色的电影的魅力确实产生了影响。不过最近我们看到这种带有地方语言特色的电影很受人们欢迎。比如说《爱情神话》那样的电影,那种带有春江水暖韵味的江南电影,其中的人物都带有一点口音。还有最近得奖的《人生大事》里的湖北话,以及许多电影里出现的四川、重庆的口音。我想说的是更开放的观念、更丰富的语音语调能给人们带来丰富的生活感受。它是有情感,有地域温度的,而不是死板的,它表现了文化的多样性。我这里并没有贬低播音主持的语音语调,我是站在艺术表现的、口语传播的角度而言。语言的权利实质上是在于多样性背后能不能表现人的身份、地位的情感。我们说播音员主持人千人一面,这在某种程度上是有点恐怖的。好的主持人应该在千人一面的环境中让人能够察觉出你声线的独特性和你的情感温度。

## 四、未来播音主持人才培养:实践·理论·素养

新的学科目录对于播音主持实践性的要求,我觉得应该更多从注重理论与实践的交叉、互通以及人文素养基础培养中体现。深入探究个体在实现字正腔圆的基本语言要求之后,怎么表达内容,怎么在标准性的语言后面有泥土气息、生活气息、文化气息以及个性,我想这有无限的可能性。

将来,我们在戏剧与影视(1354)专业学位下面的播音与主持艺术专业的博士、硕士点,特别是博士点招生上,招什么人?推荐什么样的人?培养的时候实践和理论的比重是什么?以及毕业的时候拿什么样的论文和什么样的作品?我觉得有这样的观念可能就会很清楚,我们既需要实践性很强的人,也要培养文化素养出色的拔尖者。学生在校期间要有大量的实践、高端的实践,要有一定分量的多样的作品,但绝对不能缺少理论文化的课程,至少占一半。我也曾经说过,在毕业的时候,播音主持的博士论文,至少要5万字以上且具有一定的实践性,论文需要与出色的作品相匹配。

这就是我想说的。多说了很多的话,谢谢会议的邀请,让我有一个放言无忌的机会供大家批判。

(整理:华东师范大学传播学院 朱何恬鑫)

# 应变与求变
## ——新学科目录视野下口语传播人才培养模式再思考

◆ 姚 争[*]

感谢华东师大与上海广播电视台融媒体中心的邀请,这是我连续第三次参加这一由学界与业界联袂推出、精心打造的口语传播品牌学术活动,受益良多,也促使我进一步思考播音主持与口语传播人才培养和学科专业等方面的问题。前两次我主要谈了智能技术对播音主持专业发展带来的挑战和机遇,中外口语传播人才培养比较。今天我想谈谈新学科目录调整背景下,口语传播人才培养的变与不变,重点是如何在变局中主动应变、创新求变。

## 一、变:学科目录调整是对外部环境巨大变化的主动回应

百年未有之大变局下,数字技术的飞速发展给社会形态带来深层次结构性变革,传统传媒行业的生态已经开始重塑,主持人的从业环境发生了天翻地覆的改变。今天,移动互联已经全面普及,软件代码也在逐渐取代实体设备,以算法为基础的平台的规则,也在主导内容创作的倾向。[①]新技术在不断增加新场景、新岗位的同时,不断压缩传统播音的岗位和应用范围,专业的核心能力在泛化的同时不断异化,传统的专业主义人才培养优势在新技术面前消弭了。这从根子上反映出这个专业在设置上固化、窄化、琐碎化,在内涵上模式化、陈旧化,在人才类别和层次上无差别化。

学科专业在高等教育中具有战略性、基础性和先导性影响。本次学科目录的调整

---

[*] 姚争,浙江传媒学院副校长、教授。
[①] PAPACHARISSI Z. The unbearable lightness of information and the impossible gravitas of knowledge: big data and the makings of a digital orality[J]. Media, culture & society, 2015, 37(7): 1095-1100.

可以理解为高校面对环境巨大变化的主动回应之举。国务院学位委员会、教育部印发了国务院学位委员会第三十七次会议审议通过的《研究生教育学科专业目录(2022年)》和《研究生教育学科专业目录管理办法》①,其中,艺术学门类的学科目录是新版目录中调整最大的。原有的5个学术性一级学科,现归并为"艺术学"1个一级学科,原有的唯一一个艺术专业点,现调整为6个专业类别,并提升为博士培养层次。其中,戏曲与曲艺和戏剧与影视并列,且单设一个专业类,这无疑会为播音与主持艺术专业接续传统说唱艺术,比如相声等,带来更充分的依据和空间。

在学科目录调整后,对于播音主持研究生相关专业而言,最直接的变化一是打通了艺硕MFA和专业博士的晋升通道,二是学术硕士从原戏剧影视学归为艺术学;新闻传播学和语言学依旧保持原有格局,新闻传播的专业硕士还是带星号的"断头路",新增出版专业学位可以培养博士,但是暂时似乎还与口语传播没有太大瓜葛。研究生学科目录调整暂时尚未延伸至本科专业,教育部发布的《关于进一步加强和改进普通高等学校艺术类专业考试招生工作的指导意见》②和播音与主持艺术专业高度相关,减少校招比例,注重文化成绩,意味着在本科教育选才中,对于专业技能要求的下降。新艺考和新学科目录的内在关系如何还不得而知,但是作为教育主管部门平行出台的政策必然存在密切的逻辑关系。

## 二、不变:播音主持和口语传播同源同构的学科内在逻辑和发展趋势

近年来,越来越多的学者关注到口语传播与播音主持的相关性,尽管讨论的角度和观点不尽相同,但这些研究的共识是播音主持与口语传播具有理论上的同源性、实践上的相似性,二者无论是在学科层面还是在专业实践层面的交叉整合都是可能的、必需的,也是适时的。

口语传播是传播学的重要分支,它承袭了有2000余年历史的古修辞传统。进入数字时代,媒介的发展使人类语言不断向纯口头时代回潮,网络内容成为数字空间的"口语传播"。播音主持是随着广播电视兴起而发展起来的学科,随着移动技术快速发展,急需立基于数字与口语的天然的链接,从传统"口语"中汲取智慧,补上"中国修

---

① 教育部官网.国务院学位委员会 教育部关于印发《研究生教育学科专业目录(2022年)》《研究生教育学科专业目录管理办法》的通知[EB/OL].(2022-09-13)[2022-10-29].http://www.moe.gov.cn/srcsite/A22/moe_833/202209/t20220914_660828.html.
② 教育部官网.教育部关于进一步加强和改进普通高等学校艺术类专业考试招生工作的指导意见[EB/OL].(2021-09-24)[2022-11-14].http://www.moe.gov.cn/srcsite/A15/moe_776/s3109/202109/t20210923_566071.html.

辞学"这一空白。这与口语传播的前身——西方修辞学在美国广电发展之初被用于培养主持人如出一辙。① 从主持人能力培养的角度,在"广电"与"网络"边界早已模糊的当下,无论继续以媒介传播为核心,深入媒介物质性研究,形成网络时代的新播音,还是遵循口语性回潮的理念,跳出技术的枷锁,回归人本主义"口语学科",均是具有口语学科主体发展的内在逻辑和规律趋势的沿袭。如浙江传媒学院播音学院杜晓红院长所说,口语传播与播音主持不必纠结于是 A 还是 B,大学教育始终是知识、人格、能力的多维教育。② 正是基于这种考虑,浙江传媒学院新近成立了口语传播与数字媒体教学部,由早年的毕业生、曾任杭州电视台新闻综合频道总监和杭州巴九灵文化创意股份有限公司副总裁的朱永祥教授担任主任,他认为互联网语境下的口语表达核心培养目标是两个能力的培养,即分享能力和互动能力③。这是我们培养新型主流媒体的口语传播人才必须解决的问题。

## 三、应变:学科政策调整之下播音主持(口语传播)专业必须面对的改革

本次艺术学门类学科专业设置调整方案可以视作对于口语学科的一个显著的挑战,既有的、可参考的成熟体系无法维系,相关学校一流学科建设难度更大。从另一个角度来看,新版专业设置方案带来了重要的机遇。

可以预计,随着播音艺术专业硕士的招生人数不断扩大,以及越来越多的学校将学制从 2 年改为 3 年,播音艺术专业研究生培养的质量标准亟待重建,将成为高端人才培养的主渠道。长期以来研究生人才的专业水平与本科无差别甚至倒挂的局面将会被彻底破除。

可以预计,本专业的专业博士申报将成为各高校关注焦点。在目前的艺术高校人才培养体系中只有理论研究学术博士一种类型,新版目录对于艺术专业学位的分类设置和培养层次进行了升级,专业大类可以一直培养至博士学位,院校无需再为学位强加"理论",这既是对实践人才培养的一种解放,也是艺术理论人才培养的再提升。申博的条件是什么?专博核心能力是什么?这些问题将成为大家研究的重点。

可以预计,随着专博通道的打通,各高校专业师资队伍将面临新一轮洗牌。要注

---

① 徐学明. 语态的转换:《新闻联播》抖音号口语传播研究[D]. 北京:中国传媒大学,2022.
② 金叶,韩卓轩,杨稼雨. 杜晓红院长:勇立新媒体潮头,在发展中前行[EB/OL]. (2022-11-11)[2022-11-15]. https://mp.weixin.qq.com/s/Vl59Xpm6rNyOOl5AyJukWg.
③ 朱永祥,王琦然. 融媒体传播视域下新媒体主持人才培养困境及对策研究:基于对四所播音主持院校学生的问卷调查[J]. 电视研究,2022(8):64-67.

意不同学科以及理论与创作人才的平衡,避免只要博士只有科研,或者只要专业只会上课的现象,师资队伍呈现总体双师型结构。一大批专业过硬的"实践派"博士充实教师队伍后,可以解决艺术类高校教师"会教的没学历,高学历的教不了"的窘境,进一步促进专精艺术人才的培养,形成良性循环。

可以预计,艺考新政的出台将改变本专业的生源结构,推动播音本科回归高等教育普及化之下的通识性和素质化。本科专业成人与成才并重,更加注重成人教育或许会成为共识。

## 四、求变:在新形势下构建播音主持(口语传播)人才培养体系的思考

被动应变不如主动求变。笔者对新形势下构建口语传播人才培养体系有以下三点思考。

(一)构建口语传播人才培养的学科—专业—课程体系

学科交叉是学科创新发展的重要路径,但既往学科交叉往往是"交叉之后就关门",并形成新的封闭体系,这与交叉学科的初衷相悖。新文科多学科交叉融合的底层逻辑是基于社会应用的专业知识能力的复合和融通,专兼结合、道与器合一。播音主持是一个典型的交叉学科,但因创建之初,借鉴了诸多传统曲艺的教学方法,以及对技巧的过度关注,大量课时集中到了单一的"专业""小课"上。粗略统计,中传21级本科培养方案中,包含小课教学形态的专业课的课时是理论课的2.80倍;浙传播音本科培养方案中,包含小课教学形态的专业课是理论课的2.77倍。大剂量的小课训练,使学生在"怎么说"上耗费超额时间和精力,在"说什么"的能力培养上只能点到为止,而传统的小课精英培养模式与招生规模扩张不协调。

交叉学科的学习难度和数量成倍增加,课时量总体处于下降状态,如何解决不断填充教学内容与不断压缩的学时学分的矛盾?重构课程体系,加大文化素养和价值观教育,也可以为后续硕士教育打下坚实基础。在本科阶段,充实包括新闻、传播、语言学等各种门类的基础理论学习,应是口语相关本科教育的基础路径。这种培养方式不仅符合本科教育以"普及"为主的目标,是整体本科教育的走向;也避免了能力培养单一化,保留了学生多向发展的能力。

(二)重新梳理本科—专硕(学硕)—专博(学博)的关系

新目录有几个并重:学科和专业、理论研究和实践创新、学术型人才和应用型人才;

艺术类学科专业大幅调整,有增无减,总体发展壮大明显。与播音主持专业相关的新闻传播学和中国语言文学之下的语言学没有变化。播音主持和口语传播各类各层次人才培养路径基本畅通,专业博士和艺术硕士将成为高水平专业人才培养的主渠道。

基于"技术的极致是艺术"的理念,艺考改革和研究生目录调整后,我们认为口语学科应是传播与艺术的整合,以语言艺术为内核的精粹口语应是口语的高阶形态。打造精粹口语艺术,应深度挖掘播音与主持艺术专业建设的内涵:民族文化表情达意,汉语普通话的标准示范,中华语言精粹技艺。随着技术的发展,一线对于简单播音技巧的需求正在下降。以"专业"为主的研究生(MFA)教育则应具有更强的专精性和艺术性,这两项特征也是播音人才在AI时代得以生存的基础。延续本科阶段的交叉学科属性,多学科需要交叉融合,本硕博、学术型应用型、三个学科主次和顺序各有不同;口语硕士的培养路径还应包括艺术学硕士、新闻传播学硕士,并可登堂入室至艺术专业博士、艺术学学术博士以及口语方向的传播学博士。

(三)运用数字技术改革传统学习模式提升学习效度

改革传统教学模式,利用数字化技术建立数据库和新教学场景,提高学习效率,提升教育力。

现有的播音小课教学模式沿袭自1954年中央广播事业局在北京首次开办播音训练员训练班,这种教学模式也被之后的播音硕士、博士培养所采用[1]。这种教学模式为一线培养了大批优秀人才,也被大多数国内院校开设的播音专业所采纳。但也应注意到,这种教学模式是基于20世纪50年代的技术条件所创立的,在录音设备稀少、笨重、昂贵的年代,借鉴自传统曲艺的"师徒传授"教学法,是最为高效的教育方法。时至今日,音频存储早已不是技术难题,多种电子设备都可以实现基础语音录放。不仅如此,随着移动互联网的发展,越来越多的"模板"和"案例"可以通过移动终端随时查看,一些智能App还可以提供"普测"功能。技术可以提升播音专业的教学效率,本科阶段,学生可以有更多的时间投入基础理论的研究和学习中,而教师也可以避免烦琐的简单教学任务,把精力投入艺术理念的传达和主流价值观的引导上。

---

[1] 鲁景超.关于播音主持人才培养模式的思考:写给"纪念人民广播播音七十年"[J].现代传播(中国传媒大学学报),2011(4):126-129.

# 有声书类节目声音传播的几个核心问题再议

◇ 曾志华*

**摘要：** 本文聚焦广播有声书类节目的历史沿革与未来发展。首先分析了我国有声书类节目的发展现状；其次阐明了广播有声书类节目的自身优势和严峻挑战；再次提出并思考"谁在听""谁在生产""节目还是产品"三个核心问题；最后展望了我国广播有声书类节目的未来发展前景。

## 一、我国广播有声书类节目现状分析

近年来，碎片化、图像化，全天候传播的网络新媒体不断争夺着人们的注意力，挤占着传统媒体的市场份额。传统广播媒体是以时段为计算单位，所以在传播速度上已经难以跟上时代发展的步伐。广播的生存空间正遭遇前所未有的挤压。广播媒体的传播力和影响力也正在遭到削弱和分散。在这种媒介生态环境中，广播有声书类节目遇到的困境明显增多。大家可以打开手机看看自己手机上听书的 App 是不是要比电台广播的 App 多得多？有声阅读在商业市场中不断占据主动，不断向外扩张。目前，广播有声书在生存和发展上遭遇了严重的瓶颈。

我们的课题就是以近年来国内有声读物的现状为背景，以广播媒体为研究对象，重点聚焦的是广播有声书类节目的生存现状。我们对多家媒体，包括众多主流媒体和新媒体进行走访调研，如中央人民广播电台、上海人民广播电台、云听、黑龙江人民广播电台、喜马拉雅 FM、北京人民广播电台等。同时我们也对一线的从业人员进行深度访谈。在这基础上，课题组提出了一系列建设性的意见和构想。我们最终的目的，

---

\* 曾志华，中国传媒大学播音主持艺术学院教授。

是想找寻出新时代中国广播有声书类节目做优做强的途径。

## 二、我国广播有声书类节目自身优势及挑战

我们有两个主要的观点。第一是作为传统媒体的广播,有声书类节目最能体现广播特性。第二是作为传统媒体的广播,在渐已膨大的市场面前占比太少,是因为受到理念、机制、受众、演播者等多方面的现状制约。

2022年4月举行了首届全民阅读大会,发布了2021年中国数字阅读报告。报告显示2021年数字阅读用户规模达到了5.06亿,人均阅读量是7.08本。2021年中国数字阅读产业总规模达415.71亿元,截止到2021年年底上架作品约3446.86部。看到这些数字,我们作为广播人,心里应该盘算一下我们占有多少的份额? 确实我们的份额太少了。其实传统广播在有声书类的演播中具有悠久的历史。最早我们说"撂地",在繁华的闹市找一块空地,"拉场子"就开始说书了。在1947年,小说就和广播"牵手"了。那个时候诞生了中国广播界的经典节目叫《长篇连播》。我记得张颂老师说那个时候赵英颇的《聊斋志异》、王杰魁的《七侠五义》已经广为人知。1949年后,广播和收音机逐渐普及,尤其是在文学艺术繁荣昌盛的时期,在长篇小说佳作如潮的时期,小说连播更是受到听众的喜爱。各位年长一些的朋友一定会有记忆,1978年—1990年是小说连播的黄金年代。我们在做演播家口述史的时候,采访到王刚老师,他提到1982年他演播的《夜幕下的哈尔滨》有108家电台转播,听众超过3亿人,这在当时简直是一个天文数字。所以20世纪七八十年代是广播红红火火的年代。那个时候涌现出许多让听众交口称赞的作品,比如传统的评书《岳飞传》《杨家将》《三国演义》,还有新书《夜幕下的哈尔滨》《故土》《新星》《芙蓉镇》《四世同堂》等,同时也涌现出一大批杰出的演播艺术家。到了21世纪初,故事广播兴起。这个时候故事的含义已经不单指播出的内容,它既包括长篇小说(虚构类文学作品),同时也包括发生在现实生活中的各类非虚构事件、经历、心得。所以这时候的故事广播更多指代有声语言的艺术表现形式。回顾历史,我们发现,有声书类节目包括故事广播在曾经"广播为王"的年代创造了巨大的社会教育价值、审美价值和经济价值。今天广播媒体在有声书制作上的优势不能荒废、丢弃,应该得到合理的放大、传承。

我们来看看刚刚评出的2022年在线听书十大品牌。这些品牌清一色都是移动端新媒体,分别是喜马拉雅FM、懒人听书、蜻蜓FM、荔枝、企鹅FM、得到、樊登读书、番茄畅听、微信听书、酷我畅听。同时总台推出的云听App也有许多精品力作。这些作品具有深厚的人文素养和成熟的外在表现技巧。为什么这十大品牌中,没有传统广播

媒体的身影？我们应该思考这个问题并有所警觉。我们不得不承认的是，在媒体经营理念上，许多广播电台定位不清晰，片面地追求大而全；盈利模式单一导致广告收入大幅下降；管理者思维固化，把新媒体作为敌人、对手，有时候轻视、蔑视新媒体，极大地影响了与新媒体的合作；在管理机制上，人才聘用的机制相对复杂，薪酬的机制比较单一，所以整个平台运行的机制是僵化的，严重导致创作者动力不足，人才易流失。此外，在题材类型、版权和版权期限、制作投入、演播者群体方面都存在大大小小的问题，这些问题都严重影响了广播有声书类节目的创新发展。

## 三、我国广播有声书类节目的三个核心问题

从国家文化大发展的角度而言，根植于传统媒体的有声书类广播节目天然具有服务社会大众的公益属性。所以经济效益和社会责任之间如何平衡，有时候就是一个难解的方程式。课题组认为在新媒体音频平台崛起的崭新声音传播格局中，广播类有声书节目想要守正创新，激发出更大市场潜力，应该洞悉三个核心问题。第一，谁在听？第二，谁在生产？第三，节目还是产品？

我们先来看第一个问题：谁在听？麦克卢汉曾说："媒介的塑造力正是媒介本身。新的媒介创造了新的尺度、新的速度和新的模式。"这当中首当其冲就是听众，传统的播出模式对于听众的概念是比较模糊的，单位是"群"而不是"个"。在一对多的传播思维的导向下，重视的是听众的整体规模和总体的到达率，缺乏具体的用户画像。移动互联网的技术优势让受众呈现出具体的、有迹可循的收听习惯与偏好，可以描绘出具体的用户画像。其重视的是关系的黏性以及信息有效分享的活跃系数，为定点靶向投放提供了数据支持。所以广播有声书类节目在发展的过程中，有必要将用户清晰化、可视化。这就需要清晰了解用户，细化收听场景，预估收听时长，评估信息触达受众的效率。

第二个问题：谁在生产？我们经常说融媒体需要融合，到底应该如何融？其实传统媒体和新媒体是两套系统，它们的底层密码是不一样的。胡翼青老师说过这么一段话："传统媒体完全就是一个内容生产机构。它是要关闭内容生产的边界来获得赢利。以智能媒介为代表的新媒体，则是要开放内容生产边界来获得赢利。"新媒体的去中心化特征将选择权、编辑权、制作权、发布权变得人人皆可获得。这让有声书市场百花齐放，但同时我们也发现了许多弊端。目前的生产方式有多种，例如"PGC""UGC""PUGC""OGC""MGC"。前一段时间喜马拉雅利用TTS前端文本处理分析技术合成了单田芳老师的评书，内容制作精良，基本和原版人声没有区别。播音主持行

业遭到了新媒体技术的冲击,新媒体的塑造力同样会作用于传统媒体。当新媒体登上历史舞台,旧媒体就会成为新媒体改造的内容。所以作为广播人必须清醒地认识到,融媒时代广播要想保有声音的优势,以持续拓展声音传播的影响力,就必须成为新媒体这种强大力量建构的对象,这种建构就是媒介化。不要视新媒体为对手,而是积极顺应趋势,被它建构。

第三个问题:节目还是产品?传统的有声书类节目的制作更多的是依托于频道,以主创者的角度为中心,走的是大众性的生产思路。大众性就是努力寻找大众的共性需求。可是现如今互联网新媒体改写了传播格局,随着微粒化传播社会的到来,传播渠道也由实转虚,传播的内容更加有深度,过程复杂,多种媒介平台的出现使信息传播从单一的感官调动转向多重感官的调动与融合。所以现在如果我们做传统的有声书类节目,要讲求精准投放。比如,一些用户偏好使用耳机收听节目,这种沉浸式的体验方式对有声书类的节目水平要求更高。我们在做调研时,云听的有声书制作人告诉我们,他们接连推出的好几本有声书在音响方面下了大功夫。按理说央广云听的制作水平应该是很先进的,可是他们依然不满足。他们去电影厂做了有杜比效果的音响后期。另外,我们还可以采取内容付费、用户打赏、VIP 专区、购买会员等各种方式增加商业赢利。我们应该针对车载、健身、通勤等用户场景打造适宜的有声书产品。简而言之,要完成从单纯的广播节目向广播产品的转变,广播人应该多从用户思维的角度关注场景、身体、关系这三个因素。

**四、我国广播有声书类节目发展前景**

广播有声书类节目是和国家的文化工程相关联的,天然具有一定的社会责任。2014 年,全民阅读首次被写入《政府工作报告》,2022 年,全民阅读第九次被写入《政府工作报告》,2016 年 12 月我国制定的首个国家级全民阅读规划《全民阅读"十三五"时期发展规划》正式印发,2022 年 4 月 23 日,首届全民阅读大会在北京召开。我们可以看出,国家对于全民阅读是非常重视的。所以,在新的声音传播格局中,广播有声书类节目应当立足国家文化机构的传媒身份,在媒介化的基础上,注重用户思维,用经得起时间和人民检验的优秀作品,引领健康向上的听觉文化,从根本上有效服务国家全民阅读的文化战略。

(整理:华东师范大学传播学院 邹运)

# 网络流行语与新媒体环境下的口语传播

◆ 高贵武*

**摘要：** 本文将探讨在如今的媒介环境中，口语传播在表现形式上所出现的新现象，从文字失语的角度展开思考，并通过以下三个方面进行解读：第一，次生口语文化与新媒体口语传播；第二，文字失语的研究与发现；第三，文字失语的新思考。

## 一、次生口语文化与新媒体口语传播

在新媒体的环境之下，口语传播发生了非常多的变化，这种变化一方面跟时代和社会的发展密切相关，另一方面也受到了互联网和年轻网民的影响。网络语言越来越丰富多样，更新的速度非常快，而我们在口语表达和文字表达以及通过电子媒介和社交媒介进行表达的时候，也会出现文字失语症。所谓文字失语症，类似于提笔忘字，说话的时候想不起来用更好的语言去表达，于是就带着省事或者无奈的态度采取网络的流行语进行表达。

基于去年《新华每日电讯》在网络上发表的《不用"yyds""绝绝子"就不会说话吗？》，大家可以看到"yyds""绝绝子"也都属于网络语言，新华社以及网上转载的很多文章都提到过，我们在表达的过程中开始出现"没有梗，好像我们就说不出话来"这样的一种状况。《中国青年报》社会调查中心做过一项研究，采访调查了2000多个受访者，发现居然有76.5%的受访者感觉到自己的语言越来越贫乏，导致其如此的原因是什么？对我们实际生活会产生什么影响？新华社的文章和《中国青年报》的调查发布之后，引起了热烈的讨论，一共有6000多万人次的阅读量，3000多条的讨论，大家都

---

\* 高贵武，中国人民大学新闻学院教授。

在讨论文字失语到底是一种什么样的表现,以及它对我们的交流、口语传播、文化传承交往会产生什么样的影响,网民甚至自发成立了一些社区,开始讨论这样的问题。

网络流行语一直都在快速发展,而且每年都会发布十大网络流行语,已经持续发布了很多年。网络流行语之所以被我们大量采用,一些研究学者在研究的过程中也发现,是因为其给人很新鲜、很时尚、很前卫的感觉,于是加快了流行速度,这也是网络流行语能够被网民所熟知,甚至在主流媒体上都流行的原因。当然也有研究者通过研究发现,网络流行语一方面体现出来青少年群体对传统语言的发展和创新,另一方面却不利于我们语言表达能力的健康发展。实际情况到底怎样?带着这样的问题,我们开始在社区中间进行了一些研究。

## 二、文字失语的研究与发现

在今天的电子媒介中,我们通过手机、电脑上的社交软件来进行文字的操作,但是这种文字从严格意义上来讲,不能划到既定的文字范畴,还算是一种口语,所以我们将其作为口语传播的素材加以研究,打入网络社区中,通过发帖或者私信的方式,邀请了一些小组中的成员,根据他们自身的经历来做访谈,我们发现,我们之前的担忧以及顾虑,确确实实也得到了验证。这些小组中经常进行讨论的年轻人会觉得自己的词汇量变得越来越少,出现了真正的词汇量的转化。比如有的人在夸别人的时候,好像除了"牛""可以"这些词之外,说不出来其他的词了,表达震惊的时候只能想到"天!",其他的词也想不出来,看到很多美好的事物却找不到词来形容,等等。而《世说新语》一书中描写过去人的容貌气质时,用词丰富传神,非常有文学意境,与我们当下的表达处境截然不同。

还有一个发现是语言表达的同质化,当"yyds""绝绝子"出来之后,这些词就开始满天飞,看不到其他的词,所以我们也将这一现象称为语言表达的同质化。比如,在做评论和说观点的时候,好像想不出来别的词汇,就只好采用已有的这些网络流行词。另外,我们还发现文字失语的一个表现和症状,就是出现了语言表达的视觉化,特别是在电子媒介的应用上,当不知道用什么语言表达时,用一张图片或者表情包就万事大吉了。当然,这样的表达可能形象、便捷,有的时候还能引起我们会心一笑,但是长此以往的影响可能是很大的。

通过研究我们还发现,在受到网络流行语的影响之后,我们在社交场景中的口语传播出现了这样的特点:社交文案的模板化。和同质化有相似的意义,出现很多现成的表情包之后,我们就都进入了一种模式化的创作中。表情包的设计创造也成了一个非常热门且有发展前景的行业,在如此的互相影响之下,就有了我们千篇一律的模板化的文案,而这成了很多的文字失语者的一个最终归宿。另一个特点是语言风格的潮流化。除了文字失语者、词汇匮乏、词不达意以外,还有一个问题是对于网络流行语的过度依赖,仿佛离开了网络流行语,就不知道该如何表达自己的情绪和观点。这可以作为一种感受,但是结合中国的传统文化而言,从文化的某种角度上来讲,这也是一种退化,是值得我们关注的现象。

至于造成文字失语的病因,其实大家都很熟悉,比如碎片化的阅读。它对我们信息处理的方式会造成影响。我们在口语传播中对词汇和表达方式的选择都是一种信息处理的方式,会受到碎片化阅读的影响。另外,强社交需求催生出了一些新的交流方式,所谓强社交,在我们今天的社交媒介中,虽然大家在时空上没有具身的相见,但是透过网络可以建立起很强且开放深入的交流方式,在这样的交流方式中,交流可能会变得随意且不讲究。网络语言的泛滥在改变我们的表达习惯,网络上造词的速度非常快,语言学家们其实很早就注意到了网络上出现的网络流行语,网络上不规范的语言泛滥,会对我们的表达习惯造成一定的影响。

## 三、文字失语的新思考

如何规避文字失语,大体上有三个层面,一个是个人层面,要克服浅阅读和碎片化阅读,我们要养成深度阅读的习惯,提高与文字的接触比例。从平台层面而言,真正有品质的优质内容应该得到更多的推送机会。主流媒体大量使用这些词汇,对于网民来讲也无疑是一种鼓励倡导。当然我们并不否认,语言的发展是流动的,是一个变动的过程,是一个创造性的过程,语言不是僵化的,所以如何看待网络流行语对口语传播造成的影响,以及口语传播对思维、观念、价值、生活行为方式所造成的影响,既要看到正面,也要看到负面,这应该是未来口语传播要继续去研究和深挖的问题。如果想要简单地从某一个方面得出结论的话,还需要再做更多的研究。

(整理:华东师范大学传播学院 安辰)

# 丝绸之路与现代传播的思考

◆ 于 飞[*]

**摘要：** 对外开放是我国的一项基本国策，在 G20 峰会、东盟峰会，以及亚太经合组织（APEC）领导人非正式会议中都有所强调。新时代为了开创对外开放新局面，丝绸之路逐步成为当前文化交流与传播的热点研究议题。因此，在这一大开放背景下，中国的影响力如何走向世界，成为广大传媒工作者的共同关注，这也为现代口语传播带来了新的机遇与挑战。

## 一、丝绸之路的历史背景及沿革发展

从历史维度来看，丝绸之路是中国走向亚欧大陆的一条重要商品通道，人们通过陆上丝绸之路、海上丝绸之路以及草原丝绸之路这三条路线将国内的产品外销出口。而结合当代的研究来看，丝绸之路并不是一条路，而是一个巨大且含有多种要素的网络。国务院在 2020 年发布的有关要素经济的文件表明，丝绸之路上的产品丰富多样，具有短途与长途相连接、相混搭的特点，并且在运输过程中不断融合迭代。比如，中国有丝制品、纸张、茶叶等；波斯和地中海有金银器、玻璃、乳香等；南印度、东南亚有胡椒、香木、宝石、象牙等；而俄罗斯、西伯利亚、中国东北地区则有毛皮、人参等。从中国的新疆、西藏到中亚一带有和田玉，以及许多欧洲艺术家用来制作颜料的青金石。由此可见，丝绸之路是一个非常复杂、关键的协作网络。交流融通对于人类经济增长具有不容忽视的重要作用。因此，在进行内容传播时如何将这一点体现出来还需要进一步研究。

---

[*] 于飞，上海东方卫视新闻主播。

首先，进行内容传播离不开对经济社会增长这一底层逻辑的了解，只有通过经济的融通和文化的交流，才能产生内容的交流传播。人类最早的文明之所以诞生于两河流域美索不达米亚平原，是因为它正好处在三大文明的汇集地，科学技术作为传播的第一生产力，最初也始于两河流域。而后，位于地中海地区的古希腊则由于地理位置的优越，贸易越发繁荣，成为代替了两河流域文明的第二个文明中心。在拜占庭帝国灭亡之后，陆路文明和商贸被阻断，航海技术应运而生，从而开辟了大西洋航道，葡萄牙和西班牙的帝国开始崛起。丘吉尔说过，"你能看到多久的历史，就能看到多久的未来"，因此，要先从历史里面去探寻传播的密码。

第二次世界大战之后，国际贸易呈现井喷式增长，而航运正是这种飞速增长的重要驱动力。航海运输承载了全世界90%的货物运输，实现了高度全球化。以光刻机为例，它包含10万个零件，以及53万个专利技术，需要世界各地合力完成。激光的光源来自美国，内部的机械手来自丹麦，镜头组件来自德国。一台光刻机的供应商包括欧盟2300家，北美1350家，亚洲1300家。《世界开放报告2021》显示，从1990年到2019年，世界贸易总量增长5.4倍，世界投资存量增长15.3倍，世界航空客运量增长4.5倍。在贸易如此发达的情况下，全球化已经不再仅仅是商品之间，而是全球的经济、贸易、人才、资本、生产、消费、技术、服务、组织全方位的全球化，从而形成了全球的产业链、供应链、价值链。

然而，当商品高速全球化时，民心却没有全球化，人们的意识形态和价值观没有全球化，甚至在国内，一个城市当中也会出现碎片化、割裂化。从媒介角度出发，文字的普及带来了书籍、书商乃至整个书市的繁荣，报纸、杂志等新媒介开始出现，由此形成了商业文明，纸张也随之成为主流媒介。纸媒是一种从少数向多数进行传播的方式，由于文本自身具有稳定性，纸媒更加擅长复杂的表达与精巧的思考。而当数据开始普及以后，媒介端则转向了更为智能化的电脑、手机等电子设备，商贸交易也从先前的纸币交易逐步迈向无纸化时代，更加具有流动性的电子货币逐步占据市场份额。然而，内容的平权带来了极端化、碎片化、反制化的思想。小米金融科技研究中心对于全球货币总量的研究数据显示，自1970年美国进行无纸化交易开始，纸币逐渐变成了一种数据化的货币概念。而当货币开始电子化交易以后，全球货币总量飞速增长，这与媒介变化具有直接关系，即当货币媒介发生变化以后，全球的交流融通也在不断提速与深化。

此外，从全球数据量的变化来看，数据可以分为结构化数据和非结构化数据两种，前者是指沉淀的数据；而后者则是指不断变化、流动的数据。从2015年开始，全球数据量开始猛增，这一现象正是因为当今媒介技术的快速发展，以及电子技术迅速普及造成的。但技术发展与社会发展之间也逐渐出现了一些结构性的矛盾,主要有以下几点:第一,媒介构建的虚拟世界和现实世界之间出现了割裂和矛盾,媒介所构建的虚拟世界,并不一定是真实的世界,这种矛盾主要表现在真相之争、价值选择之争、解释权之争、权力之争、意识形态之争五个方面。第二,个体感知的媒介表达与客观事实之间存在矛盾。社会中的每个人都是从个人出发去进行感知与表达的,很难做到全面客观,而大家对社会的认知又往往会被这些个体的观点所影响。数据调查显示,我国当前各网络平台中的网民学历在本科以上的不足一成,80%左右都是初中以下,这也对是否要重视、相信网络中的一些言论这一观点打上了问号。此外,电商崛起背后的中国依然是发展中国家,收费媒体的异军突起背后是媒体服务的圈层化等问题都显示了矛盾所在。第三,媒介素养与资源获取之间的矛盾,这一点在疫情之下尤为明显。比如,在认知方面,人们对奥密克戎的认知存在偏差;在技能方面,人们的网络抢菜的能力各不相同;在辨析方面,有的人能发现新华社对世卫组织的文章翻译有问题;在知识与服务方面,播客崛起等。此外,普通民众未经过专业学习与训练,媒介素养不强,在数据世界中获取资源的能力偏弱,获取真实、客观内容的能力偏弱,这便形成了数字鸿沟、数字孤岛等问题。数字化时代,随着元宇宙、Web3.0等新概念的出现,如何真正做到数字平权被视为当下及未来一段时间内的一个巨大挑战。第四,数字技术的发展与媒介良知之间的矛盾。首先要提到的就是算法与隐私,大数据赋能在为用户提供便利与兴趣对口的同时,也泄露了大量个人信息。因此,2022年中央网信办牵头开展了算法综合治理行动,致力于营造清朗的网络空间。同时,如何保证网络安全、维护网络权益,进一步在互联网中体现人文关怀,应对物联网、人工智能和互联网巨头的反垄断等,都是数字技术发展和整个社会良知与媒介良知方面需要进一步深入研究的问题。

## 二、丝绸之路的当代现状及传播走向

若从数字化角度来看待丝绸之路,可能会形成两种共存。

第一种共存是指,天地间的多项交互,奔赴与奔赴中的孤岛、沙洲与潟湖的共存。当今社会四通八达的交流,远比唐代丝绸之路的交流互动更加频繁、快速,这种奔赴的速度非常快,但是在此之中形成了孤岛、沙洲和潟湖。在整个传播过程当中,从传播速度来看,科学技术的传播速度最快,商业文明的传播速度中等,文化与观念的传播速度最慢。比如,两河流域传到中原的首先是青铜技术,其次才是青铜文明,但是青铜文明在传播的过程当中又会伴随着商业因素,也正是因为具有商业动力才会去传播。所以,在这个过程中商业模式非常重要。对于口语传播而言也是如此,如果没有商业模式的支撑,口语传播很难持续。但从空间与时间来看,传播地域更广的一定是速度最快的科学技术,传播时间最长的是文化与观念。因此,我国的"一带一路"倡议不仅要将文化的声音传递出去,更要做到"五通"。第一,加强政策沟通。各国可以就经济发展战略和对策进行充分交流,本着求同存异原则,协商制定推进区域合作的规划和措施,在政策和法律上为区域经济融合"开绿灯"。第二,加强道路联通。上海合作组织正在协商交通便利化协定,尽快签署并落实这一协定,将打通从太平洋到波罗的海的运输大通道。在此基础上,我国愿同各方积极探讨完善跨境交通基础设施,逐步形成连接东亚、西亚、南亚的交通运输网络,为各国经济发展和人员往来提供便利。第三,加强贸易畅通。丝绸之路经济带上的总人口近30亿,市场规模和潜力独一无二。各国在贸易和投资领域合作潜力巨大。各方应该就贸易和投资便利化问题进行探讨并作出适当安排,消除贸易壁垒,降低贸易和投资成本,提高区域经济循环速度和质量,实现互利共赢。第四,加强货币流通。如果各国在经常项目下和资本项目下实现本币兑换和结算,就可以大大降低流通成本,增强抵御金融风险的能力,提高本地区经济国际竞争力。第五,加强民心相通。国之交在于民相亲。搞好上述领域合作,必须得到各国人民支持,必须加强人民友好往来,增进相互了解和传统友谊,传播中国文化软实力。比如,十年间中国电视剧出口东盟总额排名第一,神舟十四号航天员对话东盟青少年等。由此可见,中国的成长需要让中国的传播走向世界。

习近平主席在亚太经合组织第二十九次领导人非正式会议上的讲话中提出四点建议:维护世界公平正义,建设和平稳定的亚太;坚持开放包容,建设共同富裕的亚太;坚持绿色低碳发展,建设清洁、美丽的亚太;坚持命运与共,建设守望相助的亚太。通过对外传播形成多方共识,继续同世界特别是亚太分享中国发展的新机遇。中国、美国、G20和世界的对外开放指数对比数据表明,自2008年至2019年,发达国家均逐渐降低自身开放程度,与之相反,中国的开放程度则在不断加大,虽然还未超过发达国家,但是差距在进一步缩小,这便是天地间的多项交互。而孤岛则是指数据孤岛,最为明显的例子就是各大搜索引擎与新媒体平台之间无法相互搜索到对方,这便是数据无法共享导致的,从而进一步加剧了数据的不平等。沙洲是指形成的小圈层群体,比如美国的堕胎法案造成的两极分化,以及美国的QAnon极端组织。当然,反观中国市场中的饭圈文化也存在这种问题。最后,潟湖则是指被困在数据孤岛里面出不来的现象,比如2020年《人物》杂志的"被困在算法里的外卖小哥",还有韩国的N号房事件等。

第二种则是指社会进化赋能交流速度与交流速度影响社会进化共存。首先,社会进化赋能交流速度,这一点从中国跨境电商的交易,以及支付宝App、一网通办小程序的使用便能看出。比如,SheIn作为我国跨境电商巨头,就是采用数据化柔性生产链,其在西方国家的销售购物类App中一直稳定排名前五。与此同时,京东和新潮传媒共同推出了"京潮计划"。新潮传媒将电梯广告和京东的大数据推送相结合,通过线上线下联动的方式精准投放给用户。由此可见,社会的不断进步推动了技术的发展,数据的不断普及,给商业带来了巨大发展机会,交流速度也进一步得到提升,从而以数据化反向赋能社会进化。

因此,这些奔赴中的孤岛、沙洲以及潟湖,需要在发展过程中不断地去融通、沟通与包容。而交流速度改造社会进化则需要媒介力,需要更加注重人文关怀,需要找到最大共识。在此过程中,对于传媒工作者进行口语传播来说,最重要的是要发挥中间人的转化作用。无论是商业发展、科学技术,还是国家文明,都离不开传播的中间转化,通过转化减少网络中的孤岛、沙洲与潟湖,实现真正互通的全球化网络建构。

(整理:华东师范大学传播学院 王路阳)

# 我国口语传播研究的学术图景与展望
## ——基于CiteSpace的知识图谱分析

◎ 巩晓亮*

**摘要**：口语传播是人类最原始的信息传播方式，从古至今，口语传播在人类历史发展演进过程中起着至关重要的作用，成为"沟通你我、连接内外"的重要手段。口语传播作为传播学的分支，近些年来备受学界关注，相关研究成果丰硕。为更好地推动建立具有"中国特色的口语传播学科研究体系"并帮助口语传播领域研究深入持续发展，本文以中国知网（CNKI）数据库中的我国口语传播领域研究成果为样本，采用CiteSpace科学知识图谱的可视化视角对相关研究进行总体性梳理。本研究发现，口语传播作为"人猿相揖别"的重要标志，它不仅是人类最基本、最灵活、最常用的传播手段，更具有与时俱进、跨文化交流的时代内涵。在不断运动的社会中，我们应赋予口语传播建设独有的价值体系，从国家传播、人才培养、智能共生、回归传统四个层面，思考"中国特色口语传播体系"构建，以讲好中国故事、传播好中国声音为核心要义，为推动在变与不变中形成"交流的共同体意识"作出积极贡献。

**关键词**：口语传播；CiteSpace；研究现状

回望历史的长河，口语传播发挥着重要的作用。从《格萨尔王传》到《荷马史诗》，在言说与意义、言说与行为、言说与秩序等诸多口语传播命题方面，历史的先哲们有着广泛的思考和研究，形成了善言、巧言、不言等多元化的口语传播思想观念。口语传播作为记录社会生活的传播媒介，不仅成为了解中国传统文化的依据，还构成了中国的灿烂文化遗产的一部分，有着极为重要的历史地位。口语传播是信息交流、文化传承、社交互动和教育学习的基础，对人类的发展和交流起着不可替代的作用。

---

\* 巩晓亮，华东师范大学传播学院副教授。

当下,面对世界格局的不确定、各类矛盾冲突加剧,在国家话语权激烈竞争和广播电视学科急剧变革的时代大背景下,重思口语传播的本质,在追溯口语传播的沿革发展之路中寻找答案,显得至关重要。建设具有"中国特色的口语传播学科研究体系",是立足于新时代特点下,极具现实价值和学科意义的思考。未来,中国特色的口语传播体系,是服务于国家宣传、舆论引导的现实问题,也是口语传播可持续、创新转换和创造性发展的现实需要。

另外,面对当下智能媒体时代媒介生态的纷繁复杂,人们从传统的口语传播时代进入了一个虚实相生的数字口语传播时代,也正因如此,人与人之间的疏离感日益增强,人的感性思维正在全面复兴,"回归"传统口语传播体系至关重要。立足于新时代、新语境下思考具有"中国特色的口语传播学科研究体系"建设,回归言传具有重要的时代意义和历史价值。因此,本文基于量化研究方法,通过对过往口语传播研究的整理分析,推导出研究问题,希冀为未来口语传播学科建设提供具有可行性、创新性的数据思考。

## 一、问题的提出

戴维·伯姆主张,对话要在自由的氛围下进行,这种自由首先体现为对话没有预设的目的,或者说没有功利性的目的,以避免预设目的对对话主体的约束,他强调要保证每个人都彻底地表达出自己内心深处最真实的想法和看法,然后让不同的观点和意见之间彼此碰撞、激荡、交融,从而让真理脱颖而出。口语传播作为人类传播活动的第一个发展阶段,在漫长的人类历史长河中,其中的辩论与修辞、沟通与传播、言语与说服成为最具日常性却又具有技巧性、思辨性、艺术性的传播活动。

口语传播学发端于欧洲,其学理雏形可以追溯到古希腊时代的 Rhetoric 传统,需要指出的是,虽然国内将 Rhetoric 翻译为修辞,但西方的 Rhetoric 研究与我国语言学中修辞研究所关注的遣词用字、辞格、文风等范畴不同,西方的口语传播学一直被等同为"言说的艺术"或者"说服的艺术",从公元 5 世纪因雅典城邦民主政治而出现的以"语言艺术"为学问导向的"智辩士",到 20 世纪 20 年代美国大学相继成立"口语系",再到中国台湾世新大学于 1992 年成立国内首个口语传播系,口语传播学逐渐成为学界关注的焦点与研究的热点。

党的二十大报告中明确指出,要增强中华文明传播力影响力,坚守中华文化立场,讲好中国故事、传播好中国声音,展现可信、可爱、可敬的中国形象,推动中华文化更好走向世界,因而,口语传播的作用不可小视。随着社会技术、媒介形态的日益发展,视听文化的崛起也为口语传播带来了一定的挑战。诸如虚实相间的交际生态中,颜文字、表情包等视觉符号取代了口语的表达,使人与人之间的疏离感日益增强,人机重构的口语传播形态也给传统口语传播教育体系带来了冲击。

推动建立具有中国特色的口语传播学科研究体系,并帮助口语传播领域研究深入持续发展,建立"中国特色口语传播学"势在必行。习近平总书记指出:"数字技术正以新理念、新业态、新模式全面融入人类经济、政治、文化、社会、生态文明建设各领域和全过程,给人类生产生活带来广泛而深刻的影响。"从实践方面来看,数字时代的到来,为人们沟通交流提供了前所未有的便利,也突破了许多语言文化交流障碍。从听广播到听播客,从面对面交流到智能语音识别,从身体在场到虚拟互联……智能时代的口语传播实践为口语传播研究构建了生动的生态图景,供我们挖掘。从理论方面来看,口语传播不再拘泥于原有的人际交流层面,从沃尔特·翁的原生口语到电子文化时代的次生交流,从身体在场到跨越符号表征与物质传递边界"具身认知"……口语传播理论研究的范畴涉及传播各个层面。我们可以看出,无论是数字智能时代的口语传播实践,还是理论,都为构建中国特色口语传播体系提供了一片亟待开掘的沃土,也提供了源源不断的机遇。

本文着眼于口语传播研究的宏观视野,运用 CiteSpace 文献计量软件,以可视化科学知识图谱的形式呈现该领域研究现状与热点,本文拟围绕口语传播领域研究热点、关键词、机构等方面问题进行分析,在此基础上对口语传播领域进行未来展望。

## 二、研究设计

本文运用美国德雷赛尔大学(Drexel University)陈超美团队基于 Java 编程语言开发的 CiteSpace 可视化分析软件。CiteSpace 以 Java 语言为基础,可进行多元、分时、动态的复杂网络分析,可以对某一领域的研究成果进行综合性的分析与挖掘,描述某一研究领域的关系结构与发展脉络,得到宏观、详尽、可视化的科学知识图谱。关键词共现、聚类等可以从横向内容维度展现研究领域内的高频词和热点议题,关键词突现、时区图谱等可以从纵向时间维度展现某一研究领域从微观到宏观、从单一到多元的演化趋势,揭示并预测研究热点的时序变迁。

本研究样本数据选自中国知网(CNKI)数据库,以"口语传播"为主题词进行高级检索,检索共获得 446 篇中文文献,剔除与本领域无关的文献,最终确定样本数据数量为 214 篇,以整体观视角进行综合研判分析,为该学科提供较为有影响力的参考,样本数据发表时间范围为 2004 年 3 月 15 日至检索当日(2022 年 10 月 5 日)。

## 三、我国口语传播研究概况

针对我国口语传播研究概况,笔者主要运用 CiteSpace 软件,以口语传播为关键词进行文献检索,从论文数量、作者以及发表单位等方面进行剖析。

(一)论文数量变迁分析

图1为国内口语传播研究论文数量的总体趋势图,由图可知,最早的发文始于2004年,为我国学者高贵武教授的《浅谈主持人的口语传播策略》一文。随后近十年间发文数量不多,但在2014年发文数量呈现出第一个小高峰,为15篇。之后几年的发文数量呈现出较大起伏,但总体研究热度较以往有很大提升。

样本数据范围内发表高峰出现在2018年至2019年,数量分别为31篇和32篇。究其原因在于,2011年华东师范大学传播学院举办了首届中国口语传播国际高峰论坛,2012年厦门大学新闻传播学院传播学系与台湾世新大学口语传播学系联合举办了"海峡两岸口语传播学术研讨会",三所高校举办的以"口语传播"为主题的学术论坛,为国内学者提供了新的研究方向与视角,国内口语传播研究正处于蓄势待发阶段。而在2014至2018年间,全国一些高校口语传播系陆续建立,这些系所与研究中心的成立标志着中国口语传播学正进入学科初创阶段,研究热度与发文数量也随之上升。

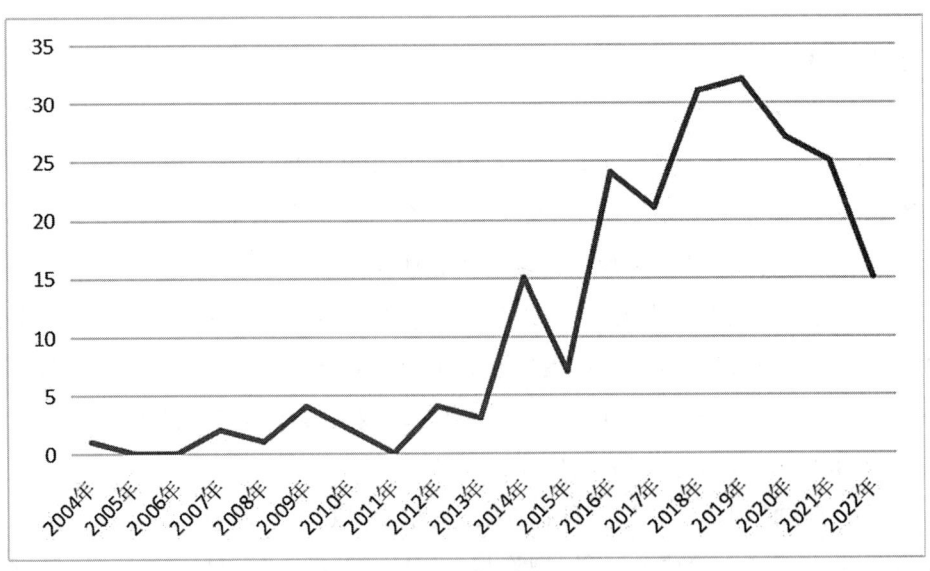

图1 我国口语传播研究文献发文量趋势图

（二）作者与单位情况

根据样本数据得出的我国口语传播研究主要发文作者及数量（见表1）可知，发文数量最高的是李亚铭（10篇）。从发文作者单位来看，国内发文量最多的单位依次为中国传媒大学、广西艺术学院、陕西科技大学口语传播研究中心、广西艺术学院影视与传媒学院、浙江传媒学院播音主持艺术学院、中国传媒大学播音主持艺术学院、华东师范大学传播学院、河北传媒学院、西安培华学院、中国人民大学新闻学院等。中国传媒大学作为顶尖的传媒学府，其发文量最高，同时，陕西科技大学口语传播研究中心也是唯一以"口语传播"命名的研究机构。此外，根据发文单位名称来看，口语传播研究多集中于高校新闻与传播学院和播音主持艺术学院。

**表1 我国口语传播研究主要发文作者及数量**

| 排名 | 发文作者 | 发文量（篇） |
| --- | --- | --- |
| 1 | 李亚铭 | 10 |
| 2 | 林毅 | 5 |
| 3 | 邱蔚 | 4 |
| 4 | 谭力；袁媛；袁爱中 | 3 |
| 7 | 陈虹；王丹；傅婷玉；宋扬；娄原菁；高瑷；于潇；杨启飞；王媛；张珂；李展；肖雪菁；徐生权；傅裕；周云；王嘉钰；隋鹏；盘莎莎；肖潇；林玉佳；魏如玉；陈连龙；吴瑗伽；沙德芳；李静 | 2 |

## 四、我国口语传播研究的热点议题

关键词反映文献所研究的核心内容，也是文献的高度概括与凝练。关键词共现分析能得到文献高频关键词；聚类分析是指对关键词进行分组、聚合，每一属类中的关键词具有相关性。对关键词进行上述分析能窥见我国口语传播研究的核心议题与研究热点。

（一）我国口语传播研究的高频关键词

为了对口语传播领域进行更深入研究，使用 CiteSpace 软件并选择 g-index（k = 25）算法对样本数据进行关键词共现分析，得到我国口语传播研究关键词共现图谱（见图2）。对样本数据进行关键词共现分析可以发现在样本数据统计时间范围内口语传播研究出现的高频关键词，关键词频次高低（见表2）即可表明口语传播领域研究的热点。国内口语传播领域研究的热点关键词为口语传播、主持人、播音主持、即兴口语、口语、融媒体、优化策略、新媒体、口语表达等。

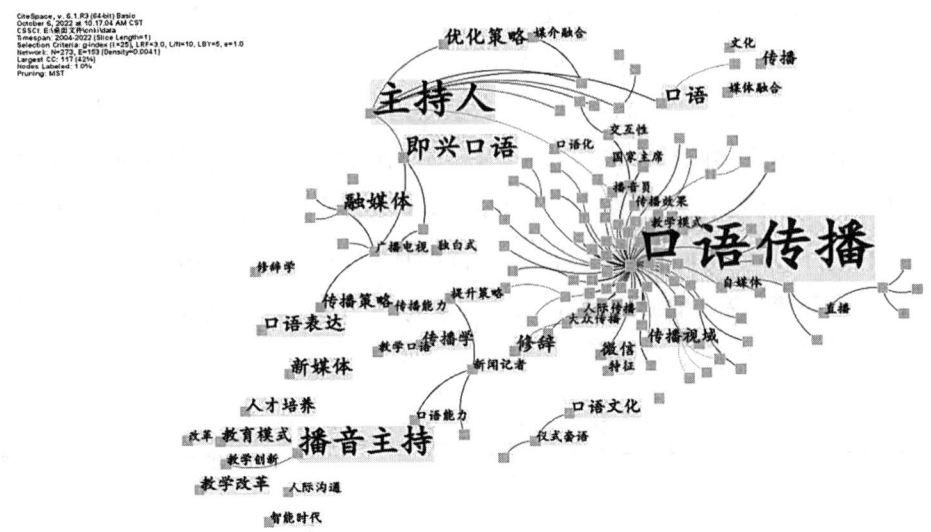

**图2　我国口语传播研究关键词共现图谱**

**表2　我国口语传播研究高频关键词一览表**

| 序号 | 关键词 | 频次/次 | 初现年份 |
|---|---|---|---|
| 1 | 口语传播 | 154 | 2004 |
| 2 | 主持人 | 27 | 2004 |
| 3 | 播音主持 | 13 | 2014 |
| 4 | 即兴口语 | 8 | 2014 |
| 5 | 口语 | 5 | 2012 |
| 6 | 融媒体 | 5 | 2017 |
| 7 | 优化策略 | 4 | 2018 |
| 8 | 新媒体 | 4 | 2019 |
| 9 | 口语表达 | 4 | 2014 |
| 10 | 修辞 | 4 | 2014 |
| 11 | 演讲 | 3 | 2007 |
| 12 | 传播学 | 3 | 2014 |
| 13 | 教育模式 | 3 | 2014 |
| 14 | 微信 | 3 | 2018 |
| 15 | 口语文化 | 3 | 2017 |

根据关键词共现图谱和高频关键词一览表，"口语传播"一词出现的频次最高，具有中心性。由"口语传播"发散出很多具体研究方向，例如"传播效果""倾听艺术"

"沟通能力""直播"等,体现出围绕本研究的多元化研究视角。

除此之外,"主持人""播音主持""即兴口语"等热点关键词也能体现出口语传播领域的研究方向,主要关注的议题紧紧围绕新闻与媒体行业展开,对大众传播领域中播音员、主持人的关注度较高。"融媒体""新媒体""优化策略""微信""口语文化"等热点关键词的首次出现是在近五年内,体现出研究方向紧跟时代前沿,研究议题与整体传播生态和发展格局紧密相关。

(二)我国口语传播研究的热点议题

使用 CiteSpace 软件对关键词进行聚类分析得到聚类模块值(Q 值)为 0.62,聚类平均轮廓值(S 值)为 0.97(见图 3),此数据说明关键词聚类结构显著,聚类结果具有参考性,聚类效果较好。根据关键词聚类图谱进行信息挖掘得出关键词聚类信息一览表(见表 3)。从上述分析来看,当前我国口语传播领域主要研究议题与内容可以分为以下五个方面。

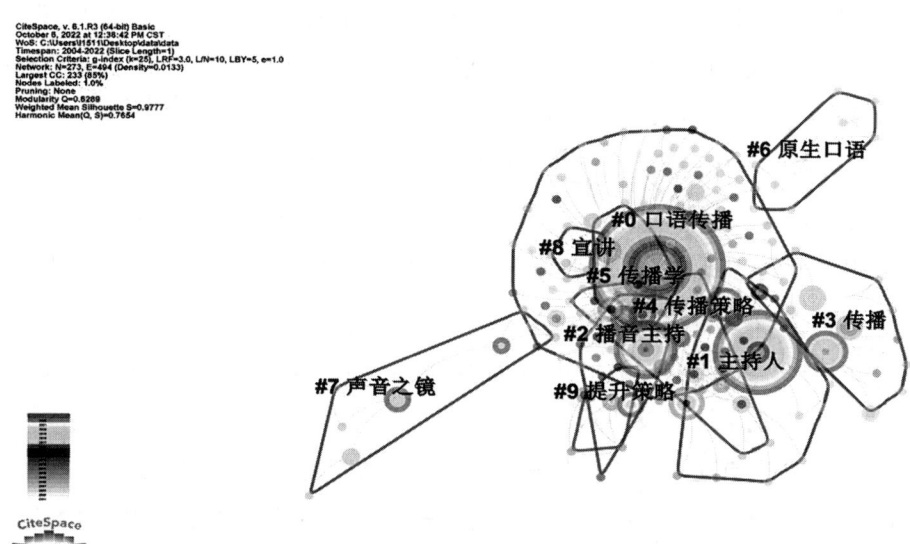

**图 3　我国口语传播研究关键词聚类图谱**

**表 3　我国口语传播领域关键词聚类信息一览表**

| 聚类标签 | 聚类名称 | 成员数量 | 主要关键词 |
| --- | --- | --- | --- |
| #0 | 口语传播 | 81 | 口语传播、主持人、播音主持、即兴口语、传播等 |
| #1 | 主持人 | 21 | 主持人、即兴口语、口语表达、传播能力等 |
| #2 | 播音主持 | 20 | 播音主持、传媒教育、智能时代、教学改革、感受能力等 |
| #3 | 传播 | 15 | 传播、口语、交际、功能、表达等 |
| #4 | 传播策略 | 15 | 传播策略、融媒体、新闻发布会、修辞学、发言人等 |

续表

| 聚类标签 | 聚类名称 | 成员数量 | 主要关键词 |
| --- | --- | --- | --- |
| #5 | 传播学 | 11 | 传播学、慕课教学、口语表达能力、慕课时代、教学口语等 |
| #6 | 原生口语 | 9 | 原生口语、直播、离散、反常合道、线性等 |
| #7 | 声音之镜 | 8 | 声音之镜、口语回归、口语文化、传播偏向、中介化等 |
| #8 | 宣讲 | 6 | 宣讲、媒介形式、演说、清末、社会变迁等 |
| #9 | 提升策略 | 6 | 提升策略、口语能力、新闻记者、出镜新闻、口语传播等 |

第一，口语传播的本体知识构建。

在我国，对书面语言的研究，人们历来给予高度重视，而对于口头语言，也就是口语的深入研究，却直到近些年才逐渐予以重视。因此，这类研究围绕口语传播本体进行探讨，主要包括从口语传播发展历程、特性、属性、现状、模式到口语传播思想史的价值等方面。

这类研究呈现出"溯本源"和"看当下"的特点：在我国古代历史上有过不少口语传播活动兴盛的时期，尤其是先秦时代的鬼谷子、苏秦、张仪等纵横家，老子、孔子、孟子、荀子、韩非子等思想家，他们不仅亲身做出丰富的口语传播实践，还创造出与西方迥异的极具东方智慧的口语传播思想。

从口语传播的本体研究"当代性"来看，语言与沟通和非语言沟通研究较多。在语言与沟通层面，从基于索绪尔符号学的能指和所指，到德里达提出的"语言符号本身的稳定性"，再到巴赫金提出的必须将语言放置于活生生的话语情境中寻找语言的意义，这为口语传播本体性研究奠定了丰厚的理论支撑。此外，非语言传播相对于口语传播而言，是人类最早的沟通形式，阿盖尔提出，沟通时非语言行为具有表情达意、传递人际态度、展现个性以及伴随语言适应对话等功用。

因此，这类研究有对口语传播历史脉络、样态嬗变的回顾。同时，5G商用加速了智能时代的到来，AI虚拟主播、智能语音助手异军突起，机器成为口语传播中的新"主体"，口语传播生态也发生了巨大变革，基于此，一些学者立足当下和前沿对口语传播进行深入探讨。以上对口语传播本体内容的构建，丰富了我国口语传播学的知识体系，在对中国口语传播历史的挖掘和对当下前沿的观照中，逐渐形成了具有中国特色的口语传播研究。

第二，口语传播的实践主体研究。

当前，口语传播领域的实践主体研究主要集中于大众传播之下的各类实践主体，其中对主持人的口语传播研究最为丰富。同时，一些学者也从较热门的大众传播中的口语传播的各类主体研究拓展到人际传播中，聚焦大学生、青少年、老年人等群体，将应用范围还延伸到企业、红色教育基地等。

关于大众传播中的口语传播实践主体方面，有学者认为，主持人的素养主要体现在对口语传播的精湛运用上，优秀的口语传播既能提升受众的语言素质，同时也是培养受众对节目持有好感度的重要保证。在融媒时代，如何提升主持人口语传播能力是业界需要高度重视的问题。除了对主持人口语传播能力进行总括性研究之外，还需要针对不同节目进行具体分析，例如探讨《奇葩说》《朗读者》《开讲啦》《鲁豫有约一日行》等节目中主持人的口语传播效果、特点、困境、创新与发展路径。同时，对新闻发言人和记者的口语传播也有不少研究，同样集中于口语传播能力、优化策略等方面的探讨。此外，随着电商直播的崛起，网络直播中的口语传播也被纳入一些学者的研究视野当中，从电视直播到网络直播，不仅是传播形态上的发展，更是传播逻辑在本质上的演变。在互联网4.0时代，网络直播最大限度地"还原"了人们即时互动的情境，构建延伸出新的交流场域。电商直播的独特性也让一些学者对网络平台口语传播的现状、特点、问题与提升路径等方面进行探讨。

语言是人们交流的基本工具，更是人们赖以生存的基本手段之一，且贯穿人的一生，口语表达能力直接影响交流和沟通的效果，口语传播是一个人综合素质及人文修养的重要体现。随着社会的不断发展，语言及语言运用尤其是口语表达水平的重要性逐渐在学习生活和工作等场景中凸显出来。无论是从基础教育改革的政策引导来看，还是从考学、工作面试等学业、职业发展需要来看，越来越多的人重视口语表达能力的培养和提高。基于此，在人际传播中的口语传播实践主体方面，口语传播的实践主体研究范围覆盖较全面，不仅包括小学生、青少年、大学生、老年人等群体，还有一些较为具体和特色的岗位与机构，如政府官员、企业跨部门、红色教育基地等，其研究具有一定实践指导性意义。

第三，口语传播的教育教学发展。

口语传播教育教学首发于欧美国家，对于国内而言，口语传播教育教学起步较晚，台湾世新大学于1992年成立首个口语传播系，2011年，厦门大学最早成立了以口语传播为主要方向的传播学系，至此，国内口语传播教育教学才逐渐兴起。

这类研究集中于三方面，首先是口语传播视角下播音与主持艺术专业教学改革。台湾世新大学游梓翔教授指出，口传行为与口传学术可能演变为四个专业，分别是：广电公众传播、广电说话、个人媒介传播、媒介关系传播。而播音与主持艺术应属于广电说话专业。从游梓翔教授的观点即可看出播音与主持艺术专业与口语传播的内在联系及播音与主持艺术专业教育教学改革借鉴口语传播视角的可行性。节目主持人、播音员的言语传播现象，与口语传播的理论之间是特殊和一般的关系。以口语传播的视域对我国播音主持专业教育的人才培养模式进行重新审视,必将给我们带来一些新的思考。其次是口语传播教育教学的个案分析。研究对象主要包括高职院校、民办高校、理工类高校和体育院校,集中于探讨改革现状、问题、模式、人才培养等方面。同时,也有对广州大学、四川文理学院等具体院校的口语传播教育教学的分析。此外,口语传播教育教学不仅对高校播音与主持艺术专业的教学具有启发作用,也对跨课程教学发展具有指导意义,因此,有学者对慕课时代教师语言、专业英语演讲课、思政教育、语言应用类通识课等进行口语传播视野下的研究。最后是两岸高校口语传播教学实践与反思。台湾世新大学具有成熟的口语传播教学经验与模式,从海峡两岸口语传播学合作到台湾口语传播教育经验的反思,这些研究对高校口语传播教育教学发展具有推动作用。

第四,口语传播的跨学科探讨。

这类跨学科研究主要涵盖文学、符号学、哲学、心理学、文化等领域。例如,有学者采用美国心理学家吉尔福特的"智力三维结构"理论探讨未成年人的口语传播力,还有用英国文化研究者斯图尔特·霍尔提出的有效沟通模式分析小学语文课堂口语传播中的倾听相关问题。口语传播领域的跨学科探讨为口语传播注入了新的活力,也丰富了中国特色的口语传播内容体系,有效扩宽了口语传播研究视野,增加了研究的路径方法。

第五,新媒介下的口语传播研究。

通过关键词一览表,我们可以发现,围绕新媒体、融媒体等关键词展开的口语传播研究始终如火如荼。此外,从声音之镜、口语回归、口语文化、传播偏向、中介化等关键词,能够看出在媒介纷繁复杂的生态环境下,机器带来的人与人、人与机器之间的交流区隔问题,值得我们思考。

此外,随着新媒体时代场景的多元化、虚拟化、个性化,口语传播在新媒体时代的交互性变得越来越强,有的学者在中国特色口语传播体系的根基下,思考新媒体时代口语传播的新理念、新场景,以及口语传播主体在面对不同客体时产生的问题。坚持口语传播本质就是要在坚守传统表达背后,学会与新技术、新场景、新对象的跨界融合,使我们新时代的口语传播更具有时代特性。

## 五、我国口语传播研究的发展脉络

使用 CiteSpace 软件的时间线图谱功能,可以对聚类和关键词信息进行历时性展现,呈现样本数据统计时间范围内口语传播研究的整体发展脉络。根据对我国口语传播研究时区图谱(见图4)的分析,我国口语传播研究大致分为以下三个阶段。

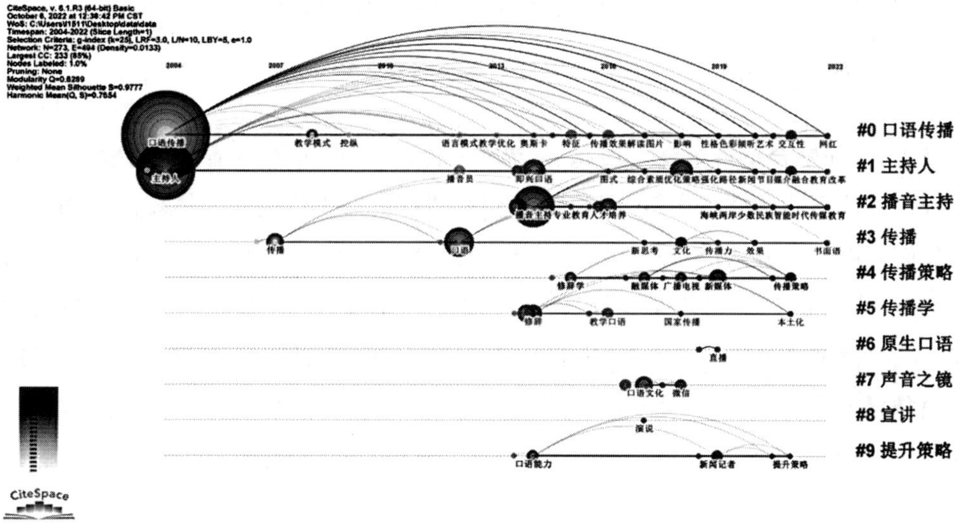

**图4 我国口语传播研究时区图谱**

（一）初始阶段(2004年至2013年)

2004年至2013年,我国媒介发展正处于不断探索和推进的初期,"三网融合""数字化空间生存""云数据"等技术并不成熟。初始阶段,口语传播研究时间跨度长,整体学术进展较为缓慢,但从关键词信息来看,这一时期的研究议题与内容已经覆盖上述五个方面,可以说初始阶段为后续研究奠定了坚实基础。本阶段具有特点的研究在于袁爱中对西藏口语传播的相关考察,袁爱中对西藏口语传播的特点、类型及功能进行了系统论述。对我国某民族口语传播的研究,能够对我国作为一个多民族国家的语言工作起到推动作用,展现我国语言的民族性与独特性。随着交通的日益发达,人际交往的增多以及藏民族文化水平的提高,加速方言的规范和统一,逐渐形成藏民族的口头标准语,在加强民族内部团结,发展民族政治经济文化以及对外交流等方面,无疑是有益的。

（二）兴起阶段(2014年至2019年)

结合媒介发展的背景来看,2014年被认为是媒介融合的元年,传统媒体与新兴媒体趋于融合发展,该阶段呈现出口语传播领域中各个研究议题多点开花态势,研究数量出现较大增长,研究成果丰富,这一时期的研究特点体现在实务分析方面。随着我国视听节目市场不断发展,很多学者将视角对准口语传播的实务研究方面,实务案例包括广播电视节目、网络平台节目,同时对电影中口语传播现象也有关注。值得注意的是，即兴口语传播相关研究被众多研究者关注。即兴口语传播是主持人的一项重要能力，因此，研究者多从教育教学和提升路径角度切入并展开研究。

(三) 发展阶段(2020年至今)

当下，媒介融合呈现纵深发展趋势，新时代、元宇宙、智能传播等一系列新兴元素影响着口语传播的研究与实践，因此，在此发展阶段，口语传播研究体现出较强的时代性。我们可以从两方面进行解读。一是研究紧紧围绕国家战略和社会发展大环境，例如涉及"一带一路""新时代主旋律""思政教育""新文科"等背景下口语传播的相关研究。二是研究紧紧围绕传媒生态变革与发展，例如"新媒体""融媒体""智能时代"中口语传播现象成为关注的焦点。同时，随着技术变革与媒体业态变化，一些"新鲜事物"的口语传播现象也被研究者涉猎，例如"播客""网络直播""电商主播"等。

## 六、结语与展望

通过知识图谱对口语传播领域研究的探讨，我们可以看出口语传播研究经历了从初始到兴起再到发展三个阶段，每个阶段的背景离不开媒介环境的变化，这给口语传播研究注入了更多生机。回望20世纪80年代中期，"口传"更全面地开始拥抱传播学的理论方法，当时关于是否淡化"口语"这一命题引起了不小的争议。1997年，在关于是否去"口语"的讨论里，近半数的学者依旧期望维持口语的名称。如美国口语传播学者奈普(Knapp)所言："研究口语者关心的是人类透过口说语言及辅助口语的其他非语言行为所进行的传播。"口语传播研究，除了传承罗马时期的说服、中国古代历史的根基外，同时要在跨学科方面继续深入，在语言学、传播学、社会学等学科共建下不断深入。

源远方能流长，固本方能强基。社会处于不断运动、变化、发展的历史进程中，这就要求作为研究者的我们，应该用运动的、变化的、发展的观点去观察和分析问题。但是，无论社会怎么变迁，人与人的沟通交流依旧重要，在智能媒介发展迅速的今天，新生态为口语传播环境带来了诸多改变，但研究口语传播的价值依然毋庸置疑。在口语传播研究不断深入的当下，还需注意以下问题。

一是注重国际传播中口语传播的相关研究。党的二十大报告中，习近平总书记对"增强中华文明传播力影响力"作出重要部署，并且将"口语传播"提升到重要的政治战略地位。报告中强调"坚守中华文化立场，提炼展示中华文明的精神标识和文化精髓，向世界阐释推介更多具有中国特色、体现中国精神、蕴含中国智慧的优秀文化，加快构建中国话语和中国叙事体系,讲好中国故事、传播好中国声音,展现可信、可爱、可敬的中国形象",同时,要更好适应国际传播渠道和方式的发展变化。推进中国故事和中国声音的精准传播,助力全面提升国际传播效能,推动形成同我国综合国力和国际地位相匹配的国际话语权。在国际竞争日趋激烈的当下,口语传播应当置身于国家战略传播的历史使命中,深入探讨国际传播中口语传播的实践、价值、路径与方法。

二是注重口语传播人才培养。口语能力日益成为评价人的重要标准之一,除了将视角对准播音员主持人之外,还需特别关注全龄段、各行业的口语传播能力提升,不断完善我国人才素质能力体系。拓宽口语传播研究议题,广泛延展口语传播研究的深度与广度,立足当下又瞭望未来,打通跨学科学者、理论、实践之间对口语传播的研究通路,培养新时代青年立足中国特色沃土,拓宽创新理论研究视野,丰富具有中国特色的口语传播研究体系。

三是守正创新,兼顾"技"与"学"。当下,媒介生态环境区域智能化发展,口语传播也融入了"人机共生""沉浸情境"等多元、体验、智能生态中。面对智能技术的迅速发展,我们应守正创新,兼顾技术但不忘情感,兼顾学习而不忘协作,紧跟着最前沿的研究学习,凝聚社会共识,在变与不变中形成交流的共同体意识。

四是回归口语传统,凸显"中国特色口语传播"价值。在新媒体时代的媒介生态变革中,口语传播专业领域的研究者、教育者等专业人员,应该在不断变化的时代,理性地寻求口语传播的中国特色之根。关注口语传播在历史语音学、语意学、修辞等方面传统且具有诗意化的语言表达,在新媒体时代浪潮里,更要突出口语传播中国特色的韵律美、修辞美、表达美,从而更深入地挖掘中国特色传播体系的深刻意蕴。

五是关注数字媒介口语的研究。受大数据、大语言模型影响的媒介应用语言,其应用越来越呈现口语化的回归,这种在技术驱动下的口语化传播,也在改变着人类的叙事方式和知识传承。

综上所述,本研究立足于整合与分析我国口语传播学术图景,从国际传播、人才培养、技术与口语、口语传统方面丰富"中国特色口语传播"体系建设,立足当下,面向未来。中国特色口语传播关注内在传统口语的基因密码,希冀未来为传播中华优秀传统文化,建构中国特色口语传播学科,作出具有新时代价值和世界意义的学术贡献。

**参考文献**

[1] 李亚铭,李月娇.论我国口语传播传统的断层及其原因[J].新闻知识,2014(12).

[2] 刘丹.新文科背景下中国口语传播学的发展路径[J].华侨大学学报(哲学社会科学版),2022(4):120-129.

[3]徐树华.论口语研究的三种导向:交际、表达、传播[J].现代传播(中国传媒大学学报),2012,34(9):66-69.

[4]李亚铭,王群.口语传播学:一个亟待建构的新学科[J].编辑之友,2014(7):65-69.

[5]杨启飞,陈虹.人机口语对话:智能时代的口语传播[J].新媒体与社会,2021(1):250-261.

[6]李展.数字化时代的口语传播:理论、方法与实践[M].厦门:厦门大学出版社,2014:1.

[7]林玉佳.新媒体时代口语传播学的探索与发展[J].青年记者,2018(2):5-6.

[8]李亚铭.口语传播视域下的播音主持专业教育模式改革[J].现代传播(中国传媒大学学报),2013,35(10):154-155.

[9]袁爱中.西藏口语传播的特点研究[J].当代传播,2009(1):60-63.

[10]加强和改进国际传播工作 展示真实立体全面的中国[N].人民日报,2021-06-02(001).

[11]伯姆.论对话[M].王松涛,译.北京:教育科学出版社,2004.

[12]翟羽佳.新媒介的数字口语化研究[M].北京:清华大学出版社,2022.

[13] CHEN C M. CiteSpace II: detecting and visualizing emerging trends and transient patterns in scientific literature [J]. Journal of the American society for information science & technology,2006,57(3):359-377.

[14] KNAPP M L. Speech[M]//BARNOUW E. International encyclopedia of communications. New York: Oxford University Press,1989.

# 口语传播前沿话题研究

# 国家话语口语传播的公共表达属性与创新空间

赖冬阳[*]

**摘要**：公共表达是表达主体在公共空间通过有声语言和副语言，把所见所闻、所思所感通过多模态言语形式进行呈现，以实现传播与互动，从而引发接受主体认知、情感、态度和行动的改变的一种公共传播行为。国家话语公共表达作为公共表达在国家层面的言语传播，是国家战略传播的重要表现形式，服务于讲好中国故事、提供中国方案、提升中国在全球治理中的话语权的战略传播目标。国家话语公共表达的效率和效力决定国家战略传播的绩效。

**关键词**：口语传播；公共表达；国家话语

## 一、国家话语与口语传播

国家话语是国家话语权利实施的具体表现形式，是一种国家传播现象及信息形态，是一种以传播国家信息、塑造国家形象、提升国家软实力、解决国际国内问题为目的的国家传播行为。随着对国家话语的研究的逐渐普及和深入，关于国家话语的定义在诸多论文中有不同的表述，但陈汝东的这一定义涵盖了话语主体、话语内容和话语目的三方面，较为全面地对国家话语进行了内涵与外延的界定。目前对国家话语的研究主要是概念、性质、内涵、外延、框架等宏观层面的研究，对于国家话语的应用场景和话语实践案例分析较少。国家话语研究，对国家话语学、国家修辞学乃至国家传播学的理论建设，对国家话语质量的提高、国家形象的建构，都具有重要意义。要实现国家话语研究的如上目标，把宏观框架性研究引入微观的话语实践案例的研究和话语实现

---

[*] 赖冬阳，中国传媒大学播音与主持艺术学院博士研究生。

场景研究是深入国家话语研究的新进路。除了话语生成和话语管理之外,话语传播是国家话语实现其目标和价值的重要方式。国家话语的内容可以以图片、文字、音视频等多模态的媒介形式进行生成建构和传播,而口语是国家话语传播的常见形态。

纵观口语传播的研究,主要集中在对主持人、现场报道记者、新闻评论员等媒体职业从业人员的研究上,对于领导人演讲、媒体讲话、媒体采访,国家机构新闻发言人、政协委员或人大代表的媒体发言等的研究还不够充分,而这些群体由于其身份代表国家或者国家机构,所涉话语内容具有国家话语性质,恰恰是国家话语传播的重要实施主体。

因此,把国家话语研究与口语传播研究结合起来,通过融合两个学术研究领域以打开研究的创新空间是落实国家话语体系和话语能力现代化建设的创新性学术实践。

## 二、国家话语口语传播的公共表达属性

仅从一般的口语传播视角来分析,具有以下两个面向。

一方面,从传播主体身份的性质来看,有私人化个体和公共性个体。有代表独立个体私人化身份进行个人观点、感受等的表达,如音频播客、个人短视频等;也有以机构代表或者媒体职业身份进行表达的公共性个体,如电台电视台主持人、记者、评论员、新闻发言人和领导干部等。

另一方面,从传播的话语内容来看,有个体叙事和公共叙事的区分。个体叙事主要呈现个人的生活细节、感受和经验,如抖音、快手、小红书、微信视频号等的短视频与直播,展现个体日常的生活细节和事件,表达个人的人生感悟和观点;公共叙事的主题选择、话语内容、表达方式、表达伦理都要依循公共性的规约,表达主体看似以个人身份出场,但其背后有一条从国家到机构到职业身份再到个人属性的层层嵌套的身份链,行使着国家叙事、公共叙事和个人叙事相结合的人格化传播的职能。如中央广播电视总台评论员杨禹、主持人白岩松,其鲜明的个人风格既是基于其个人知识结构、性格特征等个人化特质,又必须受到宣传纪律、宣传口径以及立场观点、宏观的话语体系和风格的规约,是二者的融合汇通和综合统效的结果。

因此,国家话语口语传播作为国家话语传播的一种样态,兼有国家话语传播和口语传播的特征。从以上两个面向的分析中我们可以看出,不管是传播主体身份还是传播话语内容,公共性是国家话语的口语传播最重要的特性,国家话语口语传播具有公共表达的属性。这是国家话语口语传播区别于一般的口语传播的重要特征。

公共表达是由"公共"和"表达"两个词组成的复合词。关于表达的含义,王栾生

在其论文《表达=表→达》中指出,"表"是"达"的基础,"达"是"表"的目的。言语表达各要素组成了一个有机的系统,任何一次表达都是一个"系统工程"。"表达"一词固有的含义应为:表达者(参与言语交际的主动方)用言语把心中的想法表现出来,传达给对方并使对方接受、采纳自己的要求,以实现交际的目的。王栾生对于"表达"的阐释与美国政治学家拉斯韦尔提出的 5W 传播过程模式相似。

"表达=表→达"的阐释中涵盖了传播主体、传播内容、传播渠道、接受主体和传播效果各要素,是对"表达"的一个创新性的学术探索。国家话语口语传播的公共表达属性体现在以下几方面。

(一) 公共场域

国家话语口语传播所发生的场景都具有公共场域的特征。新闻主持人、评论员、现场报道记者等传播主体通过广播、电视和新媒体直播平台进行传播活动,大众传播媒介和融合性的新媒介技术"无远弗届",触达大量受众的同时,也构建了跨越空间阻隔的公共空间和场域。国家领导人在国际峰会或者重大外交场合中的演讲和发言,世界各国政要和媒体记者等多元参与主体构成了一个身体在场的公共空间,现场发言、会见和演讲经由媒体全球传播,触达海量受众,构建起虽然虚拟数字化但传播主体和受众俱在的真实传播场域。如中国外交部新闻发言人在蓝厅的例行新闻发布和不定期的专题发布,政府和机构的领导干部接受媒体的采访。两会期间,人大代表政协委员在人民大会堂的"代表委员通道""部长通道"上接受媒体的采访,现场的物理公共空间和场外的传播空间共同服务于国家话语公共表达。

(二) 公共话题

国家话语口语传播所涉话题关乎国家利益、社会治理、经济民生、教育文化、抢险救灾等重大事件,或者是影响面广的社会热点。这些话题所关涉的事件因为其本身的重大性,会经由社会影响力的传导机制波及更广泛的人群。尽管有些事件仅仅是发生在某个领域和区域,直接受影响的是某一特定人群,但是事件的重大性会演化成一种社会心理,形成特定的社会舆论,甚至促成一种制度的出台或者更改,从而形成对整个群体的现实影响。

同时,由于技术平权和媒介使用的普及,在媒介化生存已成常态的背景下,事件媒介化使事件更具影响力,提升公众参与度,从而也获得整个社会的关注和讨论,进而形塑为特定的公共话题。事件性质的重大性和人群数量上的广泛性构成了其公共性的基础。阿伦特在对于公共性的论述中提到,公共性具有公开和共同的特点,哈贝马斯认为公共性需要沟通,公众的观点和意见需要经过沟通网络的过滤。因此,国家话语口语传播聚焦公共话题,以公共表达实现其公共性。

(三)公共利益

国家话语口语传播活动不同于一般的口语传播,其目标的价值导向非常鲜明,即明确地指向维护国家利益和公共利益。在国际峰会或重大外交活动中,讲述中国故事,传播中国声音,为构建人类命运共同体做出中国的贡献;以领导人和外交工作人员的国家话语公共表达来参与国际间的话语竞争,在话语博弈中赢得属于中国的话语权,进而争取并维护国家与民族的利益;在国内的治国理政和回应社会各界关切的国家话语口语传播系列活动,都凸显出追求"最大公约数"的公共利益。

国家话语公共表达在追求公共利益的实现过程中,公共表达质量和公共表达效力两个维度亟待重视。

1. 公共表达质量

质量一词最初来源于物理学术语,后来在社会学、管理学以及日常的口语中被普及化使用。美国质量管理专家克劳斯比把质量概括为"产品符合规定要求的程度",虽然是从产品质量的角度来定义质量,但其"符合要求的程度"这一内涵对于公共表达的质量概念的内涵解析很有借鉴意义。之所以要强调公共表达质量,是因为在现实发生的公共表达中,缺乏表达质量意识的情况很常见,已成为公共表达的一种现实困境。主要表现为沿用固有话语模式,套用空洞说教,满篇"官话空话套话车轱辘话",少见有清晰的观点、生动的细节、令人记忆深刻的金句警语。这些都是公共表达文本构建与话语风格创新不足的表现。尤其是一些官员在遇到重大突发事件或者灾难性事件时所召开的媒体新闻发布会上,隐瞒或者模糊真实情况和事件进展,以冷漠的官话套话回应社会和民众的关切,甚至借事故和灾难歌功颂德。这些没有公共表达质量的话语行为,无法实现对公共利益的维护。

2. 公共表达效力

国家话语公共表达的目标是在信息层面消除传播主体和接受主体的信息差,在观念层面达成理解,情感层面产生认同,进而导向有价值的行动。以终为始才能不偏离,这就要求国家话语公共表达始终要以表达效力作为其目标,建构起表达效力评估的规则和体系,一方面以科学而有效的规则和体系去指导每一个公共表达,另一方面对已经实施的公共表达进行评估,总结经验和不足,不断提升国家话语公共表达能力。

## 三、国家话语公共表达的多维性

国家话语公共表达作为国家话语的传播,其发生和应用场景很多,综合对各种话语场景的分析和归类,可分为以下两个维度。

(一)全球治理维度

国家领导人与外交官员在重大外交场合,代表国家进行演讲、发言、回答媒体提问等行为是典型的公共表达。在这些场景中的公共表达力决定着国家主张的传播力,是争夺国家话语权的重要手段,是提升国家软实力的重要抓手。

在全球治理中,不论是事前的谋划、事中的博弈与交锋、事后的阐释,大都是由一系列的公共表达活动组成的,这些表达活动的质量与效力如何,决定着国家主张是否能得到有效伸张,中国方案与中国智慧能否得到广泛的接受,中国权益与中国利益能否得到维护。

笔者通过人民网习近平系列重要讲话数据库,选定时间筛选、类型和领域三个向度进行精确搜索,将搜索具体变量设置如下。

时间选择:2012年—2022年

类型:讲话+会议

领域:外交

从搜索结果来看,检索共131条结果。从检索结果可知,国际重大峰会的讲话有131场。从2012年到2022年十年间,平均每年大约有13场重大国际峰会的讲话和发言。涵盖上海合作组织成员国元首理事会、全球发展高层对话会、金砖国家领导人会晤、金砖国家工商论坛、博鳌亚洲论坛、中非合作论坛部长级会议、二十国集团领导人峰会、"一带一路"国际合作高峰论坛、亚太经合组织工商领导人峰会等。除了定期国际会议外,还有联合国一般辩论会上的发言、荷兰海牙核安全峰会上的讲话等主题性国际会议。这些重大国际峰会是全球治理和协调大国关系的重要机制,在每一场峰会上,国家主席习近平的演讲、讲话和发言都是国家话语的公共表达,从而阐释中国新发展格局的内涵,在全球重大事务中提出中国主张,发出中国声音。

(二)国家治理维度

国家领导人的新年贺词、党的重大会议报告、政府工作报告、系列重要讲话、考察活动中的系列指示等都属于国家话语公共表达的范畴;与此同时,各级政府部门的负责人回答记者提问、各级政府部门的新闻发布会、全国两会的分组讨论等也属于国家话语的公共表达。国家治理维度的公共表达活动如何实现提质增效是国家治理体系和治理能力现代化的重要组成部分。

笔者通过人民网习近平系列重要讲话数据库进行精确检索，在检索条件设置上，领域一项选择经济、政治、文化、社会、生态、党建、国防、外交等子项，涵盖国际国内、治国治党治军各项主题；类型一项选择讲话、会议、活动、考察、会见、出访、函电、其他等各种国家话语应用场景；综合检索得出12 529条结果。

从国家治理维度来看，要实现治理体系与治理能力现代化的目标，国家话语公共表达效力是衡量的重要指标。同时，表达效率的提高和表达效力的提升也是实现国家治理体系和治理能力现代化的重要途径。与此相反的是，政府官员和新闻发言人的低效、无效、负效的公共表达成了政府形象的消极影响因素，增加了治国理政成本。

## 四、国家话语公共表达的创新性实践

国家话语公共表达一直受到有关部门重视，尤其是在领导人公共表达、新闻发言人公共表达、领导干部媒介公共表达等领域，制度性的学习和研究已成为常态。创新国家话语体系，提升国家话语能力，获得融通中外的话语绩效是国家战略传播的目标。为更好达成这一目标，国家话语公共表达的创新性实践取得一系列成果，获得了可喜的进展。

（一）声音修辞：领导人原声话语解说专题片

尤其是党的十八大以来，领导人国家话语公共表达更为积极主动地探索和创新，以新形式、新理念、新格调，通过新实践开创新气象。

笔者通过选取2017年习近平主席新年贺词以来公共表达的音视频与刊载在新华社（包括新华社微信与客户端，新华社社属电视节目、报纸、杂志）、《人民日报》（包括《人民日报》微信与客户端）、中央电视台（包括中央电视台微信与客户端）、中央人民广播电台（包括中央人民广播电台微信）等主流媒体的演讲、讲话文本资料，可以看出领导人国家话语公共表达的所有元素更为丰富和多元。国家领导人的话语原声被广泛地运用到重大专题片中。2017年"一带一路"高峰论坛期间，新华社推出视频专题片《一带一路》，在专题片中使用习近平主席的原声，经精心剪辑后，以画外音形式对视频节目进行解说。

在电视或者视频节目的制作惯例中,重大选题的纪录片和宣传片解说由职业的配音员来承担。如《大国崛起》由山西电视台播音员孙占山配音,曾长期担任中央电视台《探索发现》栏目配音的任志宏为纪录片《诗人毛泽东》配音,中央人民广播电台著名播音员苏扬为《大国外交》配音。而新华社推出的专题片《一带一路》通过剪辑习近平主席在国际国内各大论坛上的演讲和讲话的原声话语,在保留原声的原汁原味,同时由忠于各大场景的话语原意的基础上,经过精心组合和编辑,用作专题片《一带一路》的声音解说,从而开创了用领导人原声话语为专题片进行解说的先河。

中国传媒大学曾志华教授认为,在视觉文化强势统领、人们"闻声知情"能力不断丧失的现实场景中,我们需要重新认识声音符号在中国传统文化中的特别功能,从听觉角度建立中国纪录片的听觉文化。听觉更是我们人类的感性生存维度。声音不仅仅是承载有声语言的一种媒介,还具有艺术审美、文化精神、国家象征等的音声化呈现的性质。在此前的国家领导人的原声话语运用中,主要是片段式和摘要式地用于专题片,以同期声方式出现。而《一带一路》专题片完全以习近平主席原声为解说,贯穿整部片子,是国家话语声音修辞创新性的应用。

习近平主席的原声话语以声画结合的方式,组合成视听兼具的多模态国家话语,服务于"一带一路"倡议的传播。同时,此举也是领导人国家话语公共表达的一次大胆的创新和探索,具有里程碑意义。原声话语的使用,充分发掘领导人的声音元素的优势,国家精神和领导权威实现音声化呈现,声画结合,综合立体,打破以往领导人形象建构中重画面的常规,开拓了声音修辞的新领域。

(二)言语修辞:同期声纪实性呈现

对于国家领导人国家话语公共表达的完整和详细内容,此前是以电视播音员播报新闻稿和转述讲话内容这一形式来呈现。而近期,保留转述的新闻播报之外,还大量使用国家领导人现场同期声,甚至还出现整条视频没有任何播音员或者配音员的解说,仅仅使用习近平主席本人的言语同期声,这样从转述到直述,是国家话语言语修辞上的创新。这种创新突破可以使领导人的国家话语在语气上更为生动,声音上更为可感,语意上更为直观、真实、准确和丰富。

2018年春节期间习近平总书记来到凉山彝族自治州、阿坝藏族羌族自治州、成都市等地考察慰问,央视客户端推出系列纪实短视频,短视频中没有任何后期制作的解说,只保留习近平总书记与当地群众交谈的同期声,以新闻纪实的方式呈现,画面真实、场景纪实,把人民领袖深入人民、察民情、解民忧、在人民中间、与民一起同甘共苦的形象生动、逼真、立体地呈现出来。

2018年全国两会期间，央视客户端、新华社新媒体、人民日报客户端推出领导人两会工作系列短视频，以纪实手法呈现习近平总书记参加团组讨论，听取汇报并对代表、委员的汇报进行适时的点评，真人真声真言，拉近与代表委员的距离，人物真实可感。

如在广东代表团的讨论中，来自广东某服饰公司的一名基层代表米雪梅，在广东打工21年，在发言中通过自己的切身体会，讲述了所在城市在改革开放中发生的巨大变化，同时也希望各级政府不断加大投入，满足日益增长的外来务工人员的子女教育需求，以解决后顾之忧。习近平总书记认真听取了她的发言后风趣地说：你的名字就像你的经历一样，梅花香自苦寒来。接着，习近平总书记强调，共产党就是为人民谋幸福的，人民群众什么方面感觉不幸福、不快乐、不满意，我们就在哪方面下功夫，千方百计为群众排忧解难。

（三）仪式化场景修辞：天安门广场献词和党代表通道群访

国家话语不仅仅以言语文本形式出现，特定的国家仪式和具有典礼性、仪式化的场景也是国家话语的组成部分。在国家重大典礼或者仪式化场景里，结合有声口语模态话语一起，组成了国家话语公共表达的新景观。

在建党100周年庆祝活动中，4名青少年领诵人和现场的1000人献词群体共同面向天安门城楼，以一领众合的方式在天安门广场上的献词堪称国家话语公共表达的又一创新性实践。

这一仪式化场景修辞，一方面，在文本上实现了创新。庆党百年活动总撰稿池浚，围绕着"讲好历久弥坚的百年初心，同心奋进的百年风华，共铸辉煌的百年华诞、波澜壮阔的百年征程"的主题，查阅了近百份资料，提炼近10万字素材，修改了50余稿，最后确定为一篇八百多字的文稿。另一方面，在呈现形式上体现了创新。献词由4名青少年领诵人和1000人献词群体组成，他们站在天安门广场，共同面向天安门城楼，以一领众合的方式呈现这一具有重大仪式感的国家话语。

同时，有声语言的表达方式也体现出创新。"他们不用表演，不用技巧，不用夸张使劲，不用拿腔弄调，既不是呼风唤雨的'雷电颂'，也不是一折三叠的'将进酒'；既不是小资情调曲径通幽的《康桥》，也不是惊涛拍岸的《海燕》，而是一场去表演化的深情告白。"

2022年党的二十大期间，在人民大会堂继十九大开设党代表通道以来，又一次开设党代表通道。这次在二十大会议一前一后的两场共37位党代表接受中外媒体集体采访。

人民大会堂是党、国家和各个人民团体举行政治活动的重要场所,是每年全国两会和五年一届的中国共产党全国代表大会召开的会址。这一场景具有非同寻常的仪式和象征意义:在人民大会堂东门设立有一个百米通道,铺设红毯,隔开媒体记者与受访党代表,每次出场的三位党代表一同接受采访,既有国家话语公共表达的仪式感、庄重感,同时又简洁而不失亲切。每位党代表以国家话语表达者的身份,通过约3分钟左右的话语时间回答媒体的提问,党代表的国家话语公共表达精心建构话语文本,以流畅的口语,平实而生动的讲述,恰切的语气,良好的精神风貌面向中外媒体和世界讲述中国故事,传播中国声音。

## 五、国家话语公共表达的创新空间

创新话语体系,提升话语能力,是动态发展、不断提质增效的过程。在取得重大成果的同时,持续创新,不断优化。

(一)提升话语认知

国家话语公共表达场景意识强化是一个动态调整的过程,尤其是在重大国际峰会上的演讲、致辞中,要更为充分认知到公共表达的场景特点,充分考虑话语接受主体的语言、文化背景。

在重大国际峰会中,表达场景中汇聚多元文化、多元国别身份的政治、经济、文化精英,国家话语公共表达文本创作要体现中国风格,彰显中国话语魅力,同时,也要充分考虑话语接受主体的思维习惯和文化心理,增强跨文化传播和跨国别传播的语境意识,力争做到融通中外的话语表达效果。

此外,国家话语公共表达场景是一个表达与反馈、调适与修正的动态过程。在充分考虑物理空间的场景的基础上,要更全面地考虑现场的注意力调动、现场话语接受主体的动态认知特征、关键信息的凸显等因素。

在文本构建过程中,增加对场景效果的考量,要进一步增强认知场、激活场、调动场、掌控场、升华场的意识,把动态场的效果维度加入文本的创作中,把主张、理念、情感、态度充分地传播给接受主体,获得更高效的表达效力,避免表达人依循文本阅读风格的演讲稿念读文本的状态。

(二)优化语篇结构模式

国家话语公共表达的语篇结构模式应遵循信息内容的适量、信息专业度的适度、信息核心点的科学分布的原则。国家话语公共表达的文本创作团队要综合考量每一次国家话语表达的核心信息点，充分认识到接受主体的视听信息接受习惯，把核心信息点排布到受众注意力最为集中的时段，弱化非核心信息，鲜明凸显出核心信息，并通过各种技巧反复强化出核心信息点，甚至升华核心信息点。

在创作文本时，主创团队要打破文字深度阅读、反复咀嚼回味思考的惯有的对受众的认知状态的预设，遵循公共表达的接受心理规律，重构语篇结构模式。

### (三) 转化话语风格

国家话语的公共表达呈现出的话语，是基于表达行为前主创团队所撰写的文本，当文本是以深阅读为预设前提，呈现严谨、深奥的公文风格时，表达人不管如何努力发挥，最终呈现的话语风格依旧是文本风格，有声语言的灵动、现场的鲜活、主客体直接的互动而产生的丰富与精彩就会被消解。

同时，国家话语公共表达要充分尊重口语化信息的话语风格和接受主体听觉性获取的事实，区分好书面文字风格和公共表达的口语传播风格的异同，尊重读文字与听话语的不同传受规律，构建好合理和高超的口语传播话语，以达到公共表达的话语效力，避免书面语言的有声朗读样态话语。

纵观我党历史上话语表达的经典案例，真正成为经典的往往都具有公共表达的口语体风格。如毛泽东的《星星之火，可以燎原》，属于书信交流体，《在延安文艺座谈会上的讲话》《论十大关系》《论持久战》都具有鲜明的有声话语风格。

十八大以来，习近平总书记大量精彩的演讲在阐述中国主张、表达中国立场和传播中国声音方面取得了重大成果，如何创新成为持续研究和实践的课题，国家话语公共表达提质增效刻不容缓。

## 六、结语

国家话语是一种以传播国家信息、塑造国家形象、提升国家软实力、解决国际国内问题为目的的国家传播行为。公共表达是表达主体在公共空间里通过有声语言和副语言，把表达主体的所见所闻、所思所感通过口语的形式呈现出来，实现传播与互动，并从而引发接受主体认知、情感、态度和行动的改变的一种公共传播行为。

国家话语公共表达具有口语传播的特性。国家话语公共表达的效力，是国家话语能力的重要体现。

**参考文献**

[1] 陈汝东. 论国家话语能力[J]. 北京大学学报(哲学社会科学版),2011,48(5):66-73.

[2] 刘建成. 哈贝马斯的公共性概念探析:从批判到整合[J]. 教学与研究,2004(8):20-24.

[3] 詹世友. 公共领域·公共利益·公共性[J]. 社会科学,2005(7):64-73.

[4] 陈弱水. 公共意识与中国文化[M]. 北京:新星出版社,2006.

[5] 梁劲泰. 文化传统下的"公共性":读薛冰教授的专著《历史与逻辑:公共性视域中的公共管理》[J]. 科教文汇,2007(10):180-182.

[6] 陈先红. 社会责任:公共关系的伦理基础[J]. 国际公关,2009(3):93.

[7] 任剑涛. 公共与公共性:一个概念辨析[J]. 马克思主义与现实,2011(6):58-65.

[8] 胡占凡. 让世界更好地读懂中国:加强国际传播能力建设的现状与前瞻[J]. 电视研究,2013(3).

[9] 施旭. 当代中国话语的中国理论[J]. 福建师范大学学报(哲学社会科学版),2013(4):1-8.

[10] 曾志华. "好声音"再现领袖情怀:广播纪实文学《梁家河》演播评析[J]. 电视研究,2018(8).

[11] 陈先红. 公共关系学的想象:视域、理论与方法[J]. 现代传播(中国传媒大学学报),2016(5):27-35.

[12] 曾志华. 让声音发出声音:纪录片结束的价值审视与回归诉求[J]. 中国广播电视学刊,2020(10):74-76.

[13] 王栾生. 表达=表→达[J]. 华北水利电力大学学报(社科版),2009,25(2):123-125.

[14] 白雪生. 人民视角 国家仪式 青春和声:天安门广场献词文化阐释[N]. 摄影与摄像,2021(7):1-2.

[15] FARRECL W C,PHUNGSOONTHORN. Generation Z in Thailand[J]. International journal of cross cultural management,2020(1):25-5.

[16] WAHL-JORGENSEN K. The Chicago school and ecology: a reappraisal for the digital era[J]. American behavioral scientist,2016(1):8-23.

[17] WU S,TANDOC E C,SALMON C T. A field analysis of journalism in the automation age: understanding journalistic transformations and struggles through structure and agency[J]. Digital journalism,2019(4):428-446.

# 主持传播：原点思维与理论路向的再书写

⊕ 叶昌前　王艺静*

**摘要：** 中国主持传播研究的理论谱系中不乏建构和运营，本文的出发点旨在把主持传播艺术这一学科无豁免地置于社会学与传播学视野的考量中，重新审视主持文本中艺术传播与传播艺术、公共表达与个性张贴、中国特色与世界系统的现代性重构等显化问题与现象，力图呈现一个新的研究视角而不是一个价值观，规避那种批评在仰仗话语惯性中过分学术化而导致的僵硬与呆板的现象，还主持研究以更多的思考方位和精神探求。这里，我们更强调对语言学和主持样态边界不断变化的意义的认识，以促使业界再塑合理的行业规制。

**关键词：** 主持传播；媒介；受众；话语方式；批评；转型

2019年初冬，在广州举行的"第三届中国主持传播论坛"上，与会代表几乎都把目光投注到人工智能技术、新媒体、融合传播、新的主持面向等热点问题上，原本来助会的中央广播电视总台著名节目主持人白岩松却以清醒的思辨力将人们带回到传统主持的本源中，去阐述从人化主持到主持本体，去彰显主持者的强有力的生存态度和专业精神。他对"主持"和"人"的概念的重新思索，显然摆脱了现有的传媒文化跟意义框定，越来越走出主持艺术、主持学科和主持研究的"自我"，正向宏大命题靠拢。白岩松说的那些话，其实有理性和头脑的人都能领会，相信也能说得出，但关键是，这是白岩松——一位国家级主持人说的话。他无形中在现代学术语境里成了一幅图像或一个符号，他的语言内质比起他的偶像似的公共性显然要逊色一点；这从而再次提示我们：主持图像并非真的是一幅关于主持的图像，而是指，主持已被把握为图像了。这意味着，主持传播的内在规定性需要改写，至少唤醒我们研究者，从概念话语到知识谱

---

*　叶昌前，深圳大学传播学院副教授；王艺静，深圳大学艺术学部戏剧影视学院学生。

系,再到学科体系的全面梳理过程中,亟需我们要重新召回的东西。

无论是传统媒体还是人工智能等新媒体,节目主持者无疑都将是我们的研究客体和对话对象。

## 一、从传播到服务的功能转变

关于媒体及其角色的服务意识,我们好像天天讲、时时说,然而,真正的服务依然缺失。直到新媒体的出现和直播平台的兴起,新的服务理念才出现;语言时代要求媒体从业人员借助语言,尤其是现代新生语汇,在更高层面上实现传播对社会生活的嫁接与渗透。而媒体研究者则要借此表达出将概念和定义的本体论承诺加以理论化的强烈诉求,大众传播尤其是播音主持专业的学科界限似乎不再存在,结论似乎也非唯一的研究目的,更不会给出所谓的"是什么"或"像什么"的比较抽象的定语;反而是乐此不疲地凸显"什么是可能的"之思想全貌。现在的学界和业界领域中不太可能诞生出立竿见影的理论版图和谱系,也不太能够找寻出更为直接的理论来源;只有在"变化"的维度上留给我们诸多价值理性的思考。

新的媒体介质给我们上的最重要的一课就是:服务是有价值的。传媒业的本质也在"服务"二字,那么为什么这么多年来我们不大提"服务"这两个字?好像觉得服务是天经地义的事情。再就是对服务的理解也有不少误区,主要是一个"姿态"问题。在笔者看来,服务意识更多体现在态度和方式的革命上,现在我们该回到"做的是什么""做得怎么样""应该怎么做"这样的问题上来。如果说,问题是理论的向导,那么就让我们反复地追问一下自己:主持传播的基本内涵和问题性在文论话语体系构建中究竟缺失了什么?当我们对直播平台上的网络主播们抱有病态的敏感甚至不屑一顾之时,可否想到,他们"火"的背后蕴藏着哪些东西?"抖音""快手""短视频","淘宝主播"加"直播",正构成一个时代的传播热能,散发着令诸多学人想起来都颤抖的活力。该颠覆的时候不作为,等待的只有死亡。在时代的信息语境下,新媒体主播们反哺了我们一个掷地有声的问题:形式本身就是内容。

现代受众阅读体验和视听体验的改变,导致媒体话语的主导行为往往呈现为建构行为。因而媒体的服务能力就被提到一个很关键的位置,服务与传播存在着高度的指向性重合。反观我们的"主持传播"页面,服务是传播的延伸,应该改为:传播是服务的延伸。媒介本身的商业化必然会带动节目主持艺术的商业化,那么,主持与传播成为一种媒介表现的商业符号被操作就不难理解了。媒介与市场的关系也决定了这样做的合理性。而作为传播链上一环的主持人,在服务意识上的转型就显得尤为必要。作为一档节目的服务者,主持人必须管理、维护、打点节目运作的诸多事务,在节目管理层面对自我增值提出种种要求才是适应市场变革的有效路径。过去我们往往背离了市场这个参照系来谈主持人的专业行为和出路,犯了"一叶障目,不见泰山"的错误。这会使研究陷入狭小的境地,对媒介商业属性的剥离,就是对主持和传播在市场运行的偏见和妄念。这是不能、不敢直面市场和变化的做法,导致主持研究脱离时代坐标和媒介特性,不断走进一个又一个死胡同;这也带给人们主持传播手段大于学科的认知偏见。学科的自闭性及依附性越来越强,直至有一天撑破了界面和藩篱,才恍然大悟,原来举步维艰或许是因为我们的视角太狭小。当一个学科不能去容纳很多其他学科的养料时,这个学科就会干枯得厉害,势必造成学人研究原地打转的危局。学科归类的不明朗成为深藏在每一位学人内心深处的痛点,学科有时就是平台,若平台不够强大,学人想要做出成果的途径也将缩小,难以取得优势并进一步发展学科。

## 二、平台围观中的秀场

媒体,自创立之初就具有平台的性质,加上如今迅猛发展的科技的助力,已使其平台意义更加彰显与扩容。主持艺术其实搭建的就是一个信息展现和交流的平台,"主持"一词本身承载的也是某种信息,这种特殊信息与其他信息的交互作用,产生了沟通的意义和价值。从这个层面上来说,"主持"不是"沟通"本身,而是"沟通"的载体,承载着信息加工、提质的作用。

传播学大师威尔伯·施拉姆在《传播学概论》一书中,赋予了传播几种功能。他认为,传播,不论它是自我的内向传播,还是直接的人际交流,还是借助媒介的大众传播甚至跨国传播,都是一项必须履行一定功能的社会活动,并从政治功能、经济功能和一般社会功能三个方面对大众传播的社会功能进行了总结。他认为,大众传播的政治功能主要包括:监视、协调社会遗产、法律和习俗的传递。经济功能表现在:关于资源以及买和卖的机会的信息;解释这种信息;制定经济政策;活跃和管理商场;开创经济行为等。一般社会功能包括关于社会规范、作用等的信息;接受或拒绝它们;协调公众的了解和意愿,行使社会控制;向社会的新成员传递社会规范和作用的规定、娱乐,等等。

从大众传播的"功能论"出发来看节目主持理论就会发现,我们的主持理论最先发端于经济功能,20世纪90年代,在中国经济腾飞、媒体业大变革的浪潮中,诞生了《东方时空》《焦点访谈》《新闻调查》《快乐大本营》等名牌电视栏目,主持艺术第一次正式地登上历史舞台并展现出夺目的风姿和耀眼的光芒,"主持人"这个概念被牢固地锁定在亿万受众心里。当时全国涌现出一大批像珠江经济台那样用新的理念办节目的电台和电视台,给人耳目一新之感,而所谓的新意就是设立主持人制度和形式。新闻是商品、媒体是盈利机构等传媒业返璞归真的概念和提法使人们重新审视大众传媒的功能,这给了主持艺术和主持人登场的契机。对媒体从原先的政治功能转到经济功能的强调,无形中打开了一扇窗,这扇窗就是一种新的视野,此后的中国主持界一路狂奔,无论学界还是业界,都在概念的界定、铺陈和使用上搭建起媒体"平台论"的理论空间。这次中国媒体的剧烈转型,震荡出一个新的传媒角色——主持人。可惜的是,人们对于它的认识仅仅停留在个体职能的发挥上,没有从平台的意义、特别是制度化的平台意义上加以深入解析,这导致了之后20多年的理论误区和困惑的产生。现在我们重新打量主持人时,还是以为它的存在只是个体演绎信息的转型,而没有从制度层面和传播方式上去体会和理解;更多地在实体意义上开发其功能,没有引申其写实版的传播价值。其实,制度、方式和符号才是主持人原生概念的核心要旨。就像新闻发言人制度一样,谁敢说,一个个体的新闻发言者可以超越新闻发言人的制度?是制度在造人,主持人行业也莫不如此。

## 三、传播域促理论转型

现阶段在互联网+、自媒体、人工智能的现实语境下,主持艺术研究的理论视角应该转至社会功能层面。这是大众媒体越来越社会化的情境和诉求所致。

改革开放四十年,中国电子传媒的"主持化"走过了三个阶段:最初是节目时代,因为供不应求,节目属于稀缺资源,主导一切;接着步入了形象时代,主持人的形象作为代言人卖点有加;而现在,则应该晋级到真正的品牌时代,主持人品牌化才有将来。

品牌时代,"主持人"成为品牌塑造和营销传播的"节目",已是不争的事实;社会和人群的需求,就是主持人的机会。"主持"已由原来的意义呈现转到价值呈现,节目本身和主持人形成一种匪夷所思的强烈对比关系:节目的泛娱乐化倾向与主持人的深度、力度和厚度交相辉映,矛盾着、互动着、整合着,主持传播关系链中需要层次和高端层次的不协调性,是现在主持人和主持艺术要解决的问题。后主持时代的消费社会,很多节目或主持人常常通过消费来彰显自身的个性,获得同僚和一些受众的羡慕与流行的认可。主持艺术感被颠覆,主持人功能偏移时有发生,所以,现在考验的是职业化和专业精神的坚守和把持。主持人的专业性问题也走到一个新阶段,什么是主持人安身立命的专业素质和技能?为什么主持人与所属媒体的关系逐渐弱于和受众的关系?

社会化平台和社会化表现会不会伤及主持人专业素质的核心？诸如此类的问题如果轻易得到答案也许令人不长记性，而深究需要的是眼光和积累以及"跳出三界看五行"的超越思维。

　　加拿大著名传播学家马歇尔·麦克卢汉（1911—1980）认为，媒介是塑造历史和社会的隐蔽力量，他眼中的书面文化执着于媒介的内容，而忽略了必须在新的电子环境里革故鼎新才能延续生长。麦克卢汉倡导人们，应该抛弃旧的思维习惯，采纳感知知识的新标准。那么可不可以这样认为，主持艺术塑造的是信息、资讯背后隐藏的社会公知力，是对主体意识形态的某种诠释。作为电子文化的衍生品，它或许在当代有新的知识内涵和新的标准。从麦克卢汉那里，我们悟出了传播的某些真相，只是缺乏理论归纳和总结，在融合的意义与价值向度的学术生态语体下，研究的落脚点仍应在"主持"上。"主持"到了今天，究竟是模式还是平台？是手段还是内容？是信息实体，还是表达陪衬？我们应该到哪里去找寻理论的入口和实践的出口？"主持"作为学科好呢，还是作为反学科的传媒文化力量出现比较好？其实笔者更愿意做这样的理解，"主持"是一种传播文化、传媒文化。长久以来，主持艺术在学术界难有学科归属的明朗性，虽然它具备研究主体的独立个性与学术话语的洒脱风格，但仍难以登上所谓高级学科的大雅之堂。有学者怀着极大热情甚至想让主持艺术往国家一级学科上靠拢，以博取所谓的学术地位和专业地标。现实中这无异于痴人说梦，不可能实现。笔者的想法是：我们为什么不把主持艺术归结为一种文化现象来研究，为什么一定要与占据主流学术地位的"工具理性"和"分析思维"不断纠缠？为什么不分庭抗礼、另起炉灶、做回我们自己呢？"主持"所直面的是特定的社会交往情境所构成的一种传播协定，它在仪式化中促使参与者采取与之适应的表达和领会的方式来解读信息和资讯。与其说从言语行为的要素和结构说事，不如从主持的诗性功能来谋篇布局，因为这更有研究的发挥潜质。将主持行为的平台热度作为优质IP的充要条件来打造主持人，或许更能触动市场的脉搏和受众的心跳。谁能说主持本身自带的诗性特点使主持艺术不能凝聚内容价值、粉丝价值和营销价值呢？

　　主持艺术所彰显的是一种对话精神，以此来对抗语言与现实形成的武断关系，倡导的是文化的交往和语言的交流理应在文化和语言的对话中进行。"主持"的艺术价值恰恰在于对人的精神的探求，我们的生存中是不能没有这种探求的。它以审美方式提升人自身的语言品位，这就很自然地成为语言活动基本范式的核心内容。我们对主持艺术的基本视野及研究取向本该停留和统一在对人的人格建构与审美化上。

　　如果说媒介是一门学问的话，那么"主持"也应该是一门有学问的专业，甚至其本身就是媒介。至少它是媒介的延伸、延续意义的载体。现如今主持人媒介化程度越弱化,则说明主持艺术越来越泛化;就此笔者提出一个概念,即"泛主持化"。今天新媒体、人工智能时代的大众似乎先天就具备了这样的诉求和习惯,即用媒介来演绎自身的生活与思想。网红之所以圈粉无数,不正是迎合了受众那种娱乐至死、尽情释放的心理吗?这种释放不外乎与网红们一起共舞的互动与互为。只要涉及传播,"互动""互为"就是少不了的关键词,任何时代都不会过时。

而主持人与播音员的区别正是在这方面,抓住了"互动"这个词,就抓住了主持艺术的核心,主持即互动。笔者以为,主持传播行为和现象,用象征互动理论(symbolic interaction)来解析是比较到位的。象征互动理论又被称为符号互动理论,意指人与人之间通过传递具有象征性符号而相互作用和相互影响的过程。这一理论源起于英国注重社会心理学研究的理论传统,由美国学者布鲁默首创。理论先驱们认为,社会是一种相互作用的体系,库利提出"镜中我""初级群体"等概念;之后,被誉为"象征互动论"精神领袖的布鲁默提出,"'自我相互作用'(象征互动论的核心)也是库利的'想象'的另一个术语"[①];不久,另外一位著名的社会学家托马斯又提出了"情景定义"这一概念,强调的是"主体"和"客体"的结合才能理解人的行为。

布鲁默的老师米德似乎更在意人在社会中行为的表现,贯穿于米德符号互动理论的立场是"社会行为主义",这一立场逐渐被演绎成了一种观念体系。米德所强调的是:"个体是一定社会群体的成员,他的行为只有根据整个群体的行为才能得到解释。"他还提出了包括冲动、知觉、操纵和成就四个阶段的人类行为的"活动的模式"。他的值得借鉴的说法是,"有意识的相互作用就是象征互动,它是一种手势(姿势)的交换,这种交换是同语言的存在相联系的,并且对于对方具有同一含义。"只有根据意义交换,人才能做出反应行为。这种"主我"和"客我"的不断"对话"就是"自我"的发展,同时,"人们不仅要理解他人,也要有能力理解自身,人不仅与他人'互动',也要参与自身的'符号互动'"。我们以往研究主持行为时都是向外指的,强调主持人与嘉宾、受众的互动,绝少向内延展、强调主持人自己与自己的互动。这种浅显的研究思路会遮挡我们的视线,使我们的研究流于表象,缺乏对主持行为的高度认知、对主持人的全面评析。话转回来,以布鲁默为代表的象征互动理论最大的贡献恐怕就是,没有将社会看作既成的结构整体,而是一种符号互动。这在结构功能理论占统治地位的时代继续捍卫了米德的传统。这对于我们今天用一种新的眼光看待主持现象和主持行为是很有助益的。

---

① 周希瓒. 象征互动理论在新闻传播学中的应用[EB/OL]. (2015-01-07)[2023-01-03]. http://media.people.com.cn/big5n/2015/0107/c392205-26 33915.html.

另一位对传播学研究中的互动理论有重大贡献的人物是美国第一代最为重要的社会学家和社会心理学家库利。互动是传播最基本也是最重要的形式,它属于人际传播。库利的逻辑是,社会的人由互动而产生,社会由互动的人组成,因此互动不但是人形成的重要机制,同时也是社会形成的重要机制。[①] 可以说,正是互动行为,建立起主持传播的结构以及主持人专业行为的模式,主持的社会化过程也正源于此。同时也正是互动性,降低了主持艺术的专业门槛,把专业的围墙冲开了一个缺口,让奔腾不息的话语直流涌入,使主持艺术从媒介化、专业化朝着社会化、世俗化演变。于是有了所谓的"跨界主持现象",单纯从互动的角度来理解,主持何以为界?如果说,技术改变着历史的趋势,那么也改变着传播的朝向,技术对传播性质的冲击也不时引导着主持传播理论和研究的理论走向。主持艺术的理论思考和社会实践不仅应该专注于传播赋能的观念,同时还应该对语言符号和交际沟通表现出浓厚的人文主义旨趣。

### 四、学科想象的批评准则

当今世界的技术已使一些学科的边界日趋模糊,播音主持专业的学科之争还有多大的意义呢?其实大家都心知肚明,争的是一个学术地位和政府、学界掌握资源的机构与人士的重视程度。那么靠什么去争?现在好像还没有什么切实可行的好办法。笔者甚至认为,就是不争,这个学科和专业也会坚挺地立在那里。大家是否觉得用"学科"这个词已经有点过时了?笔者认为用"领域"(field)这个词似乎更能凸显和概括播音主持或主持传播理论与实践所为。长期以来,我们都是把"学科领域"凝结为一个词来涵盖专业理论及实践的,而现实情形是,一谈到学科就发愁其归属和地位问题,这个可怜的学科已经到了"舅舅不疼姥姥不爱"但又不能废弃的尴尬地步,似乎只能在每年艺考中刷足自身的存在感。仔细想来,无论是播音学还是主持学,都有着特定的研究对象和领域,也拥有自身一定的理论体系和独特的研究方法,学科属性应该是明显的。为什么它们却被当作专业来对待?将其置身于培养目标、课程体系而视之,认为其有术无学。在广州暨南大学举行的"2019 第三届中国主持传播论坛"上,有与会学界人士不无感叹地就主持学科问题的归属及发展发出声音,其中不乏忧虑和惋惜之声。其实在这个日新月异的时代,很多学科也都不同程度地在衰落,只是我们不知道罢了。衰落的原因大抵在于理论活力的缺失,中心话语的位移,营造理论体系的

---

① 柯泽. 库利的传播学研究及其思想价值[EB/OL]. (2014-05-20)[2023-01-03]. http://media.people.com.cn/n/2014/0520/c385117-2504108.html.

速度跟不上变化的步伐,理论视野仍旧呈单质建构模式,没有及时向不同领域和方向发散,以找寻新的理论话语和体系的生长点及参照系等显性问题。巨变的媒介生态和形势已经加速了大众传播理论向多质结构渗透的进程,主持传播当然也不例外。由于目前的理论没有深广的概括自由,就不可能得到有情感心性的交流回应与认可,学术赋能的不够激不起更高学术意义上的沟通,无形中使主持传播的话语系统呈现出为了沟通而不幸沦为"不沟通"的尴尬境地。

美学家杜夫海纳说:"语言只有在话语中才能现实化。它自身是一种抽象,是支配习惯用法的图式和规范的制度化体系。"[1]实事求是地说,主持传播理论在中国学术话语体系中的分量是不足的,话语权力和输出自然不够平等,学术边缘的地位一直没有得到很好的改善。现在又面临理论中心范畴的空悬状态,难以使传统文论范畴的研究真正显示出自己独有的价值意义来,也难以形成新时期理论演进的新景观。所以,创设新的话语和议题、重塑学术个性和价值特征就是摆在我们一众学人面前较为紧迫的任务。一个学科的挺立离不开"史"与"论"的两翼齐飞,主持艺术史的研究似乎弱了点,目前还难以通过主持史的梳理找寻出新的学科特质和理论增长点以及研究方法,很难形成学术争鸣的论战,也是理论活水不"活"的缘由。再就是"主持思维论"的研究鲜有建树,结构范畴尚未在理论体系中被确立,理论判定的考量要素不明晰,帮助掌握主持传播的艺术方式的框架分析始终没能进入研究主流层面。审美效果和受众分析力度不够,主持艺术存在的前提和方式首先是传播的存在,主持是一种语言表达的审美创造,自带一个审美本体系统。其面向的受众的审美观念、审美能力、期待视野及接受意识等应该与之同化为有价值的审美信息,方可使主持在意义世界里拥有真正的契合性和整体性。

一个学科要有良好的发展,就得有学术启悟,除了自身内部不断创新提质,也需要比较到位的运作。眼下,除了中国传媒大学可以成为播音主持学科强有力的后盾支持,再没有类似中国传媒大学这样级别的大学或学术机构能够支撑起学科的延续发展。如果要自救的话,不妨成立播音主持传播学科学术共同体,来应对不断变革所引发的行业挑战。单打独斗的科研已难成气候,学术联盟的意义是不言而喻的,它可以形成合力,共同就某个议题和课题项目进行学术研究分工,学术动能的奥秘也在于力的结构,这是一种心理力,直指理论话语的体验与表达。

---

[1] 杜夫海纳. 美学与哲学[M]. 孙菲,译. 北京:中国社会科学出版社,1985:801.

## 五、研究范式的文化转向：精英传播还是大众传播？

注重形式的主持传播从诞生那一天起就被深深打上了精英的烙印，它之所以上升为一种学科范畴，恐怕就是精英化的结果。以精英的方式表达普通大众的内容，这便是所谓的贴近。主持人之所以能够成为精英群体中之一员和意见领袖，就在于他（她）的精英表达范式。如今的被边缘化、弱化、去中心化等现象说明主持传播已经开始转型，朝着社会化、世俗化方向发展，造就出"人人主播"的概念。概念边界日渐模糊且不断延伸，专业门槛和壁垒饱受冲击、一再降低，主持泛化和泛主持化现象屡屡皆是。在泛娱乐化的背景下，很多公众正从关注新闻事件本身和事实本体转而开始关注播报者的个人形象和播报形式，导致庄重严肃的信息传递方式变为了轻松搞笑的娱乐式调侃，庄重正统转向通俗流行。城市文化中的通俗文化和流行文化似乎开始令"主持"变体，成为一种信息消费的噱头，供人们观赏、品评。主持形式主义的标签一旦被撕去，对该学科和专业而言无异于釜底抽薪。新技术和媒体变革对播音主持专业领域的影响是非常醒目的，它让传播不再从上至下，从精英到大众，改变了信息的流向和作用方式，变动不居的时代也要求我们实现理论和批评的话语转型。我们共同面对的是信息形态的变化、传输方式的变革，以及学科专业解释力匮乏的情势。从国际视角来度量播音与主持传播文论的发展和流变，无论怎样的理论话题都不可能再局限于某一种观念和评判，而是成为一种共识性的问题和后主播时代的某种理论话语，但它仍是先锋话语，一个解读主持文本、传播理念和后现代人文精神的重要理论尺度。

传播话语的呈现方式和言述模式上升至主持文论的重要地位，使 21 世纪第一、第二个 10 年的主持传播理论具有了非体系性、消解性、非主体性、非理性化以及语言转向、文化转向等特征。这难道不值得研究吗？正是这样的变化，构成了当下主持传播理论的泛化品格和向文化领域渗透的广博视域。这是一个需要理论却理论难产的时代。

## 六、主持文本输出的样态

笔者始终认为，学术问答的可能性存在于主持文本的结构召唤中。那么主持艺术"召唤"的是什么呢？笔者以为应该是传播效应。以此为研究导向和契机，产生出几个基本论题：（1）主持文本内外循环的支点在哪里？（2）接受主体的受众是如何看待主持文本的运行的？其期待的意义域包含什么东西？（3）主持文本在现实语境的节目中的功能体现在哪里？文本与传播介质间的相互关系和相互作用何在？（4）文本怎样调动着受众的参与性和结构文本的能动作用？（5）主持文本在何种程度上为广大受众的参与提供预结构？（6）我们研究者又是如何超越文本结构本身、搭建一个考察其意义功能的研究架构？笔者认为，意义的建构，才是主持文本的终极归宿。在此，笔者想起了美国社会心理学家乔治·赫伯特·米德提出的象征性互动理论，该理论把人看作具有象征行为的社会动物，把人类的象征活动看作一个积极的、创造性的过程，而且对理解现实的社会生活都有重要的意义。该理论在传播学史上的重要启示作用不言而喻。1993年，美国学者拉尔夫·拉罗萨（Ralph LaRossa）和唐纳德·赖茨（Donald Reitzes）又总结出象征性互动理论的七个核心假设，其中一个核心主题是：意义在人类行为中的重要性，即意义不是任何事物本身固有的，而是由人们通过传播过程建构起来的。人们之间通过互动的传播行为获得意义，事实上，互动的目标就是创造共享的意义。乔治·赫伯特·米德去世之后出版的论文和讲稿集《精神、社会与自我》（1934年出版）里集中体现了这样的理念和思想。

1969年，布鲁默解释意义在人类行为中的重要性时提了三个基本假设：其一，人是根据"意义"来从事行动的；其二，意义是在社会互动中创造的；其三，意义在解释中得到修正。他还论及了自我概念在传播中的重要性，源于人们对自己的相对稳定的一系列感知。其中包含两个主要假设：第一，个人在与他人的互动中建立自我概念；第二，自我概念为行为提供重要的动机。无论是米德还是布鲁默，都在人与社会的关系的理论假设中，既强调社会过程的秩序，也强调社会过程的变化。其中包含两个假设：第一，个人和群体受到文化和社会过程的影响；第二，社会结构通过社会互动发挥作用。借用这一理论，不难看出，主持的意义就在传播的互动创造中。

目前主持研究界的游移视点很多，只是还缺乏组织、建构和诗学设计，以生成一个学术意义场。向主持重新提问不缺契机，只要有问题就不乏契机；关键在于提问的方法，即研究的方法。主持艺术从播音学理论体系脱胎出来后，面临自己的理论话语建设和独有的研究方法。过去我们更多地用语言学、播音学、新闻学和传播学等学科打量主持学，最多加上符号学；但现在时代不再允许我们的理论研究裹足不前了。一个全新的时代在提问，"主持即传播"已成为一个无可更改的信条，我们需要从传播感觉的角度质疑一下主持的艺术本质说。主持艺术存在的目的，在于使大众能够赏心悦目地看待信息和资讯，培养一种对信息的视听感受，所以主持活动和行为的存在根源就在于，使人感知信息和传播，感知社会人心在信息传播中的律动和互为关系，使信息显示出信息的质感、资讯显示出资讯的质地。主持本身的重要性并不在于传播信息，而在于人们对信息的感知能力，这个命题是笔者多年的研究体会和心得，只有感知，也只有脱胎于惯性思维定式带来的感知投射,才成为主持艺术的核心内涵。苏联艺术家什克洛夫斯基曾说过一句耐人寻味的话:"舞蹈就是一种感觉到了的步行,甚至可以更确切地说,它是一种为了被感觉到才构成的步行。"那么借用这句话,"主持"传播又何尝不是如此呢?主持艺术的语言之所以与日常语言不同,不仅是它已经或多或少地包含了日常语言中的若干句法和语汇,而且还因为它将一种类似艺术语言的形式手段,运用到普通的白话语,从而使作为语言和信息感知者的人们对其声音、句法、结构、内涵、文采、语貌等质素产生出新的感觉,使大众更持久、更诗意地把握信息和社会。这一论题面向无疑开启了接受美学和受众分析的研究领地。

　　当主持艺术和理论实践面向社会交往与沟通时,就牵出了社会网络分析的研究方法,在这里以此作为主持艺术外缘研究的一种可供借鉴的方法。英国埃塞克斯大学社会学教授约翰·斯科特的《社会网络分析法》一书,告诉人们,社会是一个由多种多样的关系构成的巨大网络。社会网络分析的意义在于,它可以对各种关系进行精确的量化分析,从而为某种中层理论的构建和实证命题的检验提供量化的工具,甚至可以建立"宏观和微观"之间的桥梁。

　　这是一种社会学研究方法,社会学理论认为社会不是由个人而是由网络构成的,网络中包含节点及节点之间的关系,社会网络分析法通过对网络中关系的分析探讨网络的结构及属性特征,包括网络中的个体属性及网络整体属性。网络个体属性分析包括:点度中心度、接近中心度等;网络的整体属性分析包括小世界效应、小团体研究、凝聚子群等。该方法目前在大众传播领域得到广泛应用,主要探究信息技术环境下传媒及传播者所构成网络的特点等,以及由此形成的传播特点和效力。社会网络分析是一套规范的对社会关系与结构进行分析的方法,社会网络分析的对象是不同的社会行动者内在联系而构成的网络结构。对于主持艺术和主持人来说,这不正是置身其中的一个良好的极富说明性的范例吗?主持在传播关系的形成及建立中所起的作用或许可以成为这一方法的研究导引。笔者寄希望于在这样的研究方法哺育下的理论成果面世。

　　当然,本文的不足之处也是显而易见的,某些表述不够学理化,一些具体数据和材料的支持显得单薄,本意的定性研究+定量分析(实证研究),由于自身能力所限,做得不够到位;在理论建构上不够丰满,甚至有些提法比较个性化甚至个人化,在学理上不一定立得住。再就是,观点逻辑上的链接也不够精准,对一些现象问题只提出了观点而缺乏深入细致的剖析和解读,理论间的缝隙不够严密、规整,有些学术见解不一定站得住脚,等等。针对以上所列学术硬伤,恳请业内专家、学人批评指正。我们将不胜感激!

至此,本文能否被理解为:关于主持文本设计与建构的一次对话、一场问答游戏?以此来深度认知主持研究基本结构的未定性和意义空白。或许,就在当前,新的观念性理论论证研究正向我们走来!

**参考文献**

[1] 平克. 语言本能[M]. 洪兰,译. 汕头:汕头大学出版社出版,2004.

[2] 徐大明,等. 当代社会语言学[M]. 北京:中国社会科学出版社,1997.

[3] 邢福义. 文化语言学(增订本)[M]. 武汉:湖北教育出版社,2000.

[4] 维果茨基. 文化语言学[M]. 李维,译. 北京:北京大学出版社,2010.

[5] 叶蜚声,徐通锵. 语言学纲要[M]. 北京:北京大学出版社,1997.

[6] 霍克斯. 结构主义和符号学[M]. 瞿铁鹏,译. 上海:上海译文出版社,1987.

[7] 斯科特. 社会网络分析法[M]. 刘军,译. 重庆:重庆大学出版社,2007.

[8] 卡斯特. 传播力[M]. 汤景泰,星辰,译. 北京:社会科学文献出版社,2018.

[9] 聂辰席. 文化传播力[M]. 北京:学习出版社,2012.

[10] 赛佛林,坦卡德. 传播理论[M]. 郭镇之,徐培喜,等译. 北京:中国传媒大学出版社,2006.

[11] 诺尔-诺依曼. 沉默的螺旋[M]. 董璐,译. 北京:北京大学出版社,2013.

[12] 莱文森. 新新媒介[M]. 何道宽,译. 上海:复旦大学出版社,2011.

[13] 西伯特,彼得森,施拉姆. 报刊的四种理论[M]. 中国人民大学新闻系,译. 北京:新华出版社,1956.

[14] 洛厄里,德弗勒. 大众传播效果研究的里程碑[M]. 刘海龙,等译. 北京:中国人民大学出版社,2009.

[15] 戴维斯. 大众传播理论[M]. 曹书乐,译. 北京:清华大学出版社,2004.

[16] 吴洪林. 主持艺术[M]. 上海:上海三联书店,2011.

[17] 鲍德温,等. 大汇流:整合媒介信息与传播[M]. 龙耘,官希明,译. 北京:华夏出版社,2000.

[18] 金雪涛. 基于产业融合的传媒市场行为战略研究[J]. 当代传播,2009(1):47-50.

[19] 王斌. 链与网:媒介竞争和媒介生产的视角转换[J]. 国际新闻界,2009(8):96-100.

[20] 黄升民,谷虹. 数字媒体时代的平台建构与竞争[J]. 现代传播(中国传媒大学学报),2009(5):20-27.

# 讲故事：口语传播的媒介之旅

◎ 米斯茹*

**摘要**：人类语言中的"讲故事"是一种独特的功能。无论是讲现实族群里的八卦，还是"讨论虚拟的事物"，这种经由声音传导、口口相传的讲述，带来的都是族群的凝聚力。如此，人类得以构建共同想象的现实，即共同的信念，从而维系种群生存和协作。"讲故事"这一口语传播方式是一直游离在"印刷媒介"之外的，在"视觉宰制"的夹缝中自由生长的方式或是听觉文化传播的一个重要形式，值得关注。

**关键词**：讲故事；口语传播；媒介

"讲故事"具有相当大的身体动员能力。口语媒介时代，讲故事不仅是维持记忆、生产和传递知识的方式，也是组织社会、协同部落成员，完成某项生产活动与生活任务的方式。在这个时代，人类学会了用情节组织经验，却没有完全学会用范畴的方式组织经验。人类最初的文学出现在口语—身体媒介时代。上古歌谣《弹歌》："断竹，续竹；飞土，逐宍。"《诗经》的叙述性特征，以及反复吟唱的特点，也深深地留下了口语—身体媒介时期的文化印迹。"媒介天然是一种居间性的概念，这种关系联结属性随着技术发展逐渐成为最关键的媒介形式逻辑。"保罗·莱文森认为，媒介进化的普遍原则是和前技术环境中真实世界传播模式的一致程度。一致程度越高，生存性越强。本文试析不同媒介中口语传播方式的不同表征，分析"讲故事"这一古老的媒介在新媒介环境下复兴的路径。

## 一、以"口"为媒：维系群体的口头叙事

从几十万年前留下的岩洞壁画可知，人类从远祖时代开始就喜欢讲故事。他们通

---

\* 米斯茹，四川师范大学影视与传媒学院副教授、南京大学新闻传播学院博士研究生。

过面对面的个体、代际以及群体传播等方式将凝结了个体经验和族群文化记忆的"故事"口口相传。正因为有了依靠口头叙事的方式,人类才得以不断累积文化并代代相传。

  据说在中世纪的英国,人们互相打招呼的方式是相互打听"怎么样?有什么新闻?"这里的"新闻"更偏向于人们常说的"八卦",即用口头语言绘声绘色地讲故事与饶有兴致地聆听。海德格尔曾用哲学的高度总结与"八卦"相关的"闲言":"他人首先是从人们听说他、谈论他、知悉他的情况方面在'此'。首先插在源始的共处同在之间的就是闲言。每个人从一开头就窥测他人,窥测他人如何举止,窥测他人将应答些什么。在常人之中共处完完全全不是一种拿定了主意的、一无所谓的相互并列,而是一种紧张的、两可的相互窥测,一种互相对对方的偷听。在相互赞成的面具下唱的是相互反对的戏。"①《新闻的发明:世界是如何认识自己的》一书的作者安德鲁·佩蒂格里提到在都铎编年史中的记载:"11世纪在地形崎岖的威尔士乡村有两个修道院,彼此相距一百英里,每隔两年它们会交换信使到对方的修道院住一星期以分享新闻。"②安德鲁·佩蒂格里进一步提到这里的"新闻"不是指印在物质媒介上的书面信息,而是通过可信度高的信息传递者——"信使"传达的关于异域"他者"的口头报道。

  在口语传播时代,民谣、史诗、说唱等口语通过行吟诗人、传教士们的弹唱或讲述而世代相传。麦克卢汉认为口语是最早的技术,凭借这一技术,人类用一种新的方法去摆脱环境以便于掌握环境。③ 在现代照明技术发明之前,白天基本属于用"眼睛"看的务实的劳作和严肃的思考。在被黑暗笼罩的夜间,"耳朵"出场。故事的"围炉夜话"式的收听让务虚的文学、艺术等想象空间占据了人们劳作之外的大部分时间。西方有在夜间讲述的《天方夜谭》;中国有"夜阑卧听风吹雨"(陆游《十一月四日风雨大作》)、"夜半钟声到客船"(张继《枫桥夜泊》)、"昼宴夜话,各征其异说"等。罗宾·邓巴认为:"讲故事一般都在晚上进行,这应该不是偶然的安排。……黑夜屏蔽了外面的世界,却能使人们产生更加亲密的感觉。"讲故事是"最古老、最匠气的沟通形式"。故事本身总是完全呈现给听众群体并可重复,却不完全可复制,或者用本雅明的术语说,是不完全"可再生"的。来自远方旅行者的或长期传统带来的故事标志着讲故事的独特时空属性。古代讲故事的人分为两种类型:要么是"根植于土壤",与时间紧密相关;要么是"行商的海员",与空间相关。讲故事的有效性在于它的长久乃至永久性,它依赖于讲述者和听众的经验之间的连续性。传统起着媒介的作用,使故事的可

---

① 海德格尔.存在与时间[M].陈嘉映,王庆节,译.北京:商务印书馆,2016:246-247.
② 佩蒂格里.新闻的发明:世界是如何认识自己的[M].董俊祺,童桐,译.桂林:广西师范大学出版社,2022:2.
③ 麦克卢汉,秦格龙.麦克卢汉精粹[M].何道宽,译.南京:南京大学出版社,2000:311.

传播性成为可能。最后,强调共同的集体经验。

讲故事的社群特征与其他交流方式的社群特征有着明显的区别,因为它需要讲故事者和听众之间的"经验的同化",这是一种通过相互陪伴才能获得的过程。这种经验交流发生在集体听众和讲故事的人之间面对面的互动中。①

"讲故事"这一古老的方式诞生于未受文字或印刷媒介"侵染"的"原生口语文化"。如中国潮汕地区的"讲古",即以潮汕方言讲故事,是潮汕民间传统艺术之一。它包括了"民间口承叙事"和"专业讲古"两个范畴。"文革"后,由于收音机等传媒技术的普及,广播讲古异军突起,以其便捷、传播范围广、无须花钱等优势,迅速取代现场表演的形式。汕头广播电台播出说书节目后,深受数以百万计的潮汕人欢迎,风靡粤东。讲古录音带畅销海外,深受东南亚地区的潮汕人喜爱。②

这种文化现象随着广播、电视等大众电子媒介的兴盛而走向衰落。伊尼斯曾在《传播的偏向》中指出:口头传统具有神韵,是和机械化传统相悖的东西。但因为人们对"视觉艺术、建筑、雕塑和绘画等"的倚重,加之"口头和耳朵的传播受时间束缚",口头传统逐渐式微,在融媒体时代,新的传播技术将声音传播从"时间"的束缚中解脱出来。

爱因汉姆从声音与画面呈现空间的比较角度认为,"声音产生了一个实际的空间幻觉,而画面实际上是没有这个深度的,声音是有着巨大的空间表现力的"③。

故事给人一种提示:面对同样情形,我们可能有哪些选择(无论是积极的,还是消极的)。故事好比一座知识的仓库,为讲述者和听众提供了解说和行动的指南。随着它们在不同场合被传送,这些知识也不断复制、增殖、扩展。④"人们尊那最初的创造者为'圣人'。'圣'从耳,从口,它表明创造者拥有敏锐的感受力和富于创造性的表达力,堪称'聪明的人'。惟能听能言者,能为'圣贤'。'圣'是对创造者的嘉誉。"⑤

## 二、以"电波"为媒:广播"口语"与想象的共同体

自20世纪20年代广播诞生之初,无线电信号就能够传送遥远空间中的人声、音乐、音响等声音符号,使其在"以太"空间弥漫,像种子一样四处"播撒"。广播是伴随

---

① 康在镐.本雅明论媒介[M].孙一洲,译.北京:中国传媒大学出版社,2019:27.
② 俊聪,林广宇.讲古奇才陈四文[M].北京:中国文史出版社,2007:22.
③ 周传基.国际电影声音理论的发展动向[J].北京电影学院学报,1987(2):18-46.
④ 王东杰.讲故事与传统中国社会的群体恐惧[J].读书,2019(2):133-141.
⑤ 张闳.声音的诗学:现代汉诗抒情艺术研究[M].上海:上海书店出版社,2016:167.

着现代性媒介技术的发明而诞生的。"现代性把全人类都统一到了一起。"广播电台使西方文明史进入一个新阶段，它倚重的是集中化，它需要关注的是连续性。在利用民族主义方面，口语提供了一个新的基础，它可以诉诸更多的人，是一个更加有效的工具。文盲状况不再是严重的障碍。主导媒介的时间偏向表现在它对文化和制度产生的影响。倚重时间媒介的文明固守传统，强调连续性，突出社会的黏合力，紧守神圣的信仰和道德传统。尽管突然"造访"的充满"魅惑"的陌生声音曾一度被当时的听众视为神灵的传心术，但随着世界大战的政治需要，广播开始发挥其宣传工具的功能，与现代性"祛魅"的进程同构。而随着现代工具理性的蓬勃发展，不可避免地出现了"崩溃与更新、斗争与冲突、模棱两可与痛苦"的现代性危机。而"'讲故事'这种行将消失的艺术"具有"声音按摩""拟态口语经验交流""情感抚慰"等功能，它依托移动多媒体媒介不断焕发生命活力。曾获得魏玛共和国时期法兰克福电台和柏林电台的十大广播员称号的本雅明认为，广播技术潜质将导向一种现代公众教育模式，借此不仅能创造一种"参与式"的听觉实践，还能训练出一种具有批判性和判断力的听觉主体。依托广播媒介所呈现的内容和知识（广播谈话、广播剧、讲故事），以及通过广播对现代日常经验戏剧化的声音再现，将有可能训练出具有批判性和判断力的现代公众。他认为，唯有通过广播，才能完成艺术的社会化。

广播艺术的公共性召唤其担负起一种新颖且特别的任务。不像宫廷艺术只供王公贵族享乐，布尔乔亚艺术只服务于布尔乔亚阶层，借由广播所创作和表达的艺术将属于芸芸大众。本雅明特为广播而写的《打开我的藏书——谈谈收藏书籍》（1931年4月）、《儿童文学》（1929年8月）、《弗兰茨·卡夫卡：万里长城建造时》（1931年7月）等便是专为广播故事而写的漫谈式名篇。

中国的评书艺术即一种典型的口头语言。"评书"又称说书、讲书，最早可以追溯到春秋时期的瞽人诵诗，唐宋时期又以"说话""俗讲"等艺术形式为代表，不过当时的说书与现代意义上的评书差别很大，可以看作现代评书、相声、鼓曲等多种曲艺形式的雏形。到了明朝，说书艺术迎来了一个辉煌时期，明末著名说书艺人柳敬亭的出现更是标志着说书艺术的成熟。宋代孟元老《东京梦华录·京瓦技艺》中记载北宋霍四究以"说三分"著名。说三分即讲三国故事。晚清光绪年间，评书传入皇宫。相传民国说书人说《三国》可引起万人空巷。另外，评书与相声也有很大的渊源。尤其是单口相声和评书的"片子活"技巧几乎相同。有些相声的"段子"也来源于评书章节。新中国成立前的延安有说书人，1944年，丁玲在《解放日报》上发表《民间艺人李卜》专文介绍革命老区的民间艺人。1949年后，评书与广播这一大众声音传播媒介结合，以《评书连播》《长篇小说连播》等长书节目形成了独具魅力的广播声音景观。近年来，互联网平台上有声书逐渐兴起,即评书与网络媒介的结合,它利用听觉与视觉联动,甚至以听觉倒逼视觉的方式在互联网平台上进行可操作化(倍速播放、反复聆听)和碎片化传播。

### 三、耳机为媒:后现代社会的私域口语景观

自1937年德国科学家尤根·拜尔发明了世界上第一副耳机"Beyerdynamic DT48"以来,人类的聆听模式加入了私密化的维度。"耳机"这一现代听觉技术用"防噪"功能隔离出公共声音景观与私域声音景观,使听者可以做到"两耳不闻世间事,一心只听耳机声"。此外,耳机利用"高保真""环绕声"等声音技术最大限度地让听者实现拟态的肉身在场。

耳机的广泛使用与后现代社会同构。说到"后现代",便不得不提到"现代"。所谓"现代社会"是一个祛除魅惑甚至容不下"感性"的时代,它"将一切神圣的东西驱入私人生活的隐秘幕后,而以理性来筹划人类的公共生活"[1]。理性、统一、筹划的生活方式背后是"神秘性"的消解和人之为人的内在价值追问的遮蔽。"达·芬奇称视觉为神圣,以它为世界基本真理的知觉,启蒙运动将光和可见性的隐喻推向极致。现代性依然不知有什么较透明更高的价值。"[2]而随着现代工具理性的蓬勃发展,"理性祛除巫魅"不可避免地出现了"崩溃与更新、斗争与冲突、模棱两可与痛苦"的现代性危机。"祛魅的实质是将统计意义上的科学规律视为绝对,从而否定了'天道'之存。祛魅后的世界将是一个失去了普世价值的世界,它会导致人们怀疑普遍真理的存在。"[3] 艺术领域的祛魅(现代主义)较早由19世纪90年代的尼加拉瓜诗人鲁文·达里奥提出,强调"象征、抽象和典雅的风格。……哈桑通过对形形色色、光怪陆离的当代文学艺术现象的对照式解析,提出后现代主义的本质特性是'不确定—内在性'的结合"[4]。

然而,"毫无疑问,祛魅的历史性转折,并不意味着理性全面、彻底、毫无遗漏地将宗教甚至神秘的力量,完全驱赶出人类的生活世界"[5]。后现代社会的重要表征是"人们能够见到的真正能够讲故事的人越来越少。当有人表达想听个故事的心愿时,我们越来越经常看到的是人群中那一张张窘迫的脸。这就好像看似不可分割的,可靠事物

---

[1] 任剑涛.祛魅、复魅与社会秩序的重建[J].江苏社会科学,2012(2):134-144.
[2] 韦尔施.重构美学[M].陆扬,张岩冰,译.上海:上海人民出版社,2006:215.
[3] 格里芬.复魅何须超自然主义:过程宗教哲学[M].周邦宪,译.南京:译林出版社,2015:6.
[4] 哈桑.后现代转向:后现代理论与文化论文集[M].刘象愚,译.上海:上海人民出版社,2015:4-6.
[5] 任剑涛.祛魅、复魅与社会秩序的重建[J].江苏社会科学,2012(2):134-144.

中最可靠的一种能力,从我们身上被拿走了。也就是,交换经验的能力"。

其实,感性的"魅惑"从来没有从人类生活中退场,随着从一元中心撒播的"广播"媒体到多元节点互联互通的"点播"听觉媒介的发展,"魅"的声音景观得以复兴。纵观各大网络音频平台,有关"历史上的灵异事件""某某讲鬼故事"等标题的音频节目往往具有不错的点击率。其实,鬼故事是中国传统文化的一个组成部分,有许多国人耳熟能详的经典作品,比如《西游记》《聊斋志异》等,"但其主题却是人文主义的,扬善除恶,有鲜明的价值立场和道德判断。……好的鬼故事是通过鬼怪的世界来折射人的世界"①。人们通过聆听,在紧张的身体刺激之后,也实现了文化传承的目的。"当代鬼传说是一种在短小却结构完整的叙事篇幅内,以超自然的鬼魂为叙事主体,通过强化人鬼差异所带来的矛盾危险以及真人真事的情景渲染,来激发阅听人紧张不安和感同身受的联想,由此营造恐怖感与真实性的叙事效果,进而实践人际交流的娱乐目的。"②

近年来,互联网平台上有声书逐渐兴起,是一种听觉与视觉的联动,甚至是以听觉倒逼视觉的方式。但从本质上讲,有声读物的听觉化转换过程属于二度创作,其声音的生成对一度创作的文本依赖性很强,因而并不纯粹。"讲故事"这一口语传播方式是一直游离在"印刷媒介"之外的,在"视觉宰制"的夹缝中自由生长的方式或是听觉文化传播的一种重要形式,值得关注。此外,强调个人化的讲述与私域聆听方式的"播客"便是后现代口语文化的重要传播场域。

播客更是以其特有的口语特征构造了新型口语传播形态。"不同于荧幕上以视觉形式来表达情感的方式,广播与播客中的故事讲述非常适合探索个人生活体验,音频故事(在智能手机上通常伴有字幕)通过声音和口语化的语言来探索我们的生活,听众收听节目时,仿佛是在聆听讲述者的亲密耳语。播客通过耳机建立起了这种个人化的聆听空间,并且进一步形成了连接声音、故事与听众的纽带。"③"依靠主播在场的媒介想象和情感互动呈现出特有的声觉景观。"④路透社新闻研究所在《2021年数字新闻报告》中提到,过去一年,全球播客数量激增,在苹果播客应用中上架的音频播客,目前已经达到200万个。Insider的《播客行业报告》预计,到2028年,全球播客市场规模将达到948.8亿美元。

---

① 陶东风.把装神弄鬼进行到底?[J].小康,2008(6):110.
② 陈冠豪.中国当代鬼传说之概念指涉[J].民俗研究,2019(4):106-116.
③ 林格伦,袁邈桐.播客与个人化叙事[J].音乐与声音研究(第二辑),2021(2):91-109.
④ 夏德元,周伟峰.播客:新型口语传播形态的发展与听觉文化的回归[J].文化艺术研究,2022,15(1):65-74+114.

现代媒介文明中协商、互文、认知,甚至自反的特征逐渐凸显,而人类早期沟通活动中的互动性、情境性、口语性、信息交换性等原始特质借助新媒体技术赋权重新焕发了生机与活力,口语传播的通道在全媒体时空中被再度激活。① 如个人化的体验、微观化的视角和复魅的叙事。"抽象化、数学化的对世界的构造方式,必然会遮蔽或过滤掉某些东西,其中重要的是'神灵世界'。没有了'神灵世界',意义世界将不存在。"②如"老虎外婆""妖妇""邪帝""魔鬼"等叙事原型以及历史上历次"战乱""疫病""饥荒"等都成为代代相传的叙事素材。莫里斯·梅洛-庞蒂在《知觉现象学》一书中将身体区别为"客观的身体"和"现象的身体"。后者指某个"我"所经验和经历的、承载着"我"的、介入自然和社会的有机体。③ 本雅明将讲故事的终结作为在历史上与光晕消逝相伴生的现象。

这也与后现代社会的表征紧密勾连。后现代文化体现为解构、弥散和流动。在所有工业文化中最常见的一种传播观,强调的是一种信息的发送、传递和通达。在网络新媒体时代,AI 资讯、AI 有声读物等属于此列。"传播的中心意思是指为了控制的目的,把信号或信息从一端传送至另一端。"④而"从仪式的角度定义,'传播'一词与'分享''参与''联盟''团体'及'拥有共同信仰'这一类词或短语有关"⑤。正如凯瑞援引涂尔干在《宗教生活的基本形式》》一书中的表述:"社会让我们感觉到一个不同的世界,它替代了由共同体所创造的理想投影。"这个共同体理想的投影及其物质形式的化身——舞蹈、戏剧、建筑、新闻事件和一系列演说——产生了一种人工的然而却是真正的符号体系,其作用不是提供信息,而是一种确认。"耳朵与耳朵之间(那是带着重要而外向的思想和情感的耳朵)的联系远比眼睛与眼睛之间来得接近且多样化。"⑥

"网生一代"的年轻受众追求个性化、娱乐化,不喜欢正襟危坐的训导;喜欢简单直接的表达方式,容易被张力强的内容所吸引;重视自我表达的话语权和社群化的认同感。⑦ 国内的播客也正处于飞速发展期。喜马拉雅副总裁殷启明在 PodFest China 播客大会上公布了一组数据:2021 年 1 月至 10 月,喜马拉雅上有近 700 万用户第一次收听播客,并且平台上所有的历史音频内容长达 21 亿分钟。截至 2022 年第三季度,

---

① 穆童,战迪.全媒体时代视听文本的听觉文化转向及其表意实践[J].未来传播,2020,27(3):103-108+138.
② 吴国盛.技术哲学讲演录[M].北京:中国人民大学出版社,2016:39.
③ 梅洛-庞蒂.知觉现象学[M].姜志辉,译.北京:商务印书馆,2001:538-540.
④ 凯瑞.作为文化的传播[M].丁末,译.北京:中国人民大学出版社,2019:15.
⑤ 凯瑞.作为文化的传播[M].丁末,译.北京:中国人民大学出版社,2019:17.
⑥ 凯瑞.作为文化的传播:媒介与社会论文集[M].丁末,译.北京:华夏出版社,2005:58.
⑦ 张琼子."网感":"网生一代"观感呈现[J].网络传播,2017(5):92-93.

在喜马拉雅托管的播客数量已超过 23 300 个。

斯威本科技大学的 Mia Lindgren 教授在论著 *Intimacy and Emotions in Podcast Journalism: A Study of Award-Winning Australian and British Podcasts* 中提到,时事播客,或者说新闻播客是一个快速成长的领域,Lindgren 分析了用户喜欢新闻播客的原因,其中,"亲近性"和新闻变成了"讲"故事最重要的两点因素。正如主持人在听众耳边低语,像是在与一个听众交流倾诉。因为没有视觉图像,它更多依赖于听者的积极想象,这也是播客叙事形式如此有效的原因。播客抛弃了传统的新闻阅读技术来讲述故事,那些受欢迎的播客常常深入探讨一个主题或连载讲解,在这个场景下,被采访对象变成了故事里的人物角色,而记者(或播客主持人)几乎扮演了引导、探索的侦探角色。

# 嬗变与涅槃:全域视听传播的对话黏性解构*

◆ 杨 忠**

**摘要:** 纸媒、通讯社、广播电视嬗变为面向全域视听的跨界包融体,使单介质传播在多维价值分化中寻求黏性。从"收听收看"到"阅读对话",全媒体视听可从时空、内涵、角色、生态和口碑路径等角度解构主持传播黏性,擘画创作边界轮廓,引导社交黏性在技术、艺术和交互感应中正本清源、融动资源,使价值取向从重流量转为重品质。主流新媒体厘清各层面的架构、交融和定位,将推动视听编辑生产从"耳目混传"到"用户渗透"的升级再造。

**关键词:** 全域;视听;黏性;交互;演进

纸媒、通讯社、广播电视加盟视听阅读空间,一体化打造全程媒体、全息媒体、全员媒体和全效媒体(习近平,2019)。中央广播电视总台启动建设"网台并重,先网后台"航母级矩阵,各地组建县级融媒体中心,2019 年北京卫视春晚临时删除大量主持人画面,仍再造主流媒体口碑。由"收听收看"变为"阅读对话",视听内容在全域传播中面临多维价值取向统一(周勇,何天平,刘柏煊,2016)。黏性作为传播共振因子,它直接导致社交中断或延续。在索取、互动和分享的阅读对话时空,传受黏性沉浸在选择、满意和习惯三个心流体验中(王菲,2017)。单向传播的主持人或文字写手变为领读者、说书人或智能主播,淡化仪式感,更加私人化和社交化,成为组织化和资本化的阅读陪伴。边界模糊的"泛主持人""去主持人""隐性主持人"需进一步刻画轮廓。从传播通道来看,多载体融合、跨界和跨域交互并存;从传播手段来看,大小屏互补、图文视听融合、纸媒电子化视听、人机互动。视听黏性也从仅依靠播音主持艺术吸引变为场景

---

\* 本文获 2018 年国家精品在线开放课程"电视新闻播音"项目资助,系安徽省教育厅人文社科重点项目"播音主持专业融媒体教学资源库"(项目编号:2021zyjxzyk007)研究成果之一。
\*\* 杨忠,安徽广播影视职业技术学院教授、主任播音员。

化、圈层化、社群化的跨域呼应。流量指标早已超越内容评价,变为基于用户体验的分析引导,传播价值从"意识流"向"物质流"演进(丁方舟,2019)。内容吸引离不开社交渠道黏性,当下需要科学弱化点击流量排名,研究有声阅读的理性评价策略。内容想象、混合途径和互动引导是生成黏性的核心,但必须包括导向正确性、交感契合度和定位科学性等。随着新载体、新业态、新技术和新形式的不断发展,影音符号不仅是大数据阅读中的生命感知,它还引导着受众体验。健康黏性融合于技术和艺术的自觉中,通过主持视听、交互艺术和服务方式等层面净化阅读对话时空,化解角色尴尬,梯度推进混合传播内涵深化,共建视听创作、发布和社交的良好口碑生态。

## 一、全程再造——时空热度

(一)在云传播中"拨云见日"

全程媒体不是简单建设纸媒和广播电视的"网页版",而是要将独立思考和合作共进的文化精神溶于传播时空中。阅读对话在场景、圈层、社群中构建着大批年轻人的口语生态。主流新媒体需引导"炫口语为乐"向"以口语为效"回归,阅读对话过程则变成一种对口语众创的引导和管控,是从底层宣泄到回归理性的视听升级。创新是阅读对话生产的共同追求,而创客视听就是以特定符号定位将全域传播中的"人"打造为一种品牌(杨忠,2016),但绝非只是影视制作手法创新,还包括内容交互、视听形式和传播过程创新。网络视听资源包罗万象:网络电视、智能音箱、网络直播、有声读物、二维码视听、音视频 App、微信公众号、语音特推等,飞速发展的人工智能技术正模糊着生活边界(吕尚彬,黄荣,2018)。纸媒和广播电视必须加强跨界融合,全域营造新媒体空间,传播健康主流文化。新技术的发展使远程合作可以广泛地运用在视频、

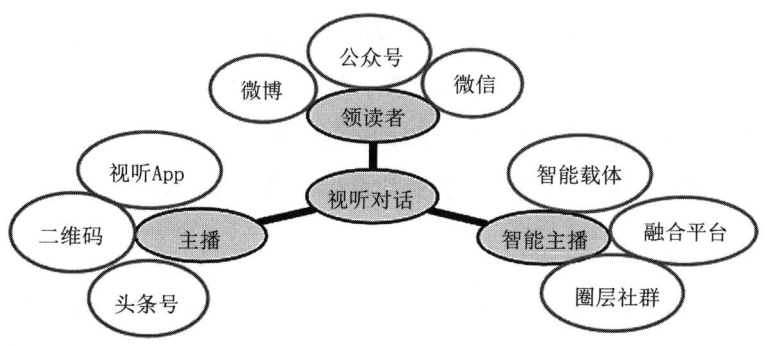

**图1 云空间的视听生态**

音频和直播的各环节，内容、传播和互动由创作者、客服和受众通过媒介合作完成。相对稳定的平台范式和适时修改结合，线下活动和远程录入结合，问题操作一步多责和多步合一，视听传授多向融合，多平台多渠道延伸资源。媒体融合使传播越来越依靠多维空间的远程合作，而口语创造正从野蛮生长走向以口谋生（杨忠，2016）。

(二) 空间演进梯度

1. 内容细分

全程媒体中的主持传播突破内容和时段限制，从类型化视听到在线用户服务，视听黏性更加依靠传受了解和共生。由广而告之到点对点服务，传播过程变成以视听带动用户阅读和社群分享，传播完成取决于设计、分解节目与对话时空的吻合。针对不同人群，视听生产要关注报纸、广播、电视和互联网用户群组的耗时比，领读者、说书人在汲取主持传播艺术特色的基础上，通过多域演播引导受众在线视听，发酵传统媒体资源，展示内容风格和文化底气。个性化表述体现在角色化、社交化的视听对话中。传播设计从了解用户主旨到个人角色认知，再到角色体验和调节，直到进行新媒体环境互动服务，并通过任务分解落实到具体视听中，与受众共享音视频和文字。随着服务的专业技能逐步细化，文化延展度随之升华，互联网环境中全程领读能力随之成长。

2. 空间扩展

采用"定位+内容+互动"模式延展主持人节目、纸媒文字的网络空间，接受并融入受众和粉丝们的创客思维，逐步探索网络视频点播、直播、人机对话和纸媒、广播、电视跨域并行措施。主流新媒体应适时关注单介质内容在混传时空的扩展状况，通过自媒体运营渗透进受众生活中。运用单介质平台+内容自媒体+聊天软件等传播手段，结合专业设备和手机摄录，有机拓展混合视听亮点，科学安排内容前期预热、多渠道传播和收视效果统计。借助社交软件建立听书—助理—受众三级管控信息体系，使处于逐级保护中的领读者、说书人有更多精力观察传播过程。多平台举办在线激励活动，鼓励受众上传音视频素材，分别采取受众互评，助理测评，问题私聊提醒，逐步磨合公众、族群和个体匹配落点（张建中，2018）。阅读助理每周统计收视排名表并适机公布，成为多域互动的润滑剂，结合互评情况和互动量排名给优秀者奖励。

3. 配套服务

除报纸、广播、电视原有平台统计外，阅读对话效果要依据内容辐射的线上数据，以接受数据+互动区排名+用户反馈信息作为传播效果的综合依据。针对广播电视稍纵即逝的单向模式和纸媒电子化视听空间再造，在阅读对话转型中要融通品质内容，运用线上线下多终端服务激活互联网生态。鼓励主持人、作者开通线上直播,创造性地发布在线视听图文创意,参与线下活动,预留受众参与接口。线上推广、线下互动、总结补充,通过图文和音视频创作互动比拼,主持团队实操能力将大大增强。

表 1　融媒体运行服务

| 全程传播配套运行对策 | 在报纸、广播电视台、运营方和平台方指导下招募内容助理。 |
|---|---|
| | 为后台运行助理颁发融媒体中心授予的证书。 |
| | 定期召开运营助理各类会议,明确职责,安排各时期任务。 |
| | 内容助理适时维护后台,收听、收看管理,监督受众互动情况。 |
| | 选定时间,随机抽取自媒体视听展示,主持人、领读者等参与互动。 |
| | 制作节目手机 App、每天更新微信公众号、多渠道传播阅读短视频。 |
| | 官方平台每天三件事:互动问题汇总、签到激励、内容预告。 |
| | 通过线下活动提高关注人数,或者不定期全面开放录制场景。 |
| | 搭建受众上传视听作品互评系统,有效互评达到一定人数才能显示自己的获评结果。 |
| | 参考互评情况,运用网络直播和自媒体视听交流引导。 |

(三)时间演进梯度

从"客厅""办公室"等公众场合走向"私人"领地,跨域视听黏性存在领悟和掌控盲点多、数据分析能级指数提升缓慢等问题。主流新媒体建设时间路径可分为革新、转换和融合的创客三步曲,根据受众行为、社会效果和商家投入之间的关联,解决转变观念、混合运用和定位发展三个环节中主流文化黏性的过程性演进问题。

表 2　社交黏性的阶段性策略

| 路径主题 | 面对问题 | 解决办法 |
|---|---|---|
| 革新（初期） | 跟时尚风、遭遇玩法盲区、建个自媒体就够了、没时间做、凑数量、放不下官媒的架子 | 纸媒和广播电视终端的受众急剧下降,市场权重只好下调。跨越从单介质到混合传播的转换和困惑,仅有影音手段或播音主持优势是不够的,要研究受众、互动和技术,营造多维传播黏性。关注多屏互动,收视效果由收视率改为数据分析,观众新鲜度保持时间短。 |
| 转换（中期） | 建立大数据思维、痛点和盲点思维、找对用户、建立口碑思维 | 多屏混传共生,由广而告之改为点对点传播。纸媒、大屏模式正常出版播出,然后关注线上视频热度、完成互动和评价。规避刷流量泡沫,线上随机选时段测评,再结合线下活动,实现全时空传播。 |
| 融合（后期） | 与专业人士合作、找到适合自己的方法、适当重复和包装、培养关键词意识、多渠道跟踪问效 | 继续增加混合式传播途径和方法,让点对点服务产生传播现象。凸显文字和视听的深度呼应,小屏互动运用中增加了移动传播的途径,收看、互动和服务在手机上均可完成,不断对综合服务进行改革。 |

## 二、全息交融——内涵深度

视听传播全息化,内容的专业生产(PGC)、用户生产(UGC)和品牌生产(BGC)共生,通讯社、报纸、广播电视、网络视听和人工智能面临"流程再造"和"产业重组"(高贵武,刘娟,2016),使单介质域传播扩展为数字技术域和智能技术域的视听时空对话(吕尚彬,黄荣,2018)。在受众具有话语权的众创空间内,说书人、领读者和智能主播研发者都是口语创客(杨忠,2016),传受双方的文字、图片和音视频互动构成创客视听的全媒体时空,传受双方在"说"和"玩"中把控节目,享受艺术和技术的创新智慧。从演播时空进入社交时空和抓取时空,听说正以一种个体语言样态实现着团体化、组织化和大众化的传播。视听外在张力源自内生创造力,但酒香也怕巷子深。创意空间内眼、耳、鼻、舌、身都可能成为共享视听资源,单介质终端、网络终端和真实环境的内容不是孤立存在的,任何视听均可能被全程和全息融合传播。AI智能输入法已将手机变为视听编辑器,智能化视听成为人们的阅读补充。"小娜""小艾""小雅""回声""谷歌之家""天猫精灵""AI主播邱浩"等虚拟主持人可以平等地搜索任何声音信息。新技术使人工智能音视频"主播"越发感性,其视听黏性产生于易知性、匹配性和交互性体验(张建中,2018)。

阅读魅力来自混合传播中感知、有用、互动和参与的综合发酵(熊巍,王舒盼,潘琼,2015)。说者在新媒体环境中以小众化和大众化传播的方式并存,音视频内容作为大数据传播备选项,以用户为中心的视听设计要服从于全形态体验。传播主体研究交互感应内涵,应多维创设传播痛点,围绕交融黏性进行认知、情绪和行为研究(周勇,赵璇,2017)。在全息传播架构下拓展视听实践,将启发和影响着内涵进一步深化。

在全息媒体运行中,视听内容的建、管、评等环节均应全程、全员岗位明确,将广播电视节目、纸媒文字分解成可触及痛点的视听片段,推动技术、内容和互动三方深度融合。除了主持人节目、报纸、图书的官网平台外,运营团队应充分运用VR、AR、可穿戴设备、各类App、微信和微博等手段发布资料,立体化管控传播过程,扩大节目影响范围。在丰富影音黏性的基础上,运用图文视听结合,产生空间互动痛点,维系受众新鲜感,让视听内涵呈现全媒体时空黏性。视听热度可依靠收看数量和质量、音视频创意、互动、线上比赛等环节保持。适当采用参与激励措施,通过官网App发布公告,让受众和相关商家参与传播改革全过程,带动广告商、运营商投入创新创业。

阅读对话的生命力在于持续产生黏性,离不开痛点提醒和盲点规避。我们需要进行长期的内心修炼和快速的技术适应,才能形成黏性分层成长和自我管理模式,进而实现听说黏性的内涵提升,构建可持续发展管控框架。对于传统媒体的主持人角色转型,我们可以围绕信息提供、媒介和用户三个层面挖掘黏性内涵,利用软件推送、抽奖活动等发酵互动痛点,制造视听分享种子,增加黏性,弥补单向传播的感性缺陷。

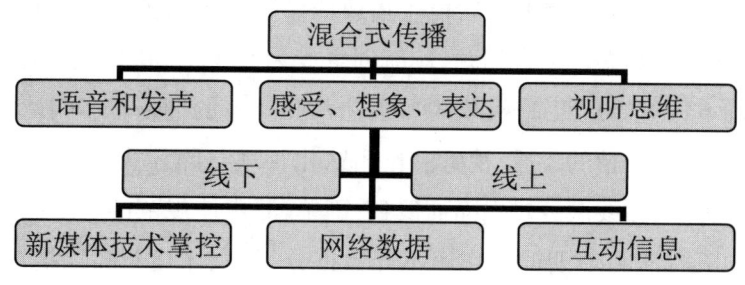

图2　技术补偿的交感分布

结合单介质传播的符号定位和阅读对话的物质流变,主持传播的全息吸引力因子将包括:传播样态、技术运用、语言艺术、表达方式、交互思维、稳定的"心斋"等。更多能力拓展将扎根于对社会、文化和伦理等的思考中,包括行为习惯与口语方式的契合、对新技术的适应、艺术形象训练、隐身回归能力等。在人与技术的对抗中,黏性根基来自内心回归和有效运用两个方向。就阅读视听的热度表现而言,综合全媒体语言形象、视听表达的文化意蕴、互动感应的空间思维等因素,可初步梳理混传黏性的痛点分布:

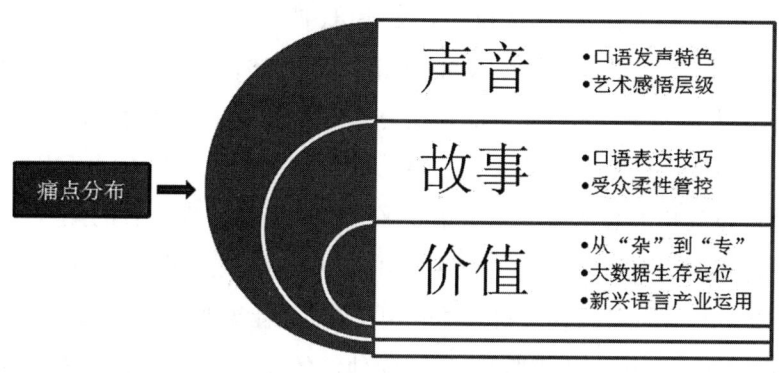

图3　视听热度的痛点分布

## 三、全员解惑——角色跨度

(一)视听资源"正本清源"

整顿流量数据造假,让内容热度成为听评依据,视听内容将借助全员管理再造资源化价值。从单介质走向数字和智能介质,阅读对话在推荐、采纳和抱怨中建立时空秩序,在技术迁移的传受感知、交流和对抗中重构生态。口语空间面临侵权保护、调整表达和适应围观等诸多问题,既要创设多维黏性又要防范社交风险。软文、短视频和场景音视频已成为消费倾向(熊巍,王舒盼,2015),自然生长的天真、探险、英雄、魔法等角色争夺着仪式化主持空间,使阅读对话空间呈现出交融性、批判性和创新性。在众创时空中的说书人、领读者甚至智能主播要能结合文字表象稳定受众内心,有效协调内容、运用和互动等多环配合问题,让新创意成为共享空间的资本和文化使者。要在资源化基础上拉近受众距离感,实现口语艺术和技术的创新,消解社会责任和商业价值的矛盾、全能与专精的矛盾、视听制作团队化管理与碎片式传播的矛盾等。但是口语空间零乱无序,在线服务难以面面俱到;刷单、灌水使规范的有声阅读被众多"信息数据"淹没,互动压力使朗读创作离不开数据分析;立体化新媒体技术对口语的即时编排、交互引导和虚拟表演等能力提出要求(杨保军,2018)。自媒体视听已成为陪伴受众的生活元素,主流新媒体仅靠艺术特质为文化传播提供营养还不够,需突破价值混合的藩篱。要依靠团队力量在多域互动环境中发展自我,掌控混合传播秩序,获得稳定阅读对话黏性的融通之道。

(二) 在话语场重构中定位角色

在自媒体、社群和数据分析等快速发展的多介质环境中,搭建全员媒体混合生产架构,首先需解决口语创造资本化和社会化共识(汪金汉,2018)。全员传播面临角色的话语场重构,重塑着阅读身份的认同(吴瑶,韦妙,2018)。一方面广播电视主持人要摒弃精英意识,适应平等的、复杂的传播方式。对阅读生态要有明确的规划,仅靠播音主持技巧来制造痛点将心有余而力不足。优质主流视听受到大量草根短视频冲击,网络传播形象塑造和身心调节的矛盾难以平衡。即使在跨界融合的热点网综节目中,主持人出现时间成为观众"尿点",而主持本体无所适从。另一方面,在资源重构中"草莽"往往能"占山为王",各类自媒体和报纸、通讯社等非视听媒体介入视听阅读队伍,在市场和兴趣中裹挟大量视听粉丝,然而他们的口语素养参差不齐,强于文字加工和运营效果,缺乏话筒前的实践经验,视听立意不高,基于开放创意空间的有声能力体系尚不健全。网络视听健康发展需要经过视听艺术升华,亟待深入研究说书人或领读者的特点、要求以及发展和角色定位,探索口语表达跨越途径。

(三) 从内容生产者到引流者

身处融合传受时代、有效传播与无效传播共同主体时代、收受角色主动性的时代、人体与技术中介逐步自然融合的时代(杨保军,2015),报纸、广播、电视要跨越体制机制的尴尬和困惑,让经典视听在碎片式的传播中显示其共享价值。而创新环境使各类

App、社群、智能音箱等均可参与线上视听传播,而且在万众创业的浪潮中,"野生"创意和业态参差不齐。视听生产要立足图文数据信息分析,参与舆情互动,主持人演变为信息流和物质流的引导者,要学会在海量信息流中取舍,进而完成多维角色的引导体验。创作团队提供深远的口语创意,通过说书或领读的方式改善呈现效果,创设适应不同接受背景的交流空间。对人和技术的解构可以借助社会学、哲学、伦理学和美学等方法在信息互动中研究新理路(张政法,2018),在信息吐纳中形成稳定的动态管理体系,营造说者良性内心生态,成为从播音主持走向网络视听的新生代。

(四)在大数据分析中为用户画像

阅读视听生产的角色跨度是多维度的,传受互评是孕育视听黏性的重要方式。广播电视主要从文化自觉、传播效果和竞争力等维度综合评价主持人黏性(漆亚林,2014),参考比例由各级广播电视台或频道自定,分别由台内视听把关人、主管机构、市场调研和受众满意度决定,而混合阅读的视听评价则依据分享率、互动数据和资本运营调查等数据分析。大量视听作品上线后需要做推广、互动和分析引导工作,获取一定受众评价数量后才有考评依据。创作者角色转换初期,由于视阈局限难免互动欠准确,会发现有些受众难以适应节目。要适应随意留言的网络样态,可以基于云计算,先抓取多通道传播的综合分析数据,对视听接收速度和进度、互动时效、讨论互动活跃度等因素综合排名。面对吐槽、接受、上瘾和产生黏性等反馈行为,首先依据数据为受众画像,然后实施分类改正,作出引导性投放选择。

(五)全员关注热度体系

在主流新媒体和各种自媒体的视听竞争中,主持传播由个人创作变为团队合作,由工作岗位变为系统工程,由泛化黏性观照变为圈层化的用户服务。这需要全员摄入多方面知识和技能,熟悉各种新兴载体和业态,了解传播学、社会心理学和视听呈现技巧,其黏性产生于多元喧嚣话语场中的共振神经网。按照播音主持—内容生产—自媒体化三个能力方向来分析阅读黏性产生、关联及融通发展。观照维度从抽象变为具体,由理性走向感性。多平台呈现、声画图融合、交互匹配、文化和资本契合将是提高视听黏性的着力点,而多维传播语境、动态捕捉、虚拟现实和VR拍摄技术使互动感应和表演也成为口语创客的能力组成(杨忠,2016)。

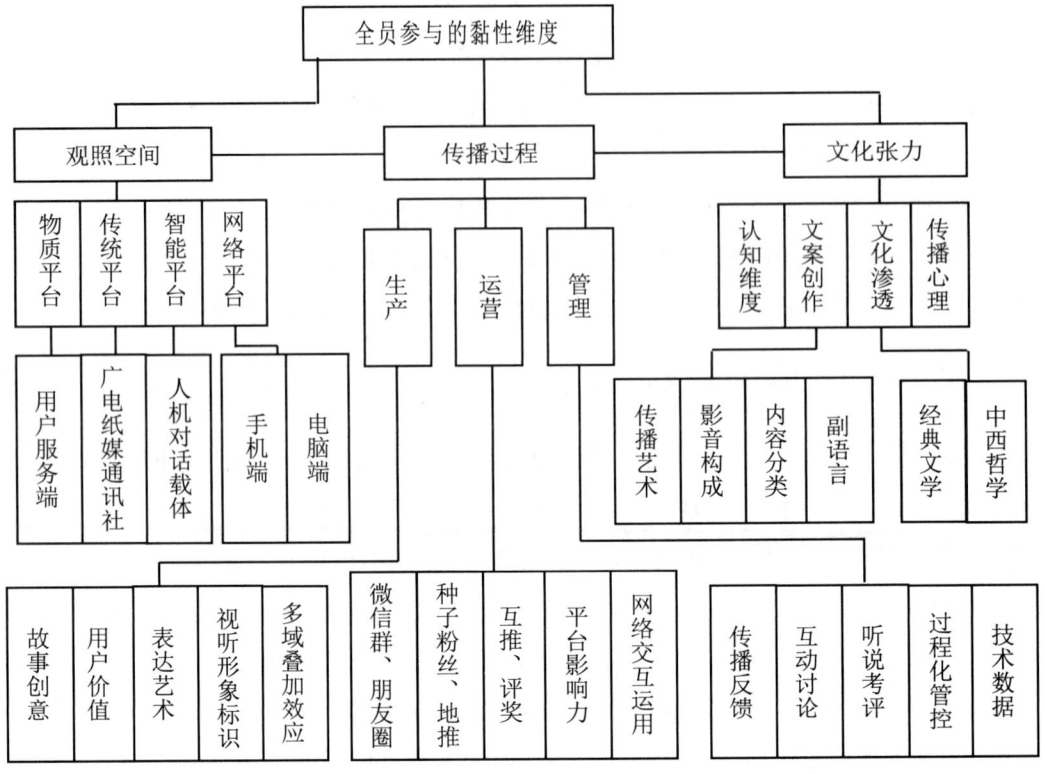

图 4 视听对话的热度体系

## 四、全效观照——生态温度

(一) 内外融通的修心之道

立足视听内容获得网络生态归属感,说者内心将开启一系列感知跨越。必须花时间体验全媒体传播效果和基于传统媒体运用的能力的转型,在认知、情感和行动中逐步自我突破,用哲学、艺术学和管理学等方法解决人与技术的具体对抗问题,创设全效黏性,驾驭混传生态。

1. 新旧磨合

必须破解传统媒体思维和全效传播实践的冲突,从纸媒、广播和电视固有的模式中勇敢走出来。因为除了影视手段创新外,超越传受时空的感知更重要。要解决音视频制作中声画转换、上线运行中多渠道传播、网络互动的大数据分析等问题,运营团队缺乏创新精神是很难维系已有黏性的,要敢于打通虚实空间屏障,建立内外共融的口语空间。

### 2. 专全互补

新媒体分工使主持传播的技能从视听表达向技术运用拓展。全效传播涉及内容音视频策划、新技术录制体验、音视频呈现、立体化传播空间建设和互动技巧等。除此之外还包括实体空间和AI制作手法在内的一系列创新。创新范围将涉及网络技术、影视制作、传播理念的多维空间，视听阅读的变革过程要精于某一专项，专而不全地兼顾其他服务效果。

### 3. 媒介适应

单向的广播电视话语体系为主持人筑起了封闭的保护屏障，主持人要适应多维空间的传受互动，有针对性地为有声语言跨界创作构建新能力体系。适应新传播秩序要经历从心态调整适应到网络数据分析的颠覆性改革。全效传播体系的发声、表达和直播状态都要适应媒介手段的变化，口语黏性向即兴思维和艺术美感两个方向发展。受众陪伴下的主持人和领读者，在网络互动中要提升对即时数据分析和判断的能力，这种适应性决定了视听黏性体验的量和质。

### 4. 合理规划

内外结合体验面临长期性、阶段性，业务反思需要精力及时间保障。阅读视听黏性不是一蹴而就的，也不是一劳永逸的，需要短期提升与长效发展结合，需要不断反馈总结，循环前进。常创常新将是未来视听传播的主题，但是维系视听黏性还面临大量新技术的挑战，所以需要以稳健的心态来坚持和发现。

## （二）全效评价混传共同体

"先网后台"将主持人纳入在线视听的共同体之内，品质化是广播电视引导阅读黏性的优势。而提升全效传播黏性还要善于化无形为有形，围绕内涵负荷、视听呈现和演播个性三个方向来扩大视听社群，逐步改变原有说话、表达和思维习惯，逐渐提高运用网络语言和副语言能力，在互动体验中破和立，从不同方向完成主持人、说书人或领读者的伴生性动态蜕变（张华，吴冰，2017）。

全效媒体追求线上和线下混合创意，不同的传统媒体的阅读对话效果终将趋于统一。围绕视听黏性的建、用、管维度可采用三步曲实施：先依据大数据测评传播效果，后台数据主要参考受众的视听、提问、互动和评价，科学考量说者对传播过程的管控和调动；在未来两至三年内摸索出混合传播认可的演进模式，待主流单介质媒体在原有框架内运行熟悉后，采用数据评估+受众测评的方法；最终复合传播被社会各界广泛认知后,改为研究者、决策者、同行、受众参考线上数据分析和综合问卷形式。阅读对话将立足播音主持专业水准和网络黏性两个层面,打造传统媒体资源和网络视听质量的嫁接共同体,逐步构建领读黏性的全效评价体系。

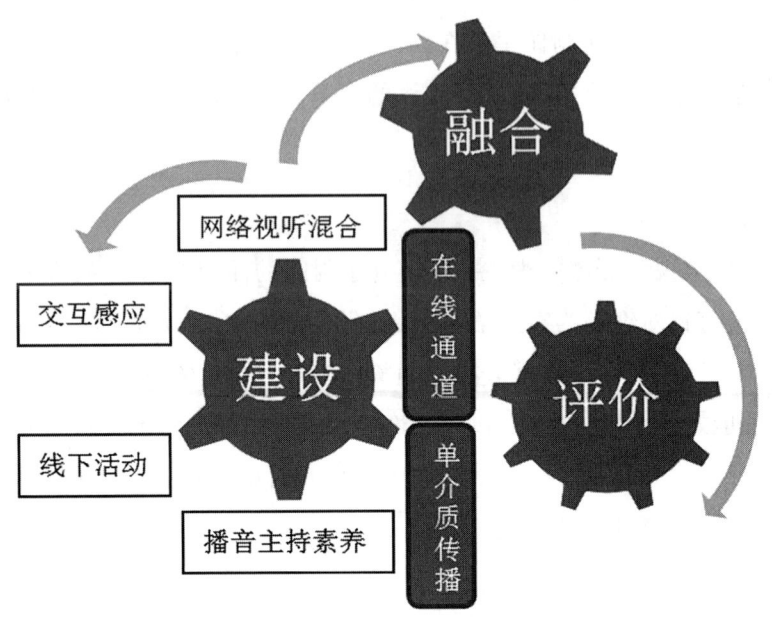

图5 单介质和在线传播共同体

未来,全国各类融媒体中心将具有共享性。随着全效传播的结构、主旨、讨论和评价等在运用中逐步成熟,若能广泛合作运行,则可以打破行业、地域、行政层级等界限建立联盟。根据联盟运营效果按适当时空定期推广更新案例,完善内容运营管理和共享库建设,将用户反馈作为视听对话全效黏性的佐证。创作团队将继续凭借各专业优势建设创客式传播体系,积累受众互评与激励措施的经验,用App掌控传播过程,带动纸媒文字、主持人节目和网络视听的融会贯通,并共同改进运用效果。

## 五、全力探索——口碑路径

(一)数字口碑的复合性

视听对话的口碑渗透除了来自原创通道和线下口传,很大程度上与线上认可度密切相关。积累的良好口碑则需要主持团队以创客文化维系,在复合传播中打磨口语风格、内容创意和交互感应黏性。不断优化的在线口碑结构会影响到用户认知和决策(邓卫华,张宇,易明,2018),高密度的复合评价可以使听说黏性大规模延展,进而通过说话创造价值。各类融媒体中心应重视主持人的口碑生成意识,举办口碑效价线下工作坊,研发视听黏性创新之路,运用复合黏性扩大口碑影响范围。"罗辑思维"从视频起步,定位做受众身边的"书童";后转战音频 App,拓展复合业务范围;同时在线下开启未来 20 年的跨年演讲,各种线上线下的轨迹都以口碑延展为核心目标。说书人和领读者应关注线上视听口碑的渗透度和影响范围,以自媒体创业者的身份在陪伴用户中共同完成口碑的优劣转化。坚持用创客思维做内容,拓展互联网视听的质量维度。

(二) 智能口碑的前瞻性

蓬勃发展的智能视听将是未来传播的重要载体之一。智能主播作为口语传播领域的新成员,良好口碑产生于智能空间的便捷交互中。默契的智能对话氛围产生于共同体意识,在体验创新中带动混合黏性提升,而口碑分享将随着新兴业态同步发展。对于产业化效果明显的 AI 游戏、人机对话技术,主流新媒体亟待研究单介质内容生产和在线传播的融合运用,及时关注新兴手段、内容黏性与主持传播的关联性,研究、参与并拓展人工智能的有声传播空间服务,引导相关资源健康发展,最终实现人和智能视听产品双向融通。透过纷繁复杂的信息流,人的创客精神决定了智能主播搜索源的质量。语言产业承担着社会责任,在大数据分析中,纸媒广播电视、在线传播和人工智能视听都服从宣传导向和目标靶心,过滤无效信息,实现传播的柔性管控。

(三) 树立口碑的过程性

树立视听传播的全媒体口碑分为三个阶段:形成期、回归期和循环上升期(杨忠,2017)。口碑形成主要指信息技术运用、音视频转换和网络互动控制的能力超越;口碑回归是指从媒体人回到自我空间的生理人;循环上升是指人对技术驾驭自如后的再次超越。

口碑形成期:视听阅读追求短时间能够抵达的深度和广度。技能超越对主持人来说是拥抱互联网的过程,全程运用网络社交手段是维护精彩口碑的前提。口碑形成基于传统媒体的影视转换能力和深度报道,成于信息数据分析和用户体验等。对听说本体来说,转型和超越是人与技术交融的过程。必须依靠线下活动加以梳理和点拨,同时将信息流转变为听说黏性建设的推动力,在多重交叠中完成导向、技术和艺术的综合超越。混合传播中的新媒体技术、融合思维和网络互动等将变成主持人的新职业能力。

口碑回归期:黏性艺术的实用性更体现在传受的心态回归上,良好口碑形成不易,延续更难。在经过生存超越、驾驭角色,形成良好听说口碑后,也要学会释放身心。浸润在融媒体传播中容易迷失根本,要在听说中体会从角色的生活化回归,对海量信息辨别、取舍以及疲劳心态调整等是技能关注点。对粉丝不掩饰、不回避,共同感悟心态回归。在文化营养中寻找从传播疲劳到私人空间的人本皈依。

循环上升期:心态回归后又能回到超越的起点才是升华。创造力的核心是长期保持传播兴奋和敏感,以不变的内心定力面对大千世界的瞬息万变。口碑和人是媒介化生存中相辅相成的两个方面,视听口碑是主持传播信息化水平的提升动力源,在自省和外化的相互作用中完成其角色价值,进而使视听阅读在庞大信息流中长盛不衰。传播个体则对日新月异的大数据洗礼产生持久黏性。

## 六、结语

从远古的巫术祭祀集会等仪式活动到 AI 虚拟主持人的出现,从文化传播走向物质流变,说书人、领读者或智能主播在融进技术、艺术、社会、心理和哲学等元素后将涅槃重生。单向的播音主持艺术离不开社交化手段维系黏性,在从精神价值到物质价值的嬗变中,全媒体建设将承载着文化和资本双重责任。视野拓展和能力提升是文化黏性之魂,让报纸、广播和电视发出的国家声音无处不在,需要主持传播着眼于传统媒体升级和新媒体语境创造。但是应该认识到构建视听阅读的生态系统还任重道远,新生代受众都是与生俱来的互联网原住民,包括智能语音技术在内的黏性体系亟待陟罚臧否。引导和把控创客空间秩序,生成健康的传播黏性,依靠媒体管理者的多角度反思和补充,依靠对新媒体创新现象的总结研究。将口语创客精神渗透到各视听层面,及时破解主持实践、数字出版等在新媒体环境下的困惑,引发更深层次的思考。总之,这些思想碰撞都将是阅读视听的丰富营养,是全媒体改革所急需的。

**参考文献**

[1]习近平主持中共中央政治局第十二次集体学习并发表重要讲话[EB/OL].(2019-01-25). https://www.gov.cn/xinwen/2019-01/25/content_5361197.htm.

[2]周勇,何天平,刘柏煊.由"时间"向"空间"的转向:技术视野下中国电视传播逻辑的嬗变[J].国际新闻界,2016(11):144-160.

[3]王菲.中国电视台媒介融合中的内容生产体系构建[J].国际新闻界,2017(12):115-118.

[4]丁方舟.论传播的物质性:一种媒介理论演化的视角[J].新闻界,2019(1):71-78.

[5]杨忠.口语创客[M].合肥:合肥工业大学出版社,2016.

[6]吕尚彬,黄荣.智能技术体"域定"传媒的三重境界:未来世界传播图景展望[J].现代传播,

2018(11):37-45.

[7]张建中.声音作为下一个平台:智能语音新闻报道的创新与实践[J].现代传播,2018(1):148-153.

[8]高贵武,刘娟.新媒体环境下的主持传播格局演变[J].国际新闻界,2016,38(3):6-19.

[9]熊巍,王舒盼,潘琼.微信移动社交用户心流体验对用户粘性的影响研究[J].新闻界,2015(7):13-59.

[10]周勇,赵璇.融媒体环境下视听传播效果评估的指标体系建构:基于VAR模型的大数据计算及分析[J].国际新闻界,2017(10):125-148.

[11]杨保军.变迁与意味:新闻规律中的传播主体分析[J].新闻界,2018(11):17-23.

[12]汪金汉."劳动"如何成为传播?——从"受众商品"到"数字劳工"的范式转变和理论逻辑[J].新闻界,2018(10):56-64.

[13]吴瑶,韦妙.颠覆与重塑:数字阅读中的身份认同[J].编辑之友,2018(11):5-10+15.

[14]杨保军.再论"新闻规律"[J].新闻大学,2015(6):1-10.

[15]张政法.播音学科的新理路:理念、定位、结构[J].现代传播,2018(11):161-163.

[16]漆亚林.电视综合评价体系:当代价值与理性重构[J].中国青年政治学院学报,2014(3):137-141.

[17]张华,吴冰.传播生态视阈下伴生性传播研究[J].新闻界,2017(12):51-57.

[18]邓卫华,张宇,易明.在线口碑信息内容的结构和类型研究[J].情报科学,2018(4):130-137.

[19]杨忠.口语传播的"守"和"忘"[M].合肥:合肥工业大学出版社,2017.

# 再现与重塑：中国演播艺术家口述史的叙事结构*

✥ 胡子豪**

**摘要**：中国演播艺术经历了75年的发展历程，演播艺术家口述历史的主要任务除了讲述演播艺术家本身的成长经历之外，还需要通过讲述再现经典作品的创作过程，这一讲述的过程在一开始便与叙事结下了不解之缘。而经典的作品依托演播艺术家的创作个性，本身就是对优秀的文学文本的讲述。这种"二度讲述"性使口述历史具备了独特的叙事结构，在叙事人称、叙事聚焦和叙事作品的接受等多个维度呈现出更加多元的表达效果。

**关键词**：演播艺术；演播艺术家；叙事结构；口语传播

## 一、引言

中国演播艺术已有近75年的发展历史，对不同时期演播艺术家的创作历程进行记录和整理是中国演播艺术家口述历史的中心任务。演播艺术不同于其他语言艺术，依托不同年代的作品文本，在经历了演播创作和听众收听两个环节后，呈现出兼具主体性和时代性的艺术风格。因而，对演播艺术创作历史的记录，既是对演播艺术家故事的讲述，更是对一个时代故事的讲述。其故事性的特点决定了演播艺术家口述史本身具备一定的叙事特性。演播艺术的二度创作性相较其他艺术形式的叙事特点有何不同？演播艺术家历经数载，对早期创作过程的讲述采用何种叙事方式？不同的叙事方式于倾听者有何传播效果？本文试图回应上述问题，通过演播艺术家对于作品文本

---

\* 本文系国家社科基金艺术学项目"中国演播艺术家与演播艺术发展研究"（项目编号：20BC044）的研究成果。

\*\* 胡子豪，中国传媒大学播音主持艺术学博士研究生。

的再现、演播创作的回忆与重塑,以及作为倾听者本身的接受效果三个维度来论述演播艺术家口述历史的叙事结构。在此之前,首先要明确两个问题:一是叙述主体的属性问题,二是叙述过程的"再创作"问题。

(一)叙述主体问题的提出:一个怎样的叙述者?

顾名思义,从整个口述工作的过程来看,叙述者就是演播艺术家本身。而从演播艺术的特点来看,演播艺术家则具备了除叙述者之外更多的属性。首先是"连接者"的属性,演播艺术是对作品文本的有声化创作,演播艺术家正是通过演播作品实现了叙事文本和听众的连接,成为作者和听众之间的"桥梁";演播艺术的主要叙事文本以小说为主,而小说中的叙述者往往不是作者本身。正如 M. 比尔兹利在《美学》中所说:"文学作品中的说话者不能与作者画等号,说话者的性格和状况只能由作品的内在证据提供,除非作者提供实在的背景或公开发表声明,将自己与叙述者联系起来。"演播艺术家在创作时为避免"千人一面",还要通过不同的播讲技巧将不同的小说人物再现演绎,这使其又成为小说人物与听众之间的"桥梁";而对于创作经历的讲述与还原,又拓展了这个"桥梁"的内涵。概括来讲,演播艺术家连接者的属性主要体现在对作者与听众、作品中的角色与听众、创作经历与听众的三层连接上。其次是"隐含作者"的属性,"隐含作者"是布斯在《小说修辞学》中提到的一个概念,他指出"隐含作者"就是"作者创造的一个'他自己'的隐含的替身"。[①] 在演播创作中,演播艺术家同样具有"隐含作者"的属性。演播语言(播音语言)强调创作时要做到"情景再现",要求设身处地,获得现场感,产生"我就在"的感觉。[②] 作品的呈现无不体现着演播艺术家的创作理念和个人风格,而与传统"隐含作者"不同的是,演播艺术家是在文本作者基础上进行的代入,所以呈现出独特的"二重性",即"替身的替身""隐含中的隐含"。

(二)演播艺术家叙述过程的"再创作":"讲述创作"与"创作讲述"

演播艺术家口述史与其他艺术家口述历史一样,旨在记录艺术家的创作历程,包含了"讲述创作"的叙述过程。不同于文学、音乐和造型艺术等文艺形式,演播艺术的"二度创作性"增添了叙述过程的环节,丰富了"讲述创作"的内涵;同时,演播艺术本身就是"讲故事"的一种方式,叙述演播创作的经历也是以"讲故事"作为呈现形式,不同的演播艺术家在讲述时往往带有鲜明的个人风格,不自觉地融入自身"讲故事"的

---

① 布斯. 小说修辞学[M]. 华明,等译. 北京:北京大学出版社,1987:80.
② 张颂. 播音创作基础(第三版)[M]. 北京:中国传媒大学出版社,2011:70.

技巧,这种带有"艺术化加工"色彩的叙述过程也是一种"创作讲述"的过程。

首先,在"讲述创作"过程中,叙述者的主要任务在于讲述创作经历,尽可能丰富地转述艺术创作生涯中的每一个细节。艺术创作的一般过程包括"理解—感受—表达"三个环节,而演播艺术在创作之时要依托文学文本,所以在理解文本之前存在"与文本邂逅"的情节;在感受方面除了要理解作品本身,还要尽量感受作者的创作意图;针对不断融入的故事背景,在表达方面同样也要兼顾内容"顺叙"与"插叙"的协调配合。李野墨在回忆录制《平凡的世界》有声小说时,就谈到了当时路遥的文学作品声名鹊起的社会背景,讲述了《平凡的世界》这本书在出版时的一些"小插曲",作家路遥因在公交车上偶然遇到了中央人民广播电台的编辑叶咏梅,才使这部经典的作品通过电波传递给千家万户,这就在一定程度上丰富了创作环节的讲述。关山谈及自己演播《林海雪原》时,由于对小说人物的情绪拿捏不准,特意辗转多地拜访了《林海雪原》的作者曲波,得到作者的确认后才进行创作,关山的这种做法一方面让倾听者感受到演播艺术家严谨的创作要求,另一方面也进一步丰富了"感受"这个环节的内涵。

其次,演播艺术家口述史也是一个"创作讲述"的过程,演播艺术家就是将文学作品讲给听众,而对于创作过程的讲述也是在进行新的一轮创作,这归因于演播艺术家主要以语言作为表达工具,而口述史也是以语言的形式进行呈现,演播艺术家在口述的过程中无形中会融入自身的叙事风格和特有的表达技巧。任志宏参与了《新中国》等多部纪录片的配音工作,同时又担任了《探索·发现》《国宝档案》等科教文化类节目的主持人,作品和节目的特殊性促成了任志宏循序渐进、娓娓道来的创作风格。在口述这段经历的同时,任志宏同样没有放过每一个细节,将创作背景和人物对话穿插其中,形成了一个具有强烈个人色彩的"创作讲述"的过程。而从口述历史的特性来看,口述历史是一种历时性的研究,是对叙事作品史的追溯,而叙事本身则是一种共时性的研究,将叙事文本当作一个完整的整体,重在探讨整体内部各个环节的逻辑关系。所以演播艺术家口述史是兼具共时性和历时性特点的研究,本身就是一种新的尝试、新的创作。

## 二、转换、透视与共融:叙事文本的多元再现

口述历史的研究对象是通过口头询问的方式挖掘出的历史记忆,对于历史的还原和再现有助于受众重拾这份记忆,补足记忆中那些"流动的缺口"。换言之,回忆的内容越完整,叙述的视角越多元,越能够体现口述历史的价值所在。演播艺术家在口述的过程中叙事情境单一,叙事聚焦的单层和叙事人称的单向都会使口述的过程囿于宏

观和主观的境地,脱离日常,与口述历史的初衷相悖。扬·阿斯曼认为口述历史的研究重点不是历史学家通常所关注的文字见证物,而完全是那些通过口头询问才浮出水面的回忆。这些回忆和叙事所构建出的历史图像,是一种"日常的历史",一种"来自底层的历史"。① 演播艺术家在口述的过程中实现了对叙事情境、叙事聚焦和叙事人称的三重突破,对叙事文本进行了扩容、深化与延宕。

（一）叙事情境的转换——"扩容"叙事文本

奥地利学者F.K.斯坦泽第一次提出了叙事情境的概念,叙事情境是由叙述者与故事之间的不同关系构成的。罗钢对叙事情境的概念进行了修正,并将其分为了第一人称叙事情境、作者叙事情境和人物叙事情境三种类型。② 第一人称叙事情境主要是以作品主角的视角展开叙述,作者叙事情境则是站在上帝视角,距离较远地展开叙述,而人物叙事情境选择了故事中除主人公之外的其他角色作为讲述对象,更多的是从第三方的反映者的视角看问题,简言之,三种情境分别采用了"平视""俯视""对视"的方式。众多叙事作品大都采用一种叙事情境,但演播艺术家的口述过程却打破了叙事情境单一的局面,许多演播艺术家在口述的过程中往往将不同的叙事情境相互转换,以此实现多元的叙事效果。

第一种转换是从第一人称叙事情境向作者叙事情境的转化,从"平视"的设身处地到"俯视"的纵观全局,有助于听众从中观到宏观,全面把握叙事文本的全部内容,并且这种总体把握会加强事件之间的串联,避免出现过于零散的现象,增强叙事要素之间的逻辑意味。2002年,李慧敏开始了《哈利·波特》系列小说的录制,在回忆这一段经历时曾谈道:"有一天,正常情况录两页半就是一讲,但是我那天录了快到三页了,我心想:'怎么还不停?'本应到二十三分钟的时候就要喊停了。我心想:'怎么不停啊?'我就停下来了。原来那天的老师们光顾着听李慧敏讲故事了,忘了时间了!"③这种叙事情境的转换不仅体现在人称"我"到演播艺术家名字的转换上,视角的转变也给听众释疑解惑,增强了对整个叙事事件完整性的把握。

第二种转换是从作者叙事情境向人物叙事情境的转化,这种转换方式主要体现在由讲述者转换为反映者,通过增加人物对话,实现叙述者的退场和反映者性格的出现,直接表现为人称代词的转化,由"我"到"他"或是代替名字,这种由"俯视"到"对视"

---

① 阿斯曼.文化记忆:早起高级文化中的文字、回忆和政治身份[M].金寿福,黄晓晨,译.北京:北京大学出版社,2021:45.
② 罗钢.叙事学导论[M].昆明:云南人民出版社,1994:167.
③ 摘自"中国演播艺术家口述史"项目组对李慧敏的采访。

的转变,容易缩短人物与读者之间的心理距离,使读者(听众)不知不觉中便进入了反映者人物的意识。① 王凯在回忆与自己的偶像田连元同台演出时的经历时曾讲道,"有一次演出,我们是同台演出,我印象也挺深刻。我这人(当时)是比较腼腆,如果像现在可能性格打得更开哈,那我恨不得抱着他亲一口是吧?那个时候还是有敬畏之心,不知道怎么跟田先生交流。但是要了电话,后来发短信。有一天,我们家大女儿出生的那天,我给朋友们群发短信,田先生给我回了一个电话,说:'王凯吗?(模仿田连元先生)'我说:'田先生!(惊喜)''对呀,你不是生了女儿了吗?恭喜呀!(模仿田连元先生)'"②。从一开始的叙述个人经历再到模拟再现情景中的对话,有利于听众迅速进入场景。

(二)叙事聚焦的透视——"深化"叙事文本

普林斯在《叙事学词典》中指出:叙事聚焦是指描绘叙事情境和事件的特定角度,反映这些情境和事件的感性和观念立场。③ 从叙述者自身的角度出发展开叙述属于外部聚焦的方式,反之,从叙述文本中的人物角度出发展开叙述则属于内部聚焦的方式。大部分口述史的聚焦形式集中在外部聚焦,而内部聚焦多体现在西方的一些文学作品中,重在刻画人物的内心世界。采用同一种叙事聚焦的单点透视会使口述过程显得过于浅显,口述内容大多是受众通过各种媒介手段所能获取的内容,致使叙事文本的创作过程陷于"流程化"。许多演播艺术家一开始接触的作品往往是西方的经典名著作品,重视人物的内心活动是一直秉持的创作传统,同时,口述历史本身就是站在叙述者的角度分享创作经历,从而可以说明,演播艺术家口述史是兼具内部聚焦与外部聚焦的"多点透视"。

演播艺术家口述史主要是围绕演播艺术作品的创作展开的,艺术家的成长经历和职业经历都是服务于演播艺术作品的创作。如何凸显作品中的人物形象和人物内心世界是每一位演播艺术家必须要面对的问题,而解决这个问题的方式也体现了不同演播者不同的内部聚焦方式。一个经典的文学形象往往是这部文学作品的点睛之笔,听众也是通过印象深刻的人物形象唤起对于整个作品的记忆,所以内部聚焦在整个口述过程中不可或缺。作为译制片配音导演,廖菁在谈及为电影《铁娘子:坚固柔情》中的撒切尔夫人配音时,曾说道:"在宣誓的时候说的那句话,我到现在还记得几句,她在唐宁街15号前头说,'现在我跟大家一起来宣誓',就是说圣弗朗西斯的祝祷词,'凡

---

① 罗钢.叙事学导论[M].昆明:云南人民出版社,1994:202.
② 摘自"中国演播艺术家口述史"项目组对王凯的采访。
③ 普林斯.叙述学词典[M].乔国强,李孝弟,译.上海:上海译文出版社,2011:30.

是有憎恨的地方,我去播撒博爱;凡是有怀疑的地方,我去播撒信任'。然后一扭身,一个特别漂亮的女士就进了唐宁街。这在我看片子的时候,所有这一切都给我一种鼓励,我觉得我能做好,我觉得我很像她。"①从人物内心出发的内部聚焦,除了能帮助听众更好地理解作品,也能使听众更好地了解作品的创作。

外部聚焦更好地发挥出口述历史的客观性和完整性的特点,而外部聚焦所要规避的问题则是,为了力求完整而忽视了对于节点的聚焦与关注。每一部演播艺术作品既代表了演播者在特定历史时期的创作特点,又是一个时代社会风貌的体现,忽视了这些节点,叙事文本就失去了"核心"。所以,演播者必须对这些关键性的行为和成就进行筛选。布罗代尔曾说过,文明是由人的行为、成就、热情,由他们对事业的"奉献"以及他们对认识的质的飞跃构成的。在所有这些行为、成就和生平之中,某些事件凸显出来,标志着一个"转折点"、一个新时期。变化越重大,它所预示的意义也就越清晰。② 关山的演播作品横跨了40年的时间距离,每一部作品都凸显着社会主义建设时期的社会风貌,这也进一步证实了演播艺术家口述史共时性和历时性的深度结合。

（三）叙事人称的共融——"延宕"叙事文本

这里所指的叙事人称不只局限于文学作品中常提到的第一人称和第三人称,而是指"叙述自我"和"经验自我"的区别。所谓叙述自我,指的是站在当时的视角来铺陈直叙,即"站在彼时看彼时";而经验自我则是站在现代口述者的立场,在经历了多年的创作实践,积累了丰厚的实战经验后对当时的反观,即"站在此时看彼时"。两种人称在演播艺术家口述史中有着相同的重要性,当人称逐渐由"我"过渡到"当时的我"或"他"时,叙述距离会慢慢加大,潜意识逐渐替代了原有清醒自觉的意识,叙述自我逐步退出,经验自我缓缓登场。这一过程的建立使听众摆脱了停留在"因声而听"的原始阶段,这段"时距"的出现也给了听众"因听而思"的空间,产生"延宕"的美学效果。在中国古典小说美学中,延宕被称为"写急事用缓笔"。李野墨在谈及20年后重录《平凡的世界》时,曾说道:"我当时是打算完全不带任何记忆地、不带任何主观色彩地、就如同第一遍一样地、理智地看一下这本书。但是从翻开第一页开始没多久,我就发现,我又是变成了一个读者。那种'冷眼看书'的心不知道上哪儿去了,就还是进到书里去了。"③由此可见,"延宕"的效果不仅作用于听众,同样作用于叙述者本身。

---

① 摘自"中国演播艺术家口述史"项目组对廖菁的采访。
② 布罗代尔.文明史:人类五千年文明的传承与交流[M].常绍民,等译.北京:中信出版社,2017:29.
③ 摘自"中国演播艺术家口述史"项目组对李野墨的采访。

### 三、回望、递进与观照：叙事方式的经验重塑

对于历史的追溯不能只停留在对过去的"眷恋"，而是要立足现实努力找寻过去巨人的肩膀。哈布瓦赫说过："它（过去）是一个社会建构物，其本质决定于当下对意义的需求及其参照框架。过去并非自然形成，而由文化创造。"中国演播艺术70余年的发展征程，见证了中国社会主义建设的历史，在这场征程中的每一位演播艺术家在口述的过程中，一方面是对自身成长经历、创作经历的回顾，另一方面，也是站在现代文化立场上的"温故知新"，在"再现"的基础上进行经验"重塑"。在刀耕火种的时代，人们除了对生产工具进行更新之外，还在不断地更新着生产观念和生产要素本身。同样，叙事方式的重塑也包括叙述者的身份重塑，叙事声音表达方式的重塑，以及作为叙事声音本身意义的变迁。

#### （一）声音发出者的身份重塑——叙述者的回望

叙述者是叙述声音的发出者，在口述历史中，叙述者的原始身份是陈述经历，再现历史。由于叙述者是对已经历的事情进行转述，所以是站在一个"全知"和"回望"的视角展开叙述的。这种全知性加之演播艺术家丰富的艺术语言创作经验，使叙述者的身份在原有的基础上有了新的内涵。罗钢在《叙事学导论》中就将叙述声音分成了隐蔽的叙述者和公开的叙述者两种类型。

所谓隐蔽的叙述者，就是在叙述过程中刻意隐藏叙述者自己，灵活运用对话和第三人称术语，弱化人们对叙述者本人情感的注意。就如王凯在遇到自己配音方面的领路人徐涛时有这样的一段描述，徐涛说："哎哟，我因为工作原因，已经很久不配音了。"那个时候徐涛在北京电视台做主持人。"但是，一个月之后，差不多这个时候，我有一部片子要在中央电视台拍，你一个月之后再给我打电话。"[①]整段描述只字未提作为叙述者"我"的反应，但通过对话中的关键词可以实现听众与叙述者的共进退，如徐涛说到"已经很久不配音了"的时候，作为年轻学生的王凯一定是热情消解了一半，但听到"你一个月之后再给我打电话"时，每一位听众仿佛又跟随叙述者燃起了前进的希望。这种隐蔽的叙述者可以通过省略和隐蔽的方式给叙述声音增加更多的可能性，提供更多的思考空间，也给听众建立起参与的意识。

公开的叙述者是指在叙述过程中着重强调叙述者的个人形象，并在描述过后增加

---

① 摘自"中国演播艺术家口述史"项目组对王凯的采访。

主观性的评论。这种叙述声音的形成主要是建立在"全知"的基础上,再加之事件发生的时间与叙述时间有一定的"时距",这使公开的叙述者的叙述声音更具信服力,基于实践经验基础上的回望增强了叙述声音的表达效果。关山回忆起第一天去台里录音时:"台长鼓励说,'丁威同志祝贺你,从今天起你就是党的宣传员了!'我特别感动。不忘初心,永远革命,在这点上牢记使命。到现在我没有什么可遗憾的,从奉献来讲,尤其是五六十年代这些播音员,听得最多的,就是只求奉献!"① 公开的叙述者使转述中的坚守与创新更直接清晰地传递到听众面前。

(二)声音表达的方式重塑——再现与讲述的交叉递进

再现与讲述是两种截然不同的叙事方式,古希腊的柏拉图就提出过"纯叙事"和"完美模仿"两种叙事方式。再现更倾向于"完美模仿",叙述方式简单直接,描写得更有深度,叙述者本身很少登场或者完全退场;而讲述则更倾向于"纯叙事",在讲述的过程中,无论是叙述者还是听众都和叙述对象、叙述文本保持一定的距离,但在描写方面却更加简练,力求概括,在讲述的叙述方式中,叙述者自始至终参与其中,成为听众和叙述文本之间的桥梁和纽带。

再现的叙事方式是口述历史中常见的叙事方式,演播艺术家在回忆创作过程时,对于印象深刻的作品片段,往往将作品片段与彼时的对话进行还原,让听众更具现场感。同时,这种对叙述主体人称的隐藏,也更容易让听众更加关注事件本身。但只有再现是远远不够的,首先体现在叙述的过程中难免会出现"我""我能够""我觉得"等带有明显叙述主体个人色彩的词语,刻意地去隐藏反而会让整体的叙述过程失去逻辑性。其次,上文提到叙述过程就是"创作讲述"的过程,口头或言语叙述是一种言语行为,而言语则意味着不模仿。② 单纯的还原无法呼应演播艺术家口述史的独特性,也无法让不同演播艺术家的表达艺术得到彰显。

(三)声音本身的变迁——由"真实写照"到"历史观照"

丹纳在《艺术哲学》中提到,人物的特性固然要靠情节去诉之于读者的内心,但必须用语言去诉之于读者的感官。③ 这里提到的语言相对于口述史而言,就是叙述过程中的叙述声音。与文学作品不同的是,诉之于读者内心的情节也需要叙述声音来呈现。所以,叙述声音本质上的功能是对作品本身和作品的创作过程的"真实写照",这

---

① 摘自"中国演播艺术家口述史"项目组对关山的采访。
② 热奈特.叙事话语:新叙事话语[M].王文融,译.北京:中国社会科学出版社,1990:109.
③ 丹纳.艺术哲学[M].傅雷,译.天津:天津人民出版社,2021:451.

里主要凸显了叙事声音的"摹写性"。而口述史当中的叙事则是一种时间艺术,这就使叙述主体可以站在历史长河的下游去静观来自上游的奔涌,这种"静观"的特点就是一种历史观照,站在此时观照彼时,得到的不只是对过去的批评与总结,更是一种对未来的展望。这种历史观照所展现出的时代性,无论是就个体而言,还是以群体观之,都是中国演播艺术创作风格发展的重要向度。[①]

---

[①] 曾志华,孔亮.中国演播艺术的创作、受众与媒介变迁[J].现代传播,2022,44(1):104-110.

# 数字修辞口语产制策略研究

◆ 卢佳音[*]

**摘要:** 本文聚焦于数字修辞在实作性上的应用,结合媒介研究的技术物质性视角,融合"技术可供性""动态性""多重主体性""展演性""群我流动性",将经典修辞五要素扩展和转化为一种数字媒介中介下口语内容产制原则,以补全数字修辞在产制面向上的空缺。

**关键词:** 数字修辞;口语产制;修辞五纲

## 一、研究缘起

两千五百年来修辞学的双重特性,即实作性与分析性(productive and analytic)(Eyman,2016),以及那些曾经存在于罗马智辩士与希腊哲人之间的语言思想的交锋,至今仍滋养着口语传播研究的发展路径,其知识根基如此源远流长和视野广阔。其中,修辞学在实践应用层面的生产性,令口语传播的实务领域别开生面,无论是广播电视主持,还是网络带货直播,无论是表达意见,达成说服,还是建构认同,促成行动,修辞的生产性特征对形塑社会文化,促动社会行动发挥着至关重要的作用。加之数字媒介科技早已模糊了公共与私人领域,社会文化疆界不断被延展,技术赋能个体符号言说者,导致公共言说空间众声喧哗,为社会平添不确定感。在此社会语境之下,本文希望像罗马的修辞学家那样,更多关注内容的实作性(productive)而非分析性,将数字媒介中的口语创作视为一种实践的艺术,再思古典修辞资源,尤其是在中国叙事的语境之下,整合数字时代所提供的新的可能性,扩展延伸出相对完整的数字媒介中修辞生

---

[*] 卢佳音,福建师范大学传播学院副教授,台湾世新大学在读博士研究生。

产策略,关注"如何"而非"为何",即人类如何通过符号、具身、技术之间的互动,建构意义,达成说服和认同,以期为提升公共言说以及中国叙事的整体品质尽绵薄之力。

数字媒介深度嵌入人们的日常生活,已是今日任谁也无法脱离的修辞情境。一直以来,内嵌于口语传播的技术维度却常常被忽视,在口语生产过程中经常下意识自然化或忽视这一技术维度,将修辞情境化约为面对面的沟通情境,或单向度、静态的大众媒体的沟通情境。数字通信和信息技术为人们提供了新的修辞实践场所,如短视频、移动直播等技术平台,人类几乎所有的沟通场景都可以移至于此,售卖货品、教育、宗教布道、分享观点、展演、新闻、宣传、辩论等,不仅于此,数字媒介技术还要求我们重新认识修辞学并重构修辞学。因此本文尝试提问并回答,数字媒介为口语内容产制带来哪些不同的修辞要素,使口语修辞产生何种新的可能性?

## 二、口语产制的数字转向

如何有效地产制口语内容、建构意义、形成说服与认同。针对这一问题,在两千多年前总结记录于亚里士多德的《修辞学》,并由为罗马教授修辞学的伟大教师昆体良所使用,被命名为修辞五纲(five canons of rhetoric)的五项修辞活动,包括创作(invention)、组织(arrangement)、风格(style)、记忆(memory)、发表(delivery),一直以来被广泛应用于西方修辞学或演讲学的讲授中。具体而言,创作,也称构思,指的是产生演讲话题,找到可说明话题的素材;组织,为演讲话题排列顺序,决定各话题所占比例;风格,决定以何种语言呈现话题,撰写讲稿;记忆,熟悉、背诵演讲,使自己能脱离讲稿;发表,透过声音与身体来呈现演讲讯息(游梓翔,2005)。也有讲授者根据不同时代的潮流与需求,做了一些整合与调适,例如修辞学先驱陈望道在《修辞学发凡》(1932)中指出,"语辞的形成,凡是略成片段的,无论笔墨或唇舌,大约都须经过三个阶段:搜集资料;剪裁配置;写说发表",三阶段无非是将风格与记忆整合于发表步骤当中。修辞五纲穿越时光隧道,至今仍旧影响着口语创作,其解释力与有效性可见一斑。

大众电子媒体尤其是广播电视蓬勃发展,成为人们主要的讯息来源之后,"如何在媒体上进行口语表达"便成了口语表达导向专业化发展的思考方向(李佩霖,2021)。在我国的高教体系中,由于其重视电子媒体之口语表达,因此成立了具有独特风貌的"播音主持"专业学系,对电子媒体中的口语产制进行专业化训练。我国的主持传播学术社群之中的相关研究分为两个面向,一是声音形象的呈现,二是口语内容的产制。前者,即播音员主持人的口语表达,有着系统的训练方法,是播音主持专业学系训练的重点,从发声部位到声音形象的塑造,再到不同类型作品所应呈现的声音品质、速度、抑扬顿挫等,皆有详尽的技术要求,涉及课程数量多达八门。以上研究均将信息以口语方式进行传递所应秉持的品质作为核心关切,至于口语内容如何生成在专业培训体系中,涉猎较少,仅在"即兴口语"的课程中有所涉及。即兴口语的口语内容生成的训练效法公众演讲的内容生成框架(于春,2011;周云,2015 等),抑或是从语言学中的话轮、语脉、语料、语句等维度进行训练(姜燕,2013)。大众媒体作为一种物质性基础,对口语内容的产制提供了哪些可供性(affordance)以及限制,从技术媒介作为中介物角度下思考口语产制,尚未得到充分讨论。

行至数字时代,数字媒体中的口语表达的训练尚未系统性地进入课程体系,但相关研究已经具备一定数量。大多为规范性研究,即学者对主持人因应时代巨变所应具备的能力提出要求,有学者认为应该去脚本化,有学者认为应该有游戏感、艺能感、脚本化、个人技以及价值观五项业务能力等(李佩霖,2021)。也有学者关注到媒介技术与主持行动的结构性关系,讨论主持空间转向(李强,2019)和身体实践问题(薛翔 & 杨航,2019),但均未涉及口语产制面向的问题。总体而言,在数字媒体中进行口语表达的修辞策略问题,尚缺系统性的专门著述,研究者认为这是一个必定要填补的空缺(李佩霖,2021)。

为了回答数字时代口语产制的修辞策略这一问题,本文选择经久不衰仍具活力的修辞五纲作为数字媒介中口语产制修辞策略的研究框架。但在数字时代所带来的传播生态巨变背景下,修辞五纲是否能够以及如何在数字修辞情境中获致实践呢?简单套用不足以满足今日研究之需要,诚如秦琍琍所提醒的那样,数字修辞的本质并非只是单纯"修辞+数字"之"加总"关系,而是"扩散""渗透"与"延展"的辩证关系(2021)。因此,本文的思考进路为:

(1)媒介研究与修辞研究视野的交叉融合,可为数字修辞口语产制研究提供哪些思考的维度;

(2)整合适应数字修辞口语产制的思考框架;

(3)重新想象与规划修辞五纲在新思考框架下的配置。

## 三、数字修辞中的文本产制

当快速发展的媒介科技成为重塑人类生活的结构性要素,日常生活方式、沟通行动、意义建构方式、社会文化形态发生了巨大翻转,修辞研究因应媒介生态巨变而产生数字转向。

Douglas Eyman(2015)首先回答了数字媒介与修辞相互融合过程中,谁为定锚核心的问题。她主张,数字修辞需要以修辞理论作为核心关注,修辞将言者居于中心位置,并关注言者与阅听众之间的关系,而数字媒介研究则以媒介作为研究的中心对象。因此,数字修辞的研究旨趣与媒介研究虽有很多交叠之处,但它们在不同脉络论述所关切的问题意识确实并不相同。

其次,有关数字修辞的定义问题。该概念最早由 Richard Lanham(1989)提出,发表于研讨会及后续出版的《数字修辞:理论、实践和属性》。有关数字修辞的定义,虽历经三十年的发展,不同学者都尝试给出自己的定义,比如James P. Zappen(2005)认为"数字修辞理论是将着重探讨说服的传统修辞研究,转移到数字空间,借以扩展修辞理论与批评方法的研究领域",但却尚未有较为统一的定义。诚如2015年在美国印第安纳大学举办的数字修辞研讨会上的短片所展现的那样,每一位被问及"数字修辞的定义是什么"的修辞学者,要么顾左右而言他,要么面露难色,要么坦陈太难定义。

最后,数字修辞理论研究中,针对实务产制的内容相对比较稀缺。Zappen(2005)对数字修辞研究的主要范畴做了如下归纳,包含自我表达和沟通协商的策略;识别新媒体的技术可供性、作用和限制;形构数字空间中的身份认同以及建构共同体。Zappen 汇整了不同研究者在实务产制上的研究成果,例如如何运用基于亚里士多德的"服之以德、说之以理、动之以情"的传统说服修辞策略,如何激发在线辩论的行动与信念,如何运用计算机构建富有说服力的数字文本等研究(Zappen,2005;秦琍琍,2021)。Eyman 追随 Zappen 的说法,并有所补充,她也强调了数字修辞在生产面向上的研究的重要性,即她认为数字修辞主要内容包括"使用修辞策略产制与分析修辞文本"(Eyman,2015;蔡鸿滨,2016;曹开明,黄铃媚,刘大华,2017;秦琍琍,2021)。Eyman 在定义数字修辞时也强调了修辞的实作性:"数字修辞这个术语也许最简单的定义是将修辞理论(作为分析方法或实作启发)应用于数字文本和展演(performances)"。她认为就像修辞本身一样,数字修辞既是实作性的,又是分析性的,这种双重性要求其必须提供产制和评估方法。而这些双重要求是通过这个词本身所代表的两种手段——修辞(作为理论和方法)和数字(作为手段或模式)来满足的(Eyman,2016)。Eyman 更是在其专著《数字修辞:理论、方法与实践》中,辟有专章讨论如何运用修辞五纲进行数字文本的生产。Eyman 引用 Collin Gifford Brooke(2009)在《通用语:迈向新媒体的修辞》一书中表达的观点,即经典的修辞五纲可以帮助我们理解新媒体,二者呈现一种互惠性(reciprocity)的关系。Brooke 在书中提出界面(interface)这一概念,而不是文本作为数字修辞分析的场所和单位。因为界面反映的是动态组合的观念,承认用户之间的沟通互动,又不否认界面内部的动态,这种动态在一定程度上通过使用活动不断变化。为了建立一个适合新媒体的界面框架，Brooke 提出了"代码生态学、实践生态学（ecologies of practice）、文化生态学"的概念，以便将"我们的注意力集中在一组暂时有限的实践、想法和互动上，而不是把它们固定在原地或在稳定性上投入过多的分析"。Brooke 通过对修辞五纲的重新思考，为理解新媒体提供了一个新的研究框架。界面和生态学的概念的提出无非在强调数字修辞不是静止的，而是有机的，具有适应性的。Eyman 延续 Brooke 修辞五纲的新理解，将其运用在数字文本产制面向，她将经典修辞五纲与数字实践罗列在一起，建议实作者将其视为可参照的原则（principles）而非必须要遵守的准则（rules），从五大面向出发，进行数字修辞情境的实践（见表 1）。

表 1　修辞五纲与数字实践

| 修辞五纲 | 古典定义/使用 | 数字实践 |
| --- | --- | --- |
| 创作 | 找出可用之说服方法 | 网络资讯的搜寻与协议；多重模式和多媒体工具的使用 |
| 组织 | 格式化的组织 | 选择既成作品，透过数字媒介的操弄重构成新品；再混制 |
| 风格 | 装饰/合适的形式 | 了解设计元素（如色彩、动画、互动性、字体选择、多媒体的适用性等） |
| 记忆 | 演说文本的背诵 | 资讯识读——知道如何储存、撷取和操作资讯 |
| 发表 | 口语表达 | 了解并使用科技传输系统 |

资料来源：Eyman（2015）；蔡鸿滨（2016）；秦琍琍（2021）。

从表 1 的内容可以看出数字文本产制的研究大多围绕文字、超文本、视觉图像、排版等形式的操作进行，对口语产制研究的数量较少，口语产制研究犹如数字文本产制中缺失的一角。研究者将延续 Eyman 对修辞五纲在数字时代所做的拓展，补足口语内容产制的部分。延续 Brooke 与 Eyman 的主张，将数字时代的口语产制视为实践行动，是动态、互动的过程，而非仅为传达讯息的静态结果。

Hess Aaron（2017）认为"数字修辞乃是研究被数字科技所产制、展现或经验的语言、身体、机器和文本所进行的意义建构、说服与认同"。在这个定义中，他首先指出了数字科技是数字修辞不能忽略的物质性的问题，网络系统、电子设备、算法、镜头、数字文本和展演的基础设施能够让我们理解媒介技术的可供性与限制，能够为口语产制发现更多可能性与边界；其次是身体的参与，也就是具身性问题。Eyman 也同意恢复修辞的展演性，多模态修辞实践可以利用对视觉、声音和运动的关注作为修辞交流的实践。根据 Jay David Bolter 和 Richard Grusin（2000）的观点，"我们把一种媒介在另一种媒介中的再现称为再中介（remediation），我们主张，再中介是新数字媒体的一个特征"，我们在理解新媒体对口语产制所带来的影响时，需要综合考虑它们彼此之间的再中介关系，因为"新媒体的新意来自它们改造旧媒体的特殊方式，以及旧媒体改造自身以应对新媒体挑战的方式"。以下将从修辞五纲每一个具体的面向,去思考盘整在口语产制过程中应如何考量媒介可供性、具身性以及再中介性,从而进行口语产制。

(一)创作:多重主体性、流动的对象感与具身参与

在亚里士多德的论述中,修辞是"发现可用的说服手段的艺术"。Eyman 认为数字文本的产制是一个发现(discovery)的过程,即在各类网络资讯中寻找发现,寻找创作富有说服力的素材,以及知道要处理和利用哪些资源(听觉、视觉、文本、超文本),知道哪些技术工具最适合处理这些资源。除此之外,创作还是一个与其他文本发生互动的过程,即这些观点想法是通过与社会互动形成,而非单纯个人发现的过程。数字创作不是一个封闭的闭环,而是一场行动。

口语产制的创作过程在发现与互动上与数字文本的实作类似,但又不止于此。

首先,口语产制的修辞情境中,多重主体强势介入,导致言者必须即时快速灵敏反应,与阅听众共构分享意义。以移动技术平台所进行的直播为例,当言者对着手机直播之时,阅听众会通过手机屏幕实时对主播文字提问,发表观点,表达情绪(点赞等),甚至要求主播往某个方向移动,将镜头推动至某处等。不同阅听众在言者口语产制过程中,深度嵌入,并产生直接的影响。对言者而言,如何在短时间内回应得体,锦上添花,这考验言者的口语产制的反应能力。若一直避而不谈,将导致直播间阅听众的不满表达,或者离开。因此,将言者的口语产制视为动态的行动毫不为过,除了过程的动态性外,行动品质直接会带来明确的可见后果。

其次,在言者口语产制的创作阶段,对象是随时流动的,时而是没有具体个人特征的大众,进行普遍化的言说,但有的时候,若公屏上有人提问,便需要针对这个具有个人特征的对象进行言说。这个流动的对象感的现象在此之前处于隐身状态,但 Patrick B O'Sullivan 和 Caleb T Carr(2018)发明群我传播模型之后,就能够将言者行为做有效的分类,媒介中的口语言谈,处于第三象限,公众与个人,群我传播(masspersonal communication)象限之内,在这里高度个人化(personalization)的信息有高度可及性(highly accessible)的传播活动。这种流动性的对象感一旦被标明后,口语产制的这种言说对象流动性将变成有意识的创作资源,既可以充分强调、渲染,又可略而不谈,言说创作成就了因时因地而成的实践智慧。

最后,具身参与的言说产制与展演增加临场感。在数字媒体中介平台上,例如带货直播,言者不仅要靠语言,还要靠一系列品尝、试穿等身体行为,达成说服阅听众产生购买行动的目标。在这个过程中,不管是表情还是肢体,抑或是五感体验,都要充分运用在创作中,提升说服效果。比如,表现辣,不仅要表情到位,而且,一张张往外抽面

巾纸,然后擤鼻涕的动作,也是创作内容之一。

因此,在创作面向,不仅仅是发现可用于发展说服的资源,还包括让阅听众以强主体形态介入创作过程,从而产生新的互动文本。在一般大众和具体个人化对象的言说过程中,流动性地处理言说的内容,为了达成说服的目的,充分调动具身资源,甚至以舞台布景、道具等方式设计展演情境。这样的数字修辞创作催生了新的言说种类,新的意义形式,新的生产实践和潜在的新机构,比如网红经济公司等。

(二)组织:关键契机与纺锤式结构方式

在古典修辞五纲中,所谓组织是指对内容进行格式化处理。亚里士多德建议分为四部分,西塞罗建议分成六部分,昆体良则建议分为五部分。但无论何种格式化的组织方式,均由言者决定,而且是呈现相对静态与固定的表现形式。在数字修辞中,Eyman(2015)主张古典"组织"的方式在数字修辞时代,其功能与作用发生变化,一方面,"组织"从文本的结构方式成为边界性条件;另一方面,"组织"成为一种文化形式(cultural form),算法提供了新秩序,并产生新文本。

所谓边界条件,指的是文本可能是由数字文本作者有意识决定,也可能由用户决定,例如在超文本的情况下,读者每次阅读都会产生新的组织方式。因此,组织从古典时期的结构方式,较变为更类似于一种边界条件,阅听众的阅读体验受限于作者所建构的链接节点的数量以及与他们之间的关系。而所谓文化形式,指的是由算法(如猜你喜欢)和"标签"(如娱乐、明星、教育等)被以一种新的组织方式分发给阅听众,从而产生新兴的数字修辞文本。

在数字修辞的口语产制实践过程中,"边界条件"与"文化形式"的特征同样成立。例如在直播带货的修辞场景中,与数字超文本相对应的是购物车链接,阅听众若对直播过程中的货物品类感兴趣,直接通过点击购物车链接便可产生新的行动。因此,购物链接可以视为口语产制修辞实践过程中的组织性要素,引导阅听众行动走向。而算法与标签所带来的修辞组织的新的可能性,也同样成立。对于口语产制而言,标签应该成为"组织"内容的重要策略。在移动平台直播前,为自己所设的标签,直接影响了其推送的用户,而用户的期待与想象也将影响与主播互动的实践过程。因此,虽然这种互动影响的过程是隐性的,但确是不容忽视的。

除此之外,数字修辞情境呼吁在口语产制实践中复兴古典修辞中有关契机(Kairos)。简单而言,Kairos 指宜于行动、必有最佳策略以成就最佳可能的关键契机(沈锦惠,2007)。也正是关键契机的概念,提醒我们语言形塑认知、行动以及建构社会现实的力量。尤其是在移动直播这类数字化媒介交织而成,网络语言互动的场域,口语的即时性、流逝性与社群性被强化,如何洞察最佳时机,采取最佳策略,可以成就活跃个人(沈锦惠,2007),从商品消费角度来看可以有效促动商品交换流动,例如直播带货,一旦形成此前的修辞实践引爆某个关键节点,直播间将由算法放入更大的推送"池子",大量用户瞬时间不断涌入,此时就得将直播时间拉长,从而拉升销售业绩。但更为关键的面向是修辞言者在与阅听众共构意义的过程中,如何让合乎文明与人性愿景的价值信念得以彰显,建构社群认同与社会现实,这一面向的思考尤其值得媒体机构的活跃言者深思并实践。

数字修辞的口语产制与数字文本在组织上的不同在于,言者线性的组织方式与阅听众非线性结构方式相互交叉,可采取"纺锤"式修辞策略。以移动直播平台为例,阅听众一般是随着算法推荐而不断流入并流出的,因此,言者口语产制的修辞策略组织形态必将与古典时期的逻辑性和凝聚性不同。为了"网"住刚刚进入的不明前因的阅听众,言者修辞策略需要考量:

(1)语录体式话语,简洁轻快,复杂逻辑前因后果的铺陈并不适用于此类言说。

(2)语言犹如纺锤,须往返建构,重复之前关键信息,以确保在某个单位时间内"网"住新来的阅听众。

(3)但与此同时,为了让之前旧用户仍旧保持新鲜,语言建构所采用的方式应是轻巧灵动,不累赘啰唆的,同一个意思,使用不同的建构方式。

因为阅听众的流动性,共性问题可能会被反复问及,此时,言者的情绪若稍显不耐烦,则将得罪阅听众。因此,如何在重复问题出现时,仍旧保持体谅且愉悦的情绪状态,让随时进来的听众都感受到亲切以及言者对全局的掌控感,尤为重要。

综上,古典修辞中"组织"的格式化形态受到科技机制的制约。去中心式、分散式、同步或异步互动的媒介技术特性,一方面,促动修辞言者洞察阅听众随时性、随意性参与的身心状态,另一方面,又要求言者善用关键契机,共构意义,呼吁既有的信念价值,激发共同想象,提振或创新社群价值和信念。

(三)风格:人物设定的展演

对亚里士多德而言,风格指的是采用适当形式匹配话语,风格是修辞学的一个重要因素。在数字修辞中,风格,尤其是视觉风格显得尤为重要,部署何种风格甚至是内容的一部分。与此同时,风格还调节阅听众注意力,在数字文本产制过程中,采用包括颜色、字体、布局、图片、视频、互动等一系列设计元素形塑风格,Lanham(2006)甚至认为在铺天盖地的信息之中,能够"吸引注意力是风格的全部内容"(转引自 Eyman,2015)。

在数字口语产制的修辞策略中,"人物设定"为风格注入新的内涵。人物设定,简称人设,营销学通常将其视为可操作的形象化标签,包括体貌、性格、价值观等,是数字时代探索内容生产模式的新视角,关乎"自我"形成过程与形成机制。Kennth Burke 认为,人生不是如戏,而是人生就是戏剧本身。人设在数字时代发挥着越发重要的作用。陈阳(2018)主张在网络社会中,传受关系的弹性化和模糊化,使人设逐渐成为内容生产的资源和方式,不仅蕴含生产力且形塑了一种新的传播形态:"受众在人设传播中推演意义、建立关联、发展社群文化,并在人设传播中建构自我的存在感。"在数字时代,人设管理受多重社会心理过程影响,既有可能是组织和个人综合考量个人与社会期待精心策划的结果,也可能是网络阅听众合力推动的结果。总体而言,言者在人设统摄下,搭配一系列话语、行为、反应、服饰等风格,在预设的情境中充分展演,但与此同时,要充分体认虚拟世界的人设在现实世界所建构的象征性意义,一旦遭遇人设崩塌,则可能带来个人职业发展危机,甚至是社会失序的危机。

(四)记忆:再混制

古典修辞学中,对记忆的理解一方面涉及对文稿的背诵记忆,另一方面,还涉及优秀演讲词句成为后来者引经据典的知识宝库,社会的文化记忆因此得以存储和流转。数字修辞时代,后者的意义更为突出,数字文本作为人工制品在网络中流通时具有短暂性,但同样也具有可塑性,也就是数字文本易被操纵并重新混制(Eyman,2015)。Brooke 也表达了类似的观点,如果仅将数字文本视为存储器,则关闭了数字文本的更多修辞的可能性(Brooke,2009),在数字文本中,"记忆"再一次成为一种修辞实践。

在数字口语产制修辞策略之中,可以善用再混制的机会,比如央视新闻外景主持人王冰冰受网友追捧,一方面网友在原有视频基础上进行再创作,另一方面王冰冰工作团队也以同样方式再混制,在不同平台以不同账号分发,提高网络能见度。

(五)发表:再中介大众媒体的身体展演与流通

在古典修辞中,发表是透过声音与身体来呈现演讲讯息。在数字文本的发表阶段,有学者将其扩展为五个关键主题,包括身体/身份、分发/流通、访问/可及性、互动、经济(Porter,2009,转引自 Eyman,2015)。在此阶段,学者们讨论的是写作的发表与流通之间是否应该等而视之的问题,因为数字文本的流通涉及资本、消费等社会性问题。

在数字口语产制过程中,发表仍旧是需要透过声音与身体来呈现资讯的。这与古典时期没有不同。这里就需要运用大众媒介口语表达的技巧,如在镜头前的交流感,眼睛与摄像头的关系,如何运用光线等。这便是之前所说的新媒体对旧媒体的再中介。除此之外,我们应该考量流通可能产生的影响,例如选择何种时间段发表,将直接影响发表的效果。

综整以上数字口语产制的修辞策略,见表2。

表2 数字口语产制的修辞策略

| 修辞五纲 | 古典定义/使用 | 数字实践 |
| --- | --- | --- |
| 创作 | 找出可用之说服方法 | 数字文本:网络资讯的搜寻与协议;多重模式和多媒体工具的使用 |
| | | 数字口语产制:多重主体性、流动的对象感与具身参与 |
| 组织 | 格式化的组织 | 数字文本:选择既成作品,透过数字媒介的操弄重构成新品;再混制 |
| | | 数字口语产制:关键契机与纺锤式结构方式 |
| 风格 | 装饰/合适的形式 | 数字文本:了解设计元素(如色彩、动画、互动性、字体选择、多媒体的适用性等) |
| | | 数字口语产制:人物设定的展演 |
| 记忆 | 演说文本的背诵 | 数字文本:资讯识读——知道如何储存、撷取和操作资讯 |
| | | 数字口语产制:再混制 |
| 发表 | 口语表达 | 数字文本:了解并使用科技传输系统 |
| | | 数字口语产制:再中介大众媒体的身体展演与流通 |

资料来源:Eyman(2015);蔡鸿滨(2016);秦琍琍(2021);本文补充灰色内容部分

## 四、结语

针对数字修辞中对口语产制研究的缺失,本文将经典修辞五纲之理论与方法映射到数字媒介的口语产制实践上。数字时代媒介技术的能供性拓展了修辞实践的边界,重新激活并重新想象修辞。媒介科技赋能活跃言者,使他们有超乎以往的以言说影响他人的机会,数字媒介中的言说不应只是工具价值,只关乎财货之利,而更应是维系社会道德价值,凝聚社群共识的修辞介入,才能真正回应亚里士多德等前辈先贤透过修辞学所要彰显的文明价值。

## 参考文献

[1]於春.主持人即兴口语传播[M].北京:中国传媒大学出版社,2011.

[2]沈锦惠.隐喻即视觉化的修辞行动:网路时代谈视觉修辞的古典根源[J].中华传播学刊,2014(26):63-106.

[3]沈锦惠.电子修辞与公众沟通[M].台北:五南图书出版股份有限公司,2007.

[4] 李佩霖. 口语表达的专业化发展及数位化转向[M]//秦琍琍. 数位修辞：理论与实践. 台北：五南图书出版股份有限公司，2021：50-68.

[5] 陈望道. 修辞学发凡[M]. 上海：上海教育出版社，1997.

[6] 陈阳. 人设传播：网络受众的内容生产模式新探[J]. 当代传播，2018(3)：96-98.

[7] 邱志勇. 视觉性的超越与修辞的复访：数位时代视觉修辞的初探性研究[J]. 中华传播学刊，2014(26)：107-135.

[8] 李强. 存在·变革·回归：节目主持空间转向研究[M]//高贵武，杜晓红. 中国主持传播研究：技术与人. 北京：中国传媒大学出版社，2019.

[9] 周云. 主持人即兴口语表达[M]. 北京：中国传媒大学出版社，2015.

[10] 姜燕. 即兴口语表达[M]. 济南：山东人民出版社，2013.

[11] 战迪，叶昌前. 主持人批评学[M]. 北京：中国大百科全书出版社，2019.

[12] 秦琍琍. 数位修辞：理论与实践[M]. 台北：五南图书出版股份有限公司，2021.

[13] 曹开明，黄玲媚，刘大华. 数位修辞批评与文本探勘工具：以反核脸书粉丝团形塑幻想主题为例[J]. 资讯社会研究，2017(32)：9-49.

[14] 蔡鸿滨. 修辞批评方法在网路文化研究之应用与探讨[J]. 资讯社会研究，2004(6)：91-126.

[15] 游梓翔. 演讲学原理：公众传播的理论与实际[M]. 台北：五南图书出版股份有限公司，2015.

[16] 薛翔，杨航. 新媒介技术嵌入"身体"实践：理解主持传播的智能主体[M]//高贵武，杜晓红. 中国主持传播研究：技术与人. 北京：中国传媒大学出版社，2019.

[17] AGUAYO A J. The bodies that push the buttons matter：vernacular digital rhetoric as a form of communicative agency[J]. Enculturation：a journal of rhetoric，writing，and culture，2016：23.

[18] BOLTER D，GRUSIN R. Remediation：understanding new media[M]. Cambridge：MIT Press，2000：1-84.

[19] BROOKE C G. Lingua fracta：toward a rhetoric of new media (new dimensions in computers and composition)[M]. Cresskill，NJ：Hampton Press，2009.

[20] EYMAN D. Digital rhetoric：theory，method，practice[M]. Ann Arbor：University of Michigan Press. 2015.

[21] EYMAN D. Looking back and looking forward：digital rhetoric as evolving field[J]. Enculturation：a journal of rhetoric，writing，and culture，2016：23.

[22] FAGERJORD A. Rhetorical convergence：studying web media[M]// GUNNAR L，MORRISON A，RASMUSSEN T. Digital media revisited：theoretical and conceptual innovation in digital domains. Cambridge：MIT Press，2003：293-325.

[23] HODGSON J，BARNETT S. Introduction：what is rhetorical about digital rhetoric? Perspectives

and definitions of digital rhetoric[J]. Enculturation: a journal of rhetoric, writing, and culture, 2016:23.

[24] HESS A. Introduction: theorizing digital rhetoric[M]//HESS A, DAVISSON A. Theorizing digital rhetoric. Routledge, 2017:1-16.

[25] O'SULLIVAN P B, CARR C T. Masspersonal communication: a model bridging the mass-interpersonal divide[J]. New media & society, 2018, 20(3):1161-1180.

[26] ZAPPEN J P. Digital rhetoric: toward an integrated theory[J]. Technical communication quarterly, 2005, 14(3):319-325.

# 人机交互：智媒语境下口语传播新态势

◆ 王路阳[*]

**摘要：** 智媒时代，随着数字技术的不断发展，互联网成为当下重要的传播载体，语言交际所处的环境逐步迈向智能化，综合了记者、播音员、主持人等角色的人工智能主播也越发多元。传播语境的智能转型自然离不开语言的创新发展，其中以口语传播为主，开始呈现出人机交互、和谐共生的新形态。本文将结合近年来人工智能主播口语传播样态的现存问题及未来发展策略进行分析论述。

**关键词：** 人工智能主播；口语传播；人机交互

口语作为口头交际使用的语言，是最早被人类普遍应用的语言形式，其最初只是一种将声音与周围事物或环境联系起来的符号，人类在认识和改造世界的社会实践中，逐渐提高了对于口语的抽象思维能力，形成一种能够表达复杂含义的音声符号系统。口语的产生促进了人类思维能力的发展，也加速了人类社会进化和发展的进程。放眼当下，科学技术的不断进步使口语传播媒介呈现出多元共生的态势，传受双方也不再仅仅局限于人与人之间，而是扩展到人机协同的新局面。

## 一、智媒语境下口语传播的初探

（一）传播语境的数字化转变

语境是指运用语言进行交际时所处的环境，任何传播活动的进行都依托于一定的传播语境。近年来，随着互联网+计划的推动和网络技术的不断发展，传媒业进入媒

---

[*] 王路阳，华东师范大学传播学院硕士研究生。

体大融合时代,其生态环境发生了重大而深刻的变化。网络新媒体平台打破时间和空间的局限,以强劲的速度占据了大量市场份额;面对新形势,传统媒体也不甘示弱,纷纷拓展自身发展空间,入驻微博、抖音等新媒体平台。新旧媒体的融合带来了大屏小屏、线下线上的彼此联动,传播语境也从单一的传统媒体舆论场转向了智能化的台网互动新场域。

传播语境的智能化转变,使信息的共享和传输变得更为迅捷,为有声语言表达提供了更加开放、立体、多维的空间。媒体行业在数字技术的支持下不断实现创新和突破,打造出高质量的综合性视听媒体。例如,2019年11月20日,我国首个国家级5G新媒体平台——中央广播电视总台"央视频"5G新媒体平台正式上线,这是基于5G、4K/8K、AI等新技术全新打造的综合性视听新媒体,秉承"台网并重、先网后台、移动优先"的战略实施,为智媒时代的口语传播提供优质的环境载体。

(二)传播主体的智能化发展

人工智能技术在传播领域的应用呈现裂变式增长,其发展使信息传播的主体不再局限于真人主播,虚拟数字人也可以通过口语化表达与用户进行交流。播音员主持人的数字化最早可以追溯到2001年诞生在英国的虚拟主播阿娜诺娃,她虽然能够实现全天候不间断地持续新闻播报,但其程式化、单一化的表达方式与播音员主持人这一传播主体应具有的人格化口语传播相差甚远。在此之后,随着人工智能技术更为全面和深入的发展,各国也相继推出了虚拟主播,如日本的寺井有纪、美国的薇薇安等。而在2018年11月及次年3月,新华社发布的世界首对全仿真AI主播"新小浩"和"新小萌"更是对于数字化传播主体而言具有重要意义。这两位人工智能主播采用AI模型优化技术,更接近真人画像,表情合成更为逼真,同时还增加了体态语配合播报,使有声语言表达更具有表现力和真实度。此外,波形建模技术的应用,构建出更具有情感性的声音,逐步改进此前AI主播在口语传播方面僵化、单一的缺点。

近年来,在语音、文本、图像三个维度技术搭建的不断探索下,人工智能主播也已经不仅应用于新闻领域,而且深入晚会表演、节目主持,甚至在直播带货当中,它们的口语传播样态也变得更加具有人格化的特征。例如,2022年1月1日湖南卫视首播的《你好,星期六》节目中的虚拟主持人小漾,作为国内首个常驻且人格化培养的虚拟主持人,小漾的口语传播不同于以往的人工智能主播,更具有个性化和趣味性,她会根据在场嘉宾的特征进行适当的调侃,从而增加对象感,拉近与嘉宾和受众的心理距离,这也为后续传播主体数字化的进一步发展提供了参考意义。

### (三) 传播方式的多元化呈现

互联网时代，人人皆媒，传播方式更为多元，传受双方的身份在一定程度上发生了改变。受众从单一的信息接收者转换为信息生产者，UGC 和 PUGC 成为当下主要的生产方式，发帖、评论、弹幕、连麦等网络互动成为用户喜闻乐见的信息传播方式。未来，人工智能主播等传播主体也从原有的大众传播模式逐步向根据用户需求进行具有针对性的个性化传播转变。

而对于新媒体平台的传播来说，口语更是成了最为重要的传播工具。由于网络具有很强的时效性和互动性，尤其是在直播时，不间断地交流互动对传播主体即兴口语表达能力的要求很高，因而提升语言的网感化和逻辑性，十分重要。央视主持人朱广权在"谢谢你为湖北拼单"系列公益直播中金句频出，如"烟笼寒水月笼沙，不止东湖与樱花，门前风景雨来佳，还有莲藕鱼糕玉露茶。买它买它就买它，热干面和小龙虾"等，正是适应多元化传播样态的出色表现，既保有主流媒体应有的文化内涵，又加入幽默的网感化元素，生动体现了口语传播的个性风格。

## 二、智媒语境下口语传播的具体应用

### (一)"创意感"助力新闻报道

自 2018 年 11 月新华社推出的全球首个全仿真 AI 主播"新小浩"在互联网大会亮相开始，人工智能主播在我国新闻报道中的应用便越发广泛，而在今年两会期间，AI 主播更是成了最大的亮点。为了使报道方式多元新颖，多家媒体将智能化和虚拟数字人技术结合并应用于两会报道中，改变了以往传统的报道方式，给观众带来了全新的交互体验。同时，更为自然的口语化传播样态也让"两会"这一类严肃的新闻内容具有了"创意感"和"亲和力"，吸引了更多年轻群体的观看。

"央视频"平台推出的以中央广播电视总台财经评论员王冠为原型的超仿真主播"AI 王冠"，为 2022 年的两会报道注入了科技的创新力和高质量口语表达的新鲜活力。在《"冠"察两会》这一节目中，"AI 王冠"依托强大的数据处理能力和财经专业度，能够以流畅的口语为我们介绍自己的优势所在，表达清晰、动作自如；与此同时，"他"还能与真人王冠采取对话的形式进行互动。例如，在"5G 时代，加速建设数字中国"这一专题报道中，当真人王冠说"想到你还没有手机，我很同情你"时，"AI 王冠"能够灵活回答，"我可不需要像你一样，要用手机点外卖、查资料，所有数据都在我的脑子里",这样自然的口语交流,展现了人机配合的默契。此外,二者的同屏播报,在内容上实现了角度的层次感与梯度感,使真人与虚拟人的不同优势得以互补。

(二)"艺能感"加持节目主持

近年来,为适应媒介环境的多元化发展,传统媒体在综艺节目的设计与策划上也开始逐步转型,"科技感+艺能感"似乎成为综艺节目的一大创新点。前文提到的湖南卫视《你好,星期六》节目中的虚拟主持人小漾就是很好的体现。小漾不仅在外貌和声音上符合受众对于综艺节目主持人的心理预期,她在节目中具有"艺能感"的口语表达更使人感觉到眼前一亮。

首先,小漾能够紧跟潮流,在北京冬奥会期间,小漾在节目中讲解游戏规则时说道"接下来为了我这双'芭比电眼'看得更清楚一些,程序员小哥哥升级了我的装备——老花镜",画面一转,小漾的脸上就出现了一副标有两个"尺"字的眼镜,这很难不让人们想到冬奥会上王濛那句出圈的名言"我的眼睛就是尺",这种幽默的口语表达能够引发受众的联想,使人感受到语言的趣味性。其次,小漾的艺能感还体现在适度"玩梗"上,她第一次来到节目中时表示自己有许多需要向何老师和现场的各位嘉宾学习的地方,其中说到向蔡少芬学习普通话时,现场的嘉宾和观众都笑出了声,网络上的弹幕也齐刷刷地出现了"哈哈哈"的字样,小漾通过这个众所周知的"梗"引发了大家的共鸣,进一步拉近了自己与受众的心理距离。此外,小漾的现场应变能力也为她的口语传播增添了色彩。在贾玲参加的一期节目当中,小漾对贾玲说:"我今天看到贾玲姐觉得特别亲切。他们说我和你年轻的时候有点像呢。"而随后,当小漾被贾玲调侃道"你和我现在更像"时,小漾很快、很巧妙地圆了过来:"青春的发型、同样甜美的笑容,贾玲姐,我们都是建模脸。"这一系列节目中的精彩表现,使小漾深受网友喜爱,虚拟数字人的口语传播在艺能感的加持下,变得更加贴近生活、贴近受众。

(三)"在场感"赋能直播带货

随着国内元宇宙的风口渐盛和直播需求的上升,"虚拟主播"似乎坐上了发展的快车道,其应用不再局限于新闻的播报和节目的主持,而是快速占据市场份额,成为电商直播带货的新趋势。虚拟主播作为服务型虚拟人的一种,其核心作用是能替代真人服务,完成内容生产以及一些简单的工作,从而降低已有服务型产业的成本。而对带货主播来说,能够做到连续不间断,具有互动性、交流性的口语传播更是其必备的业务能力。

2022年2月,京东打造的美妆虚拟主播"小美"现身YSL、科颜氏、OLAY、欧莱雅等超 20 个美妆大牌直播间。作为第三代"智慧型"仿真数字人,相较于此前声音死板、肢体动作僵硬的卡通或 3D 模型虚拟主播,小美的语言和动作都与真人主播高度相似。比如,小美在直播时,能够以富有起伏的语音语调和生动有趣的口语化表达来对商品进行详细讲解,同时还辅之以相应的体态语。此外,小美还会针对消费者在直播间里提出的疑惑进行及时、全面的解答,其元气满满的状态以及专业的服务态度为用户提供了良好的消费体验。除了小美之外,快手、抖音、淘宝等平台也在近年来陆续采用虚拟主播进行直播带货,《虚拟数字人深度产业报告》预计,到 2030 年我国虚拟数字人整体市场规模将达到 2700 亿元。由此可见,未来虚拟带货主播领域的发展依然呈现向上走势。

## 三、智媒语境下口语传播的未来走向

### (一)推动人机交互纵深发展

数字化技术的持续发展使人工智能全面渗透到各个行业,由于其准确、高效、24小时不间断、投入成本低等优势,社会上开始出现"机器替人"的讨论,而对于传媒领域也不例外,智能媒体的发展和人工智能主播的应用逐渐消融传媒行业边界,播音员和主持人的生存空间也在一定程度上受到挤压,是否未来电视机里、网络屏幕当中出现的将都是虚拟数字人呢?实则并非如此。媒介是人的延伸,大数据、人工智能等技术都是为人类进行传播活动提供服务的。保罗·莱文森曾说过:"任何一种后继媒介都是一种补救措施,都是对过去的某一媒介或某一种先天不足的功能的补救或补偿。人可以对技术进行理性选择,能够主动去选择和改进媒介,那么媒介的发展将会越来越人性化。"因此,人们如何把握技术的走向,是否能够做到人机协同共生才是当下应当研究的问题。

放眼当下,人工智能主播虽然正在朝着更为仿真、更为自然的方向进步,但和真人主播相比还是存在着些许差距,它们还未能形成具有个人特色的口语传播风格,例如,面对突发状况时沉着冷静的即兴口语表达,又或是根据现场氛围自然生发的情感共鸣,等等,这些都是人工智能主播所欠缺的,面对这些问题,真人主播才是更有经验、更能胜任的。当然,大数据背景赋能下,人工智能主播自身具有海量数据库,能够在第一时间针对各领域各行业的专业性问题做出准确及时的解答,同时,它们还能全天候不间断、时刻保持精神饱满的状态进行工作,这也是其优势所在。因此,真人主播和人工智能主播应该取长补短,优势互补,利用对方的优势做到共赢的最大化。比如,可以通过对真人主播的文字、图像和声音的采集设计其仿真虚拟形象,在真人主播休息的时间里让其 AI 形象入驻广电云或短视频平台官方账号等值班系统,实时交流互动,为用户答疑解惑,实现 24 小时云陪伴,从而推动人机交互的纵深化发展。

(二)打造多元场景沉浸体验

智媒时代,传播的场景开始朝着个性化、移动化、虚拟化的模式演进,5G 技术的应用更是加速了人工智能、VR、AR 等技术的接续发展,与之相对应,口语传播也不再局限于原有的单一场景,多元化沉浸体验逐渐成为未来趋势。比如,在 2018 年美国 The Weather Channel 这一档天气预报节目中,当主持人以常态化口语模式播报完飓风的路径之后,演播室突然响起狂风和雨水的声音,与之相伴的还有主持人身后瞬间切换成暴雨场景的全景屏幕,一时之间,肆虐的洪水将整个演播室全部包围。与此同时,主持人的语言样态也从演播室的常态化口语播报,转换为有声语言和体态语相结合的、更具有临场感的口语表达。

除了上述技术赋能的虚拟化场景外,走出演播室的移动化场景也为口语传播增添了一份交流感和代入感。比如许知远的《十三邀》打破了传统访谈节目演播室的空间限制和表现形态,由大量的室外镜头和就地取景组成,可能是散步街头的场景,也可能是火锅店小聚的场景。相对于环境封闭的演播室而言,移动化的室外场景有利于创造一个分享的自然状态,从而使谈话双方具有一种平等、自然的口语交流,很好适应了互联网时代的网感化的口语传播样态。

而在 2022 年两会期间,新华社新媒体中心与搜狗公司联合推出的升级版 AI 合成主播雅妮的报道,则是结合了以上虚拟化和移动化的特点,实现了场景的"自由穿越",为人们带来跨场景的沉浸式口语传播。然而,这一具有新意的尝试也并非十全十美,雅妮虽能实现场景穿越,但在口语表达中的起伏变化还有待加强,其语言样态过于程式化,缺乏交流感和情感温度。因此,未来应当在打造多元化场景的同时,不断拓展与之相适配的口语传播模式,这是技术的赋权,也是拓宽主持人传播思维的有利时机。

(三)精准用户画像提升黏性

彭兰教授认为,媒介融合的过程,是以受众的角色转型为基础的。更准确地讲,以社交媒体作为核心特质的融媒体生态的日渐成熟催生了新的参与式的"用户"文化——"用"代表了主动性,"户"代表了独特性、差异性。这一观点诠释了使用与满足理论在智媒时代下的发展演变。如果说互联网的"上半场"是针对用户共性问题的规模化满足,那么互联网的"下半场"则来到了对用户进行精准画像,满足其差异化、个性化需求的时候。

新媒体短视频平台的兴起使得碎片化信息大量涌现,完整的信息在经过多次传播后被层层分解,这给用户的辨别力、注意力和思考能力带来巨大挑战。同时,传播"把关人"这一角色的缺失,使得网络传播中各类低质量的信息过载,用户的筛选时间成本变高,消耗的精力也越来越多。正因如此,人们对于定制化、个性化、知识化信息的需求越发强烈,而作为智能媒体的代表,人工智能主播正是具有此类传播优势,它们可以通过后台大数据精准画像,根据用户喜好进行信息的传播。此外,人工智能主播拥有海量信息数据库,能够满足用户的垂类内容需求和纵深化信息获取,这也是其口语传播的一大优势,能够快速、准确地出口成章,以具有交流感的口语化表达将信息传递给受众,达到更好的传播效果。

同时,对于虚拟数字人来说,知识型主播的需求是一个可以形成个人 IP 的机会,现在各个媒体平台都在不断创新,接续推出了许多人工智能主播,但其往往只有推出时受到广泛关注,时间一长,就缺乏了热度,甚至被逐渐淡忘。而反观真人播音员主持人,许多都拥有自己的粉丝群体和个人的名片效应,这种情况是人工智能主播缺乏个人风格特色所导致的。比如,提到撒贝宁,人们会想到他在《今日说法》中认真严谨的语言样态,但同样也会想起他在《明星大侦探》中戏称自己为"芳心纵火犯"的幽默口语表达。未来,人工智能主播也应当在口语传播中适当加入一些自身的风格特色,例如,利用自身数据优势形成无所不知的学霸型主播形象,打造专属 IP,从而促进粉丝群体的形成,提升用户黏性。现有的微软小冰通过人工智能创造技术,能够进行文本、声音和视觉的设计创作,其全能的多面手形象通过各个垂直领域进入人们的生活之中,小冰也因此坐拥百万粉丝,为日后虚拟主播 IP 的进一步发展提供了重要参考价值。

## 四、结语

沃尔特·翁曾说过"一切言语都植根于口语之中",口语传播作为人类传播方式的本源,作为一切信息传播活动的基础,对人类社会的发展进步有着十分重要的意义,口语传播也在社会的不断演进中呈现出丰富多彩的形式。在智媒时代这一大环境下,万众皆媒,网络中的每个人都是口语传播的参与者,都在用口语传播着自己的信息。同时,大数据、人工智能、VR、AR 等新媒体技术的高阶应用,使虚拟数字人也成为口语传播的主体,整个社会呈现出人机共存的传播局面。

当然,伴随着人工智能主播的应用而来的并不只有便利、快捷等优势,同样也出现了传媒行业生存空间遭受挤压的挑战。"机器替人""机器与人类伦理道德""机器与人类的对抗"等议题层出不穷,许多传媒工作者也开始纷纷转行,另谋出路。反之,也有人认为,人工智能主播存在着缺乏人文关怀、缺少人格化口语传播特色等问题。但其实,现在正是一个机遇与挑战并存的阶段。一方面,播音员和主持人要有忧患意识,不断学习新技术,提升自身口语传播能力,适应融媒体时代工作需要;另一方面,做好未来人机耦合工作模式的心理建设,消除对立情绪,与人工智能主播建立起交互协同、共建共享的合作关系。而对虚拟主播来说,其研究开发者应当继续结合主持传播的优势特色,把口语传播的人格化作为着力点来进行下一步的突破。正如微软联合创始人保罗·艾伦所说,"人工智能和计算机科学未来的作用通常大大超过人工智能可能对某些工作岗位产生的影响,这就像飞机的发明对铁路行业产生负面影响一样,人工智能为人类进步打开了一扇更宽敞的大门"。

**参考文献**

[1]陈虹,杨启飞.基于场景匹配的口语传播:智媒时代之播音主持教育[J].现代传播(中国传媒大学学报),2022,42(6):164-168.

[2]曾庆香.新媒体语境下的新闻叙事模式[J].新闻与传播研究,2014,21(11):48-59+125-126.

[3]邓逸钰,王垚.智能化语境下的数字出版领域知识服务生态构建[J].出版发行研究,2017(6):34-36.

[4]刘婷,王秀影,姚建惠."知识网红":互联网"下半场"主持传播的新角色[J].东南传播,2019(6):142-146.

[5]高贵武,杨航.AI主播与主持传播中的人格进化[J].青年记者,2019(22):51-52.

[6]李亚铭,李阳.AI主播与受众关系的建构[J].青年记者,2019(35):30-31.

[7]童云.智媒时代主持传播变革:基于对虚拟/智能机器主持人功能的研究[J].中国广播,2018(12):64-68.

[8]田智辉.论新媒体语境下的国际传播[J].现代传播(中国传媒大学学报),2010(7):39-42.

[9]魏如玉.多元化媒介环境中口语传播的发展与进步[J].科技传播,2020,12(13):97-101.

[10]周勇,郝君怡.建构与驯化:人工智能主播的技术路径与演化逻辑[J].国际新闻界,2022,44(2):115-132.

# 社交语言"动物化":青年群体的心理投射及审思

◇ 孙　昊　余昕晨*

**摘要**:越来越多的动物元素凸显在青年群体社交语言的话语体系中,即社交语言"动物化",构成了其社交方式的重要特征。从文字到图片、动图、短视频,以及基于虚拟现实技术的网络社交平台出现,社交语言"动物化"不仅具有明确的历史发展过程,还具有广泛的应用领域。而作为青年群体心理投射的重要结果,社交语言"动物化"的特征表现、心理机制与后果影响都具有深入探究的必要价值与重要意义。

**关键词**:社交语言"动物化";心理投射;青年群体

一种新媒介的长处将促使一种新文明的诞生。区别于传统社交的具身方式,新媒体社会的在线方式的核心特征便是交流者的缺场。在这种缺场交往的局限下,注意力由此变成社交活动的稀缺资源乃至市场争夺的重要资产,因而,以信息化程度最高的青年为代表的群体也由此更加注重使用多样化、感性化和沉浸化的语言表达方式,推动了社交语言"动物化"现象的发生。在网络社交的多元性和去中心化的时代趋势下,社交语言"动物化"因其简洁但情感充沛且直接的语言形式,不仅焕发出巨大的生机活力,而且成为青年亚文化的一种时代体现与心理体现,因此,对其发展变化的特征表现、心理动机及后果影响等问题都具有深入探究的必要价值与重要意义。

## 一、社交语言"动物化"的特征表现

社交语言"动物化"是指越来越多的动物元素出现在社交语言的话语体系中。随着即时互动与虚拟在线这两种信息技术的日渐成熟,"动物化"的表达方式也呈现出其历时性的重要变迁,从早期的文字形式到图像、短视频以及虚拟化身形式的广泛发展。

---

\* 孙昊,浙江传媒学院教师,中国播音主持史研究基地研究员,博士研究生;余昕晨,浙江传媒学院本科生。

(一)文字形式的动物化

社交语言"动物化"最初也是最主要的表现形式,是文字形式的动物化,而文字作为最常见的语言形式贯穿于社交媒体的整个发展阶段。例如,"虾米(什么)""神马(什么)都是浮云"就是较早出现的文字上的动物化,据2010年12月8日《南方都市报》报道:投票中,"神马都是浮云"拥有超高人气,使用率高达66.7%,成为当年最具影响力的网络流行语。文字形式的动物化首先表现为谐音化,如"蟹蟹(谢谢)""猴赛雷(好犀利)""加油鸭(呀)"等语言形式,这种使用中文同音字代替原本文字的形式,既保留了文字原本的意思,又给文字增加了趣味性。另外,还有对英文的谐音化,其中,又可分为中文转化为英文谐音如"duck不必(大可不必)",和英文转化为中文谐音如"爱老虎油(I love you)",根据读音的相似性简化输入、替代原本的字词成为约定俗成的一种语言方式,这也意味着文字形式动物化的便捷性。由此,这样的谐音化趋势不仅具有趣味性、便捷性,随着移动传播的推广还具有通俗性,满足了网友在社交时的娱乐需求。

文字形式的动物化还表现为隐喻化,通过动物本体的隐喻赋予语言延伸的含义,如"锦鲤"指代"幸运的人","牛马"讽刺"当牛做马、比较弱的人","蛇皮走位"形容"游戏玩家的走位操作很灵活"。这样的隐喻手法同样具备趣味性、便捷性和通俗性,将鲜活的动物形象注入平淡的文字中,同时还能使文字本身被赋予十分直观的想象空间和情感张力。

(二)表情包的动物化

美国学者丹尼尔·贝尔曾明确指出:"当代文化正在变成一种视觉文化,而不是一种印刷文化。"[①]随着移动传媒技术的突破,用户已经不满足于文字的语言形式,这促进了社交语言"动物化"的视觉转向。"颜文字"由此诞生,并随着互联网的进步,与世界文化传播同步发展,在全球拥有超过十亿用户量级的粉丝群体。学界公认最早的颜文字是1982年由美国卡内基梅隆大学的教授史考特·法尔曼在BBS聊天中使用的符号":-)",而我们今天所熟知的颜文字其实是在日语体系中建立出的日式颜文字(Kaomoji)。动物化的颜文字基本大量出现在2015年前后,例如"⊙ө⊙?"对应的文字为"嘎?",利用与鸭子的形象相似的字符和叫声表示"啊?什么?"的意思。如此,作为文本符号的颜文字表现出了图像符号的特征,比单纯文字符号具有更直观的情绪呈

---

① 贝尔.资本主义的文化矛盾[M].赵一凡,蒲隆,任晓晋,译.上海:三联书店,1989.

现与传递,是社交语言"动物化"的视觉突破。

这一视觉转向的趋势还直接促成更加可视的绘文字(Emoji)的诞生并迅速风靡全球。首批绘文字于1999年诞生,随着网络和智能手机的普及,逐渐被苹果系统、安卓系统和各大社交软件作为默认表情应用,其中的"狗头(doge)"表情更是微博等社交平台最受欢迎的表情之一。初期的图片表情包多为系统自带,但由于对表情包的个性化需求以及对制作水平的包容,越来越多的用户自制表情包开始出现,并作为青年网民交流中最常使用的表情包在网络中流行,比如在2018年前后开始大火的"加油鸭"系列表情包起初依托于经典的卡通形象唐老鸭,但在使用过程中,用户自主构建的"元气加油鸭""佛系鸭"或"伤心鸭"等形象也开始被广泛使用。从根本上看,不论是图像还是文字符号,都是在利用对本体产生的联系传递情感趋向,"动物化"的符号更是如此,但区别于文字,图像的形式直接呈现视觉符号,使收发双方的交流更加直观,接收者的解码偏差更小。

同时,随着技术壁垒的突破,视觉转向的同时,表情包动物化的发展趋势进一步实现了听觉叠加的可能。譬如抖音、快手等短视频平台为动态表情包赋予声音元素,甚至文字或静态图片表情包在短视频中也可以配上特殊音效。在抖音官方推出的视频编辑工具"剪映"中,"土拨鼠尖叫""白鹅仰头大笑"已经成为素材库的默认素材,其火爆程度使用户纷纷表示"看见文字就能自觉联想到音效,仿佛听到了语音"。结合极具趣味性和情绪化的配音,视觉和听觉的双重感受使信息更易于被用户接收,也更符合青年群体在社交时追求的更丰富的情绪表达。

(三)虚拟化身的动物化

从文字、表情包再到虚拟化身的动物化,实际上进一步实现了动物化趋势个性化和人格化的阶段蜕变。例如由任天堂开发的以开放性著称的系列游戏《动物之森》,截至2020年4月,该系列(除手游)全球总销量超过4100万套,其中《集合啦!动物森友会》(下文简称为《动森》)仅发售一周就冲顶英国销量排行榜,十天内在日本本土售出260万份,六周全球累计销量达1341万份,这意味着在当时近乎20%的日本任天堂玩家购买了《动森》,而全球几乎每4个玩家中就有一位在玩《动森》。作为一款模拟育成类游戏,《动森》以"无人岛移居计划"为背景,让玩家居住在自主打造的虚拟动物村庄内,并使用与现实世界同步的时间,从形象选择到户外活动具有极高的自由度。游戏中玩家可以完全根据个人喜好与一批拟人的"小动物"一起生活,并有机会结交一批居住在其他村庄的玩家。这样的虚拟社交方式不仅满足用户对于社交形象以及表达方式的个性化需求,同时还弥补了一部分线上社交的不在场性,打造了线上社交的沉浸感。不同于文字或表情包,虚拟化身更进一步实现了用户的情感心理投射,以虚拟化身的形象居住在动物村庄,在一定程度上实现了用户用第二人格开启的虚拟第二人生。

可以说,虚拟现实技术(简称 VR)的出现打破了游戏的局限,更进一步加深了虚拟社交的沉浸感和真实感。例如伦敦设计工作室 Marshmallow Laser Feast 在 2016 年打造出的 VR 艺术装置 In the Eyes of the Animal 让用户以第一视角切实感受不同动物眼中的森林,同时配合声波、气味等元素触发用户全身感官以达到"临境感"的最大化,使用户"变身"为森林中的居民。直至今日,随着 AR、VR、5G、大数据、动态捕捉等技术不断成熟,利用虚拟化身实现面对面的云社交已经成为可能,因此,"元宇宙"概念开始被广泛讨论。以 Meta 公司发布的 Horizon Worlds 为首的社交应用着力打造的元宇宙平台是一个大型多人在线 VR 虚拟社区,在社区中用户可以打破人类与非人类的壁垒,随意选择虚拟化身在网络世界过与现实世界高度相似的生活,这也意味着一旦技术成熟,玩家完全可以像科幻电影《头号玩家》所表现的那样存在于虚拟世界中,甚至作为动物开启线上社区的第二人生。

## 二、作为心理投射的社交语言"动物化"

心理学领域的动机理论指出,任何行为的产生均因受到动机驱使①,因而厘清用户使用动机是预测用户行为趋向的关键。② 社交语言"动物化"离不开当代青年情感心理的重要支持,同样这种趋势背后的心理投射表现亦是时代不可忽视的社会现象。

(一)前台形象的刻意塑造

戈夫曼认为人就像舞台上的演员,在行动时会采用各种技巧塑造自己在他人眼中的形象,从而给人以特定的印象。③ 即人在社交中往往趋向于塑造理想的人设作为社交前台,因而在网络社交时,人们往往会表现出筛选网络语言构建前台形象的行为。作为被筛选出的结果,"动物化"的社交语言在使用过程中被用户赋予了带有预设和情绪态度的拟人化意义,这同样意味着用户使用"动物化"的社交语言做出情感表达时,可以体现用户的心理动机。一方面,在通常情况下,社交语言"动物化"是为了释

---

① RYAN R M,DECI E L. Self-determination theory and the facilitation of intrinsic motivation, social development, and well-being[J]. American psychologist,2000,55(1):68-78.
② 赵宇翔. 社会化媒体中用户生成内容的动因与激励设计研究[D]. 南京:南京大学,2011.
③ 戈夫曼. 日常生活中的自我呈现[M]. 冯钢,译. 北京:北京大学出版社,2008.

放出友好、有亲和力的讯号,使用户以相对更易相处的形象存在于网络社交中;另一方面,社交语言"动物化"可以使激烈的情感得到缓和,说不出口的话被"动物化"后也会变得更容易接受,比如2020年开始爆火的三丽鸥系列表情包以阴阳怪气著称,玉桂狗说"你真欠揍啊"或凯蒂猫说"重拳出击"并不会使人感到被冒犯,反而带有戏谑的成分。甚至用户以"动物化"的虚拟形象直接出现在网络社交中,其真实的情绪态度也会因套上动物形象的滤镜而变得有萌感。因而作为话语的润滑剂,社交语言"动物化"是用户刻意塑造和筛选的虚拟前台形象。

(二)凸显本我的意识表现

弗洛伊德认为精神的三大部分是本我、自我、超我,其中的本我是在潜意识形态下的思想,通常是在不经意间直接展现出来的。[①] 青年群体在网络社交时,因为网络社交的隐蔽性、缺场性以及与网友之间的拟亲密关系,往往更容易放下戒备,脱离现实社会生活中的道德约束,展现出追求本我的真实欲望。同时,相较于现实社会,网络生活中能接触到更多不同类型的文化,更具有开放性、包容性,使不同的亚文化几乎都能找到属于自己的受众。当不用惧怕招致异样眼光时,用户也会更趋向于展现自己的真实喜好以吸引同类群体。因此,当社交语言"动物化"被作为亚文化的符号时,也为青年创造了独特的亚文化圈层,以展现更真实、更与现实生活截然不同的本我意识。

(三)本体安全的自我追求

吉登斯在社会认同理论中提出本体性安全,他认为现代社会中个体的不安全感来源于频繁流动造成的断裂感,这极大影响了个体对连续性与秩序的感知和追求,同时也孕育着激发人们克服混乱和紧张、重建常态的能动性。同理,当线上社交成为青年群体主要的社交方式时,他们便会陷入人际交往的不确定性与流动性当中,进而导致心理上的焦虑和不安情绪产生。因此,为了获得缺场社交的稳定性和安全感,往往表达者需要的交往沟通方式和信息反馈载体都必须呈现出"过量"且"饱和"的情感态度。社交语言"动物化"正是在本体性安全缺失的前提下,投射出青年群体企图通过这种方式减弱不安感的目的。因此,在网络社交时,视觉往往成为最直接的感知方式,情绪亦由此成为最重要的传输内容。同时对于用户来说,不仅希望传递出明确的情感,更希望得到积极的情感反馈。而"动物化"语言作为直观的视觉符号,不仅具备接

---

① 弗洛伊德.自我与本我[M].林尘,张唤民,陈伟奇,译.上海:上海译文出版社,2011.

近于身体的表情和姿态,声音元素还能增加听觉感受,虚拟现实技术甚至直接创造虚拟化身,这些语言样式的不断更新都为用户提供了更易于被表达和接收的情绪载体,对于收发双方来说都增强了信息内容的情感态度。

### 三、审思社交语言"动物化"的影响

社交语言"动物化"不仅体现出青年群体的一种审美偏好,反映出他们所期待展现出的自我形象,还折射出这个时代的社会现象与文化框架。因此,随着媒介技术的发展,社交语言"动物化"对青年群体产生的影响只会变得愈加复杂而深刻,对其产生的影响进行审慎思考也成为必要。

#### (一)社会个体化的断裂

滕尼斯指出,个体化是单一个体自身人格、价值及目的都要挣脱束缚其共同体从而获得发展;在贝尔那里,所谓个体化就是原先作为个体的行动框架及制约条件的社会结构逐步变化、松动乃至失效。[1] 然而这一过程也伴随着集体归属感和安全感的缺失,共同体生活的减少和共同体意识的削弱,生活意义的破碎和社会风险的独自承担。[2] 个体化社会下,代际文化的断裂感越来越强,朋辈的新亲密关系越来越有线上依赖的趋势,应对孤独状态与社会生活的断裂也成为当代人的集体问题。

在社会个体化的趋势下,社交语言"动物化"实际为青年群体开辟了独特的网络情感空间与纽带联系。一方面,社交语言"动物化"作为网络社交人设的组成部分,可以释放友好信号,使社交过程更加顺利。另一方面,用户在社交语言"动物化"过程中可以不完全暴露在沟通对象的面前,反而能更自如地表达情感。但是,这种方法并未彻底根除社会个体化的客观断裂,而只是提供了一种缓解和适应的时代手段。正如在疫情期间,《动森》是作为因无法出门、无法线下社交而产生的消极情绪的慰藉而火爆全球的一款游戏,虽然玩家在游戏中能与其他岛民或小动物互动,但大多数玩家依然清楚,这些基于网络和大数据算法的互动并不是真实的,现实生活中个体的孤独依然存在。

---

[1] 黄元丰.近年来学界对中国个体化社会的研究综述[J].学理论,2015(5):43-44.
[2] 磨胤伶,王坤.个体化社会的社会秩序何以可能:马克思共同体视阈下的社会秩序建构[J].广西社会科学,2020(8):83-89.

### (二) 身份认同的快餐化

现代社会下,虽然人们在空间上是待在一起,但在灵魂上几乎是孤独的,因此人们开始寻求稀缺的灵魂归属感。马丁·布伯曾形容人与人理想的"相遇"应是因对乐曲有相同的理解而建立隐约的关系。[①] 而作为完整且已达成群体共识的语言系统,"动物化"的语言为青年群体提供了确认身份的符码,用户在社交过程中能快速达成语言系统的共识引发情感共鸣,从而在短时间内达成社交关系的更为亲密化,因此,一个社交语言普遍"动物化"的集体似乎成为青年群体归属感的来源。但这种仅仅因陌生人与自己有相同语言偏好而迅速建立身份认同,其情感联系必然是相对脆弱的,因而青年社交形成了快速建立又快速破裂的快餐化模式。一方面,从马斯洛需求层次理论来看,这样的模式并不能真正满足青年群体的情感需要,甚至更深层次上的尊重或是自我实现的需要。另一方面,"快餐化"也意味着"流水线化"而非"个性化",会造成青年群体的网络社交成为低质量的机械重复而非真正倾注情感的交流,正如前文提到社交语言"动物化"表现出用户对前台形象的刻意塑造,线上所展现出的强烈情绪背后或许只是屏幕前用户冷漠的疏离,交流因此失去原本的情感意义。

### (三) 成人儿童化的加剧

正如波兹曼在《童年的消逝》中所言,"成人"和"儿童"本身就是被建构起的概念,随着媒体的发展,二者的界限被模糊,成年人开始表现出儿童化的趋势。[②] 这种现象下青年群体往往认为保持单纯的幼体状态才是更快乐的,在动作、表情、神态乃至是思维方式上都呈现出儿童化的趋势,由最初对物质的追求,发展成为成年人的内心追寻。[③] 社交语言"动物化"正是利用可爱、有萌感的语言样态逃避成年人的社交模式,进而可能造成其社会融入的新阻碍和新问题。一方面,社会环境导致青年群体处于一个审美整体偏幼态化的时代,这样的环境进化出的审美标准使"幼态"变成纯真、无辜的代名词,动物语言已然成为展现幼态化特征的手段、打造个体人设的工具。例如2017年开始大火的《小猪佩奇》的目标受众原应是低龄儿童,但在传播过程中却成为青年的狂欢,"猪猪女/男孩"成为青年对自己可爱却有点懒、爱吃但有点邋遢的幽默自嘲。另一方面,不可否认青年群体的压力越大,越害怕面对社会竞争,便会越留恋儿时的快乐,从而想回到幼体状态,在网络上表现出幼体滞留的特征。在以"治愈系"为表

---

[①] 布伯. 我与你[M]. 陈维纲,译. 北京:三联书店,1986.
[②] 波兹曼. 童年的消逝[M]. 吴燕莛,译. 桂林:广西师范大学出版社,2009.
[③] 刘楚君. 社交媒介中"成人儿童化"现象研究[J]. 新闻爱好者,2019(12):33-35.

现的社交语言"动物化"背后,实际正是他们以看似不存在烦恼、轻松的形象来治愈自己在现实生活中的焦虑,暂时逃避现实生活境况而进一步加剧了自身的"儿童化"。

**四、结语与反思**

青年群体在新媒体社会社交过程中催生了其语言的"动物化"现象,并随着媒介技术的不断发展及语言载体的变化,分别在文字、图像、短视频以及虚拟化身形式上展现出强烈的时代相关性与历史发展性。对此,作为青年群体的心理投射,社交语言"动物化"既有积极意义也有消极影响,因而需要充分认识其现象发生的内在因果关系,揭示社会整体的宏大历史变化,展现出问题的一般性、特殊性与时代性,促进社会和学界的深度反思。路漫漫其修远兮,从社交语言"动物化"到青年群体的心理投射和心理发展,二者蕴含着深刻的社会关联与媒介效应,对这两个问题的探讨,本文所呈现的虽仅是时代的掠影之一,却亦表现出对时代的重要关切,未来也仍然需要学界的持续关注和长期深耕。

# 社交媒体语境下仪式化传播的新主持艺术
——以主播晃然的直播陈述方式为例

◆ 温　凯*

**摘要：** 在现代传播体系下，社交媒体日渐占据人们的碎片化时间，尤其电商直播带货的出现，多线主持都跻身带货行列，争相成为合格的互联网营销师。带货主播转变原有工作模式，从原本情感劳动的工作形态中脱离出来，逐渐转换成以数字化表演劳动的形式来获取收益。本文基于社交媒体蓬勃发展的背景，以网红主播晃然为范例，剖析带货主播现状，反思在头部主播的压力下其他主播如何通过自我营销而突出重围，并揭示其语言文本特征、主持话语规则、传播模式变化，以此探讨新时代的主持传播艺术的特性。

**关键词：** 社交媒体；互联网营销师；新主持艺术；传播仪式化；播音主持

随着移动互联的快速发展与迭代，我国逐渐形成了"互联网+媒体"的新业态，随之为社会创造出了许多新兴行业，如视频博主（Vlogger）、摄影博主、网络主播等。其中，网络主播行业在2016年时出现了井喷式发展，伴随技术与代码的不断刷新，直播带货类主播开始走入大众的视野。2019年更是被誉为直播界的另一关键分水岭：电商直播爆发元年。带货主播在这一年中迅猛出圈，李佳琦等头部主播从中脱颖而出。2020年5月，人社部委托中国就业培训技术指导中心发布的新增职业公告——"网络营销师"将设为新增职业，这一政策支持吸引了不少主播走上了"全品类直播"的带货之路。他们从原有的情感劳动中逐渐跳脱出来，通过多种手段将带货直播间创造成一个与线下购物不同的购物剧场，将原本以观看数量取胜的盈利手段转化为以消费者的订单量取胜的手段。

---

\* 温凯，华东师范大学传播学院博士研究生。

## 一、网络"新"主持的场域关联

### (一) 发挥内能最大化

心理学家霍顿和沃尔 1956 年发表在《精神病学》杂志中的文章所提出的"准社会交往"概念可以用来描述媒介人物和受众之间的关系。主播晁然曾是一名影视演员,在社交媒体中拥有一定的粉丝基础,她伴随直播浪潮在"淘宝""一直播""小红书""抖音""哔哩哔哩"等平台开设了个人账号,对自家品牌商品进行宣传和推广。

晁然在演员生涯中最突出的作品是在青春校园网络剧《最好的我们》中客串饰演的洛枳学姐一角,这一角色使她当时就在"新浪微博"平台收获了近百万的粉丝(当前粉丝量达 153 万),当时粉丝也效仿剧中的主角亲切地呼唤她为"学姐"。由此可见,这一角色为她带来的不仅仅是近百万的粉丝,也使粉丝和她之间形成了一种"准社会关系"。因此,晁然的"学姐"称谓,也是建立在"准社会交往"之上的"准社会关系"。这种关系相对稳定,且建立在对于媒介人物较为信任的基础上。所以即使她在演艺生涯即将拥有大好前景的时候选择退出演艺圈,这一部分粉丝群体也没有离她而去,而是支持她在自己的社交媒体账号间进行宣传和引流。

### (二) 空间与时间的场域关联

从带货主播所处的环境分析入手,绝大多数带货主播的直播场域很多情况下都集中在电商平台,对比需要从原始端开始做起的主播而言,带货主播有较好的场域优势。直播电商拥有一批天然的用户群体,在"直播"和"电商"都已经深入人心的情况下,让受众接受这样一种形式的成本相对较低。根据相关数据统计,截止到 2020 年 3 月 28 日,在我国,互联网的普及率达到国民总人数的 64.5%,我国的网民规模为 9.04 亿人次,而其中在 2018 年的统计数据中就已经显示,网民中的网购用户高达 6.1 亿,庞大的网购用户数量为直播电商提供了较高的天花板空间。对于拥有两家淘宝店铺,且已经积攒了相对稳定的粉丝、客户群体的晁然来说,加入"全品类电商主播"的行列,风险系数较低。

也正因如此,晁然选择在原有淘宝账号进行直播。这样一来,原本的粉丝、顾客群体作为稳定的客源,基于对主播本人的信任会进行一定的消费。而主播通过在社交媒体账号进行一定的宣传,意见领袖在社交账号人际传播中再加以推广,自然而然会吸引到更多的曾经听说过主播其人的网民加入围观。用户只要一被引入直播间,被直播间内主播的宣传话术推动,在商品数量少、观看人数多、人人都想要购买的群体压力下,最终都难逃被"说服"的命运。正如传播学关于态度研究所总结出的传播效果模式中的行为趋势:获知—认识—喜欢—偏爱—相信—购买。每个商品的介绍时间,多则10—15分钟,少则两三分钟,主播的话术推动受众喜爱上产品,而电商平台多年运营的平台保障消除了客户们的不信任感,再加上方便的购买渠道,这些因素使客户们更加容易进行消费。

因此,直播"场域"的选择对于主播而言至关重要,主播选择了一个适合、优质的直播场域无疑是如虎添翼、锦上添花,为直播带来保障。

## 二、主持传播:重塑与解构

网络营销师要想赢得受众的青睐,"品牌忠诚度"是至关重要的。伴随着各种直播形式(尤以电商直播最为凸显)逐步进入稳定期,诸如用户留存率低、流量转化率低、主播与用户间互动深度不足、大多数主播播出内容同质化等问题和矛盾日益凸显。晃然所运营的淘宝店铺,包括品牌的宣传、模特拍照、直播的选品、社交媒体账号的运营和粉丝的维护,都是围绕晃然个人所开展的。虽然背后组建了一定规模的运营团队,但是无论是在团队的管理、日常运作还是网红店背后所存在的庞大销售额和产品供应链的开发上,都与网红本人之间存在较高的黏合度,一旦网红的个人相关形象受损,整个经营环节将会崩盘。

从长期的发展来看,主播除了需要尽可能地维护好自己在媒介拟态环境中的良好形象外,在现实生活中也需做好个人形象的维护。除此之外,主播与团队间对于选品的沟通也至关重要,直播的理念应该逐渐从"流量至上"转换为"品质至上",并进行相应的产业转型。

一个优质企业,其良好的企业形象、品牌的建立等往往都是从最基础的把好品质关开始的。对于观看直播的用户群体而言也是如此,无论对于主播的喜爱程度有多深,这些都是暂时的,最直接的方式便是做好品质的保障。长此以往,将形成主播与用户间的一种信任黏合关系。

当下,晃然的淘宝店通过着重塑造自己的个人品牌来提升与粉丝间的黏合度,在电商直播竞争激烈的当下,为避免形成一些同质化的内容生产,创建独具一格的个人品牌,贴上个人标签无疑是一个非常好的选择,而个人标签并不是指推广只适合小众人群的产品,避免同质化也不意味着单单只是在自己的品牌风格舒适区故步自封。

(一)精准化定位实现内化提升

晃然本人获得粉丝认可源自她的好学生荧屏形象以及"学霸"人设,其粉丝群体大部分为在校读书的学生群体,在最开始的时候,晃然的自我定位明显,顺应粉丝思维,呈现的就是一位学习刻苦、热爱生活、为人谦逊好学的优秀学姐形象。对于这一定位,晃然在决定转战社交媒体网红圈和在淘宝创业初期都很好地进行了维护,比如,在微博平台上发表自己的读书感悟,为比自己年纪小的网友答疑解惑,灌输心灵鸡汤,坚持半年每天练字打卡,等等。但当红利达到一定的程度,或许是事业太忙缺乏时间等原因,社交媒体话风发生了较大的转变,分享的不再是生活而是淘宝店铺的上新宣传,不再宣扬学习刻苦,而是变为讲述自己成了老板事务繁忙,日理万机的不易……原本的文艺气息渐渐染上了金钱与商人的气味,店铺商品的价格也越来越高,并且是品质与价格不对等的虚高,店铺也因此流失了一部分客户群体。其实"学姐"这个IP在众多主播当中是独具特色的,其粉丝用户群体亦独具特色,是庞大的学生群体。虽然学生群体的消费力度有限,但薄利多销,只要群体数量足够多,一定也会有所盈利。

(二)避免内卷,实力输出

晃然目前仍保留的具有文艺气息的项目还剩下每周一次的夜聊直播:每周选择特定的话题和粉丝进行深度交流,以及"全品类大直播"时与众不同的书本销售环节。这两点是目前来说晃然作为一个自营主播最大的特色和优势所在,如果加以妥善经营,这将会成为她的个人标签。将来人们一想到卖书就会想到晃然学姐,就像人们一想到卖口红就会联想到李佳琦。有很多如晃然一样的主播都会在电商直播红利面前迷失自己,忘记自己为什么出发。主播们应该从单纯吸引粉丝的路径中解放出来,应该朝为了将来长久的发展,形成店铺的个性化形象这一方向做出更多努力。

(三)传者与受众的平衡

对于主播而言,关注用户的体验感无疑是极为重要的。一个成熟的主播、成熟的团队应该积极地与用户进行沟通交流,及时听取用户的意见,在这一方面,晃然及其团队都有待加强。

最近网络上流传起了晃然及其团队不接受用户意见的传言,用户提建议将会被手动拉黑,并被禁止在社交媒体平台上继续进行评论。笔者认为这样的操作是不成熟且十分不专业的,主播与用户间的关系就如同水和舟的关系,"水能载舟,亦能覆舟"。主播应该听取不止一种声音,有则改之,无则加勉,因为用户的体验感受往往不是个别人的感受,可能代表的是用户群体中的绝大多数人。仅仅依靠选品保障和打造个人标签,而忽略了用户的建议、用户的体验感受,这样的主播前景也是不长远的。

## 三、语言即"主持":仪式化的新主持艺术

主持艺术的发展属于人格化传播的发展,强调语言—思想—社会三重关系的相互作用。电视节目传播诞生以来,"播音"与"主持"相依相靠、共生共存,逐渐转变为两种媒介环境语言样态。因此,播音主持艺术的发展正朝着思想、人格的方向输出传播,而不仅仅是技巧应用的输出。

"主持"是一种媒介环境生态平衡的输出方式,它的存在稳固了"场"。以直播带货为例,营销师作为主持的中心,他的有声语言及副语言时刻带动着"场景"的互化、"场域"的转换。主持艺术的传播涵盖了情感的释义,它渗透到人类本体的内心以及社会的内核,以一种强有力的能量冲击着冰冷的文字、呆板的信息,避免量化的研究数字取代社会的温度、文化的传承。

新主持艺术饱含浓烈的仪式化传播形态,其功能对于新闻报道、人事访谈、网络主播的呈现等逐渐产生传播学上的意义。它有极强的人性参与度,其个性化特征十分强烈,对于此种仪式类传播,它贴近大众、传受间的隔阂甚少,属于一种双向互动传播。

为何将新主持艺术引申为语言即"主持"?笔者认为,在新兴媒介样态中,语言接触所带来的是语言规则性的变化,这也是世界语言相互接触的普遍模式,无论语言接触是单边的入侵或者多边的转换,要思索的问题有两个:语言状态和结果状态。这两种状态都对主持人的主持样态产生影响和作用。具备符号能力的语言作为文化载体正在颠覆与重构着主持艺术。处在直播带货浪潮核心的主播们,在维持稳固的场域中,以一种仪式化暴力直面语言的侵袭,令受众关注到的是琳琅满目的商品、造型奇特的场景装置,而语言越来越缺位、断裂、低俗。不仅仅是在网络直播场景中,在传统媒体媒介环境中,知名主持人从"话题风暴眼"到"观众遗忘的中心",他们迫不及待想要挽回昔日风光,于是将语言让位于闪亮的舞台、诱人的造型,当主持艺术与网络流量碰撞时,其主持中的平庸、尴尬便显而易见了。

因此,我们大胆设想,当纷繁多样的类型节目出现在各种传播途径中时,受众对于主持艺术的关注点是否会从科技创新的噱头、网络伴生的流量等逐渐回归到语言表达的文学性与诗性?在传媒商业化特征显著的今天,受众的物质困境得到改善,但精神困境却实难解决,因此,新主持艺术的仪式化传播应当强调语言的质感、审美。当今的播音主持高等教育关注的是怎么说,而非说什么,笔者认为两者都应当关注到位,怎

说是一种仪式框架,而说什么是主持传播的核心,是主持人个性的显性基因。一次直播、一场带货、一档节目,都是一个强大的语言场,尤其是互联网充分渗透的今天,多线思维模式的互动令主持传播更具有可观性,思想化的语言更值得传播。

## 四、结语

在社交媒体环境下,诸如网络主播、流量主持这类新主持艺术背景下的主持人如何自我营销才能赢得信任、走得更远,这将会成为一个长期的讨论话题。要想在社交媒体环境下取胜,获取"社交货币"至关重要,而"社交货币"的获得离不开主播其人对于自己在媒介拟态环境、现实环境中的形象、身份管理;离不开优质直播场域的加持作用;离不开用户对于主播本身的信任及对品牌的忠诚度;离不开对个人标签的打造;离不开与用户群体积极的沟通;更离不开具备审美、质感的语言的包装与输出,新主持艺术的大门由此打开。

**参考文献**

[1]王斌.自我与职业的双重生产:基于网络主播的数字化表演劳动实践[J].中国青年研究,2020(5):61-68.

[2]董小玉.网络主播如何成为新时代的"第361行"[J].人民论坛,2019(30):77-79

[3]田烟立.媒体融合变现与主播IP打造:脱贫攻坚直播盛典的启示[J].视听纵横,2019(5):36-39.

[4]塞弗林,坦卡德.传播理论:起源、方法与应用[M].郭镇之,等译.北京:华夏出版社,2000.

[5]段鹏.传播学基础:历史框架与外延[M].北京:中国传媒大学出版社,2006.

# 口语传播实践视域下的有声书制作出版

◆ 郭金锦[*]

**摘要:** 图书被视作文化积累的重要载体,移动互联网在线音频平台为基于图书和网络文学文本有声化改编的口语传播作品提供了广阔的发展空间。有声书、广播剧、播客、脱口秀等泛娱乐音频节目在交通、做家务、睡前等多个生活场景中被收听、理解,进而推动听众头脑风暴并在评论区发表"听后感"。本文拟从有声书制作出版的质量管理角度出发,以S公司有声书产线为例,研究图书有声化改编的口语传播实践中存在的问题和解决方案。

**关键词:** 有声书;质量管理;口语传播实践

Web3.0时代,互联网和信息通信技术的发展实现了移动终端即时收发信息的功能。社会化大生产带来的各生产领域的分工,使人们在自身专精领域参与社会化大生产并获取报酬,但也导致了其空闲时间的进一步收缩。即时通信带给人们的惶惑,使人们密切关注自身日常的时间使用效率,"耳朵经济"渗透到人们的日常生活中,应运而生的碎片化阅读在碎片化时间里有了用武之地。"听书"成为调整情绪、安抚心灵、轻松娱乐和打发时间的新方式,具备收听方便、理解门槛低、减轻眼部阅读负担等优势,借由移动终端分发至基数庞大的用户。

位于内容生产端的出版业掌握相对优质的作者和内容资源,早已不满足于将音频制品作为纸质出版物的赠品或附加服务售卖,已逐步尝试自主牵头将优质的文本资源进行全版权的开发。在有声书出版产业链主要公司中,以S公司为代表的文本内容生产加工方的核心优势就是优质内容资源的选取眼光和借由畅销书出版带来的优质版权的网络传播权、影视改编权的谈判先机,可以说"近水楼台先得月"。出版社和民营书业与优质的作者资源在传统出版业中就达成了良好的合作关系,在有声书等全版权

---

[*] 郭金锦,华东师范大学传播学院硕士研究生。

开发道路上也就更加具有竞争力,更能由于信息获取的便宜性和纸质书出版的合作契机打出感情牌。

## 一、S 公司有声业务概况

2018 年,S 公司数字部进入有声小说市场,以 S 公司具有独创性的产品研发和包装方法打造精品小说有声剧。2021 年,S 公司全版权事业部挂牌。截至 2021 年 11 月,S 公司已在喜马拉雅、懒人听书、蜻蜓 FM、番茄畅听等 17 个合作平台上架了 77 个参与制作出版的有声书专辑,购买并上架了 59 个网络文学有声书成品。本文主要研讨 S 公司直接参与出版制作的有声书,与米赢文化合作上架的 60 个网络文学成品专辑略有涉及,但不计算在图表之内。2018 年 10 月至 2021 年 11 月中,月均上架 2 个新专辑,题材分布较为广泛,科幻类、悬疑类、历史类成为主要有声书题材类型,喜马拉雅 FM 为主要的合作平台。

## 二、有声书出版质量管理

(一)产品研发全流程

1. 版权资源整理与引入

这一阶段需要对民营书业组织内部版权部提供的签约版权进行选择性开发,也可根据事业部自身发展需求,单独签约有声书开发版权。

影视剧 IP 层面、从源头把握作者资源、打造作家品牌、畅销书改编制作有声书、选取优质网络文学作品改编等策略,都在一定程度上参考了文本先前的市场反应。此类选本策略,既是有声书的"票房保证",又锚定了被受众的选择检验了的优质版权资源,更有机会改编成有声书"头部产品"。

有声书制作层面的签约主体大致可分为作者与 S 公司、译者与 S 公司、录制公司与 S 公司和主播与 S 公司四种,且每个环节都需要认真审慎,违约或签约纰漏都会影响有声书整体的制作开发进度。

2. 选题论证

优质的内容资源,未必就适宜改编成有声书形态,也未必都进行了有声化改编。改编难易度、授权时间、成本评估情况等问题同样影响着文本的选择与否。国外畅销书例如一些科幻类长篇小说,尽管有很大的读者市场和大批粉丝,但也会由于在改编权条款的设定中规定有声书的播送形式只能为单人播讲、原著文本不能做任何改动、不能为有声书后期加任何背景音乐等争议问题,而无法纳入制作人优先制作开发的考虑范围。网络传播权、内容改编权等在授权时间上的问题,会影响制作方和出版方有声书成品的收益。出版方与平台方在有声书新书上架的联合推广中,往往会在前期宣发中策划"限时免费"或完整剧集的前10%试听的活动,这使一个新的有声书作品在上架的前两个月甚至更长一段时间内难以回本,而授权时间较短,将导致有声书在各大平台下架,直接终结有声书的互联网生命,长远来看,不利于有声书的集约化生产。

### 3. 产品生产

内容的策划、制作、包装和运营构成了产品生产的主要环节。制作试音文件,有声书制作团队根据主播提供的小样(demo)进行测评和民主投票,确定主播和合作工作室,确定总体调性和按期收音等各个环节,都直接或间接地影响了整个有声书专辑的质量,因而在这些流程的落实上,需要格外耐心和细致。

### 4. 音频审听

外包给主播和合作工作室的音频制作并非完美无瑕,以S公司为代表的出品方在对音频初稿的检查中起到了"把关人"的作用,对不符合质量要求、存在缺音、声场不一致、缺少音效、主播口误、背景音乐不符合整体调性等问题,以及对背景音乐存在版权问题的剧集或片段进行纠偏和催改。

### 5. 返音替换

就S公司有声书音频的审听工作而言,初稿的一审通常是外包出去的,S公司有声制作团队主要做的是审听报告问题的审核和补充,再将具体的修改意见整合给到相应的合作主播工作室。合作主播工作室给到返音后,S公司有声制作团队再依据审听报告对一审发现的问题进行复核,未修改的部分、修改不正确的部分或新发现的问题再次反馈给合作主播工作室。已经修改无误的音频成品,将在在线音频平台的专辑中定时上架,对已上架的音频,也会进行二次上传甚至多次上传和覆盖。对二稿或N稿进行检查和返音替换的工作均极其重要,对每一个差错的修改都不能马虎大意,有时听众会在在线音频平台公开的评论区域留言指正,也将影响到其他用户对有声书质量的评判。

### 6. 音频上架

一个已稳定更新和稳定返音的项目不会只在一个在线音频平台上架,除非与平台方签订了独家授权。通常有声书将上架各大主流在线音频平台,如喜马拉雅FM、懒人畅听、蜻蜓FM等。在依托移动终端通信公司的主流预装App如掌阅、华为音乐等平台上,也会建立专辑、上架产品,从而为有声书争取到全平台的曝光量。而专辑上架、传音更新、返音替换、评论维护等方面,也有相当大的工作量,需要有声书出版方团队分工协作完成。

(二)选题、产品结构的质量管理

据艾媒咨询发布的2020年中国有声书用户类别偏好分布,2020年相对而言更受用户欢迎的有声书题材百分比由高到低分别为悬疑探案、武侠玄幻、科幻小说、都市小说、言情小说、文哲经典、社会科学和儿童故事。

据S公司2018年—2021年的77个有声书专辑数据统计,古风剧、女频言情/都市/校园、男频悬疑/职场/都市/商战3个品类的有声书产出专辑数位列7个品类的前三名。

截至2021年12月22日,S公司在各主流在线音频平台的账号中,播放量最高的头部有声书《大江大河全集》《大唐兴亡三百年》《三体》分属不同的品类,这在一定程度上印证了S公司在有声书研发方面对产品结构的质量管理较为重视,但全品类有声书尚未形成规模效益,头部有声书产品有待持续挖掘打磨以打造出S公司品牌。

S公司在全版权布局方面,依托影视剧IP上映制造的商业价值和天然曝光度,锚定项目,制作了《大江大河全集》等影视剧原著有声书,均获得较好的市场反馈。

S公司依托自有纸质畅销书版权,进而开发的有声书也有较为亮眼的成绩。全套营销方案、宣传物料口径一致、用广告的方式做出版的"S公司方法论"使单一案例对应的营销方案在纸质书、电子书、有声书、影视剧等不同产品中不断深入,实现投入产出比最大化,形成冲击力强的品牌反复强化效果。鲜明的符号体系和产线内同类型爆款产品的打造,体现了"S公司方法论"从纸质畅销书过渡到有声书领域的成功诠释。下表列举了纸质书、有声书均由S公司出品、在喜马拉雅FM播放量在500万及以上的图书和有声书信息。

**表1 S公司根据自有纸质畅销书版权开发的有声书优质产品**

| 纸质书书名 | S公司出品纸质书出版时间 | 作者 | 喜马拉雅FM有声书专辑全称 | 有声书单张专辑播放量 |
| --- | --- | --- | --- | --- |
| 《反骗案中案》 | 2021年4月—2021年7月 | 常书欣 | 《反骗案中案》\|《余罪》作者2021全新悬疑刑侦作品 | 1142.8万 |
| 《侯大利刑侦笔记》(1—6) | 2020年4月—2021年8月 | 小桥老树 | 《侯大利刑侦笔记》\|侯卫东官场笔记作者悬疑推理力作 | 3700.9万 |

续表

| 纸质书书名 | S公司出品纸质书出版时间 | 作者 | 喜马拉雅FM有声书专辑全称 | 有声书单张专辑播放量 |
|---|---|---|---|---|
| 《教父》三部曲 | 2014年2月 | (美)马里奥·普佐 | 《教父》(三部曲全集,奥斯卡最佳影片原著) | 866.4万 |
| 《大唐兴亡三百年》 | 2018年11月 | 王觉仁 | 《大唐兴亡三百年》\|血腥的盛唐 | 5585.8万 |
| 《藏地密码》 | 2018年11月 | 何马 | 《藏地密码》\|狂销千万册,经典小说有声剧(VIP免费畅听) | 3069.1万 |
| 《武则天:从三岁到八十二岁》大全集 | 2018年6月 | 王晓磊 | 《武则天:从三岁到八十二岁》(大全集)\|骆驼演播 | 4887.6万 |
| 《大江大河》四部曲 | 2018年6月 | 阿耐 | 《大江大河》全集(电视剧原著\|王凯、杨烁、董子健主演) | 6931.9万 |
| 世纪三部曲 | 2017年5月 | (英)肯·福莱特 | 世纪三部曲(巨人的陨落、世界的凛冬、永恒的边缘) | 754.3万 |
| 《弹弓神警》(1/2/3) | 2019年11月—2020年7月 | 常书欣 | 《弹弓神警》\|民间警察故事(《余罪》作者高智商犯罪推理悬疑新作) | 1110.3万 |
| 《山海经密码》 | 2011年6月 | 阿菩 | 《山海经密码》(多人小说剧) | 681.4万 |

S公司也着力在有声书领域通过培养自己的作家群体,打造同一作者的系列作品,建立作家品牌,形成品牌效应,例如刘慈欣、唐浩明、小桥老树、阿耐、安宁,等等,一系列依托优质作家、优质文本进行的全版权开发为产出高质量有声书奠定了基础。

(三)不同品类引流:喜马拉雅平台账号矩阵

1. 主账号打响品牌

该账号开通最早,已上架的有声书专辑品类也更丰富,包含历史类的《中国历史名人传记故事:度阴山帝王将相系列》、影视剧IP类的《大江大河》、悬疑类的《侯大利刑侦笔记》、S公司出品的畅销书《藏地密码》《无声告白》《岛上书店》在内的核心产品。

2. 网络文学账号

目前上架的专辑包含采购自米赢文化的55个根据各品类网络小说改编的有声书成品,以及S公司有声书制作团队制作的包含《天亮了,你就回来了》在内的2个根据言情小说改编的有声书。

### 3. 科幻 IP 账号

目前上架的专辑包含根据刘慈欣所著的系列科幻小说《三体》《超新星纪元》《球状闪电》改编的有声书和根据"科幻小说之王"阿瑟·克拉克所著的《太空漫游》四部曲改编的有声书，这些均为中国市场乃至全球纸质书、电子书市场热销热议的"大 IP"。

### (四) 有声书编辑出版过程中的质量管理——以《2021 王阳明心学日历》为例

《2021 王阳明心学日历》是 S 公司与江苏凤凰文艺出版社于 2020 年 7 月出版的日历书。有声书播音制作的逐字稿包含片头、开场、解读、互动四个部分，由于有声书专辑演播形式是单播，因而逐字稿的编辑排版也由 S 公司有声书制作团队制作完成。

在组稿控制方面，将纸质书原稿中的标题、解读、翻译、出处等要素提取出来，对照逐字稿制作大纲模板进行填充。从 2020 年项目开始至 2021 年，每月中旬组稿下个月的逐字稿，每月月底对一稿进行一校，此环节主要检查逐字稿各部分是否与日历书特定日期的内容一致。

在编辑加工控制和校对控制方面，翻译、度阴山点评、小故事、小剧场、互动问题需要纸质书编辑、有声书制作人、作者本人的审校和删改。编辑在逐字稿中遇到的问题需整理递交给作者进行解答和扩写，此为二校。摘自《王阳明全集》一句话的解读控制在 100—200 字，而附在后面的作者度阴山老师的解读小文章控制在 1000 字左右。所有部分完备后，对逐字稿全文的检查为三校。

在审稿控制方面，小剧场改编、互动问题优化、度阴山老师撰写的小故事审核是主要的构成部分。最后的互动问题，往往会根据作者撰写的小故事的中心主旨进行调整和优化。

在周期控制方面，每月中旬做下个月的组稿，每月月初将逐字稿全部定稿并开始制作，提前一周确定有下一周的成品音是必要的，特别是该项目作为日历，每日一句的呈现形式，就更加具有时效性，也就更加没有拖更、断更、错更的缓冲余地。

在成品检查控制方面，对音频初稿和返音的审听、听众反馈意见、在线音频平台是否过审、有没有按时过审并达到前端可正常接收都是需要落实到位的细致工作任务。喜马拉雅 FM 不同于懒人畅听、蜻蜓 FM 等平台，可以在单集音频上架的同时附上图片，这就为《2021 王阳明心学日历》有声书提供了放置当日实体书日历图片的空间。由于每日的内容有正反两页，因而上传到喜马拉雅平台时需注意核对日期和内容，防止错乱。

当然，不同品类的文本在加工成有声书剧本时的处理方式和质量管理需分情况讨论,如《太空漫游》剧本改编主要做的是分台词和内心活动独白给角色,并进行特殊标注,将生僻不通顺的表达编辑修改成更适宜听众接受和理解的词语,将英文组织名等缩写改写成中文全称,等等。

(五)有声书出版服务的质量管理

互联网上的海量用户反馈在没有足够的人力投入时,往往不能第一时间全部跟进和解决。有声书上架平台的评论维护的矛盾为用户和制作团队沟通不畅、筛选有用信息需要花费巨大的时间成本。这反映了出版方的用户调查机制尚未建立,市场导向的作品未直接、高效关照到用户需求,本质上也说明 S 公司有声书的制作和出版未实现产业链商品化、市场化的脱胎换骨。

1. 供应及时、足量

有声书的互联网分发需要定时定量更新音频,每日预先排除断更风险和及时进行返音替换。例如,喜马拉雅平台每晚 20 点准时更新的专辑,最晚需在 18 点定时,晚点将不能在当日晚 20 点准时出现在 App 前端。喜马拉雅、懒人畅听、蜻蜓 FM、猫耳 FM 等平台的传音、初稿审核、返音替换、定时等功能的规则不尽相同,且大部分平台在周末和法定节假日无法进行平台运营对接处理业务,这在一定程度上影响了有声书制作和定稿的时间安排,在十一小长假前的工作日提前催到主播工作室的更新并进行审核、返音等工作就十分考验整个流程的执行力和工作效率。

2. 价格公正、合理

在喜马拉雅等平台建立新专辑时,如何在整张专辑售卖和单章定价的不同定价规则中作出选择,影响到用户付费情况和有声书的盈利。配合平台方的宣传推广进行让利或规定最低折扣的底线在哪里,需要仔细论证。

3. 宣传客观、到位

有声书产品特色图的内容和版式设计、新专辑的信息申报等内容都应遵循准确、客观的原则,社群营销的宣传文案也应根据有声书实际情况开展,不能虚假宣传。

4. 服务热情、主动

适时进行社群运维、有奖竞答等营销活动,及时回答平台上的读者评论,根据听众需求调整音频更新进度等,都需要运营专员积极主动地响应和服务。

## 三、存在的问题与改进思考

### (一)竞争激烈,产品更新迭代快,唯有把控头部产品才能稳居潮头

有声书品类丰富、在线音频平台数量繁多,UGC 和 PGC 赛道均有广泛的受众群体。IP 全版权开发只有保持高质量的输出,才能建立自己的粉丝群体,打造有声书品牌。因而,处于成长期的 S 公司有声书制作团队还应在头部 IP 的进一步挖掘和月均新专辑产出上发力,形成全品类规模效应。

### (二)成本水涨船高,与主播工作室的合作需要强有力的质量监督机制

合同和合作机制缺乏强有力的监督管控,声音工作室拖慢更新进度、修改进度,擅自换主播,法律条款上存在漏洞。这一侧面反映了民营文化公司精品意识不强,资金投入不够充裕,更直指有声书行业内部竞争激烈,各方的心态都在于拥有保证稳妥的IP、薄利多销才是王道。

从长远来看,可做"外包、自制两步走"规划,做 S 公司有声书板块自己的主播库、导播库、编剧库,做投入产出预估,建立分析模型,研判同体量对标工作室,为投入资本和资源规模提供参考。建立 S 公司自己的音频制作工作室将解决以下问题:现有的部分外包工作室作品质量较差;稳定输出成品的考量;外包成本过高;组内人力、时间等资源的合理分配等。

另外,个人合作方如审听专员、产特图设计师、起标题专员、成品供给方的工作进度均影响收音进度和收音质量,因而,在个人合作者的选择上也需要建立一套完备的质量管理监督标准,定期抽查、检测完成度和确认人员去留。

### (三)团队建构,人员流动率过高,质量不能稳定发挥,内部人员的培训和专业化再教育很关键

#### 1. 有声书质量管理目标、要求

宏观上,S 公司内部的产品大会和 S 公司方法论为有声书产线的发展提供了指导;中观上,有声书制作团队内部成员的个人周报、周会汇报在工作日中落实了有声书生产制作的进度监督考察功能;微观上,传音、审听、替换和平台前端的运维是有声书出版质量管理的工作细节,需要受过专业训练、具有专业知识背景的人才高标准持续落实。

2. 工作小组分工

(1)签约编辑：物色优质作品，进行选题论证，联系作者，配合法务签约版权。

(2)制作：对接制作工作室，审听、返音替换、宣传文案撰写、产品特色图制作。

(3)运营：对接平台运营，建立专辑，策划粉丝互动，上架专辑，更新平台音频。

(4)设计师：产品特色图、不同平台的专辑封面、资源图等的原创设计。

(5)商务：内容分发，对接平台运营，进行商务谈判，监控资源位落实，监控播放量、完播率、收益，监控版权合同到期日。

(6)分管合伙人：选品拍板，监控制作上架进度，控制成本费用，对外合作意向确定。

3. 现存问题

人员流动过快问题带来的产品风格、质量的良莠不齐，有声书剧本的审读和审听缺乏科学明确的规章制度和参考标准。相较之下，编辑出版学实务中，编辑需要掌握的基本技能之一的校对，就有明确的参考和准确率要求，使图书出版的质量管理有据可查、有规可考。

人员流动还造成了账号转手交接困难。现行的互联网应用商店账号注册的实名制导致各大发行平台、资源存取云空间要求账号与个人手机号或邮箱绑定，登录需要即时的流动验证码验证。离职或转部门人员并没有义务长期回应前东家账号登录的现实需求，也在一定程度上不再有针对前东家产品发布等存在于互联网发行平台的保密义务。

在一定程度上，还缺乏专门适配有声书出版的从业人员的内部培训和综合能力考评。再教育和培训内容应包含但不限于声音后期制作、表演艺术、配音、脚本制作、图文设计、谈判技能、营销手段。

(四)厘清和处理好出版方与平台方的竞合关系

喜马拉雅、懒人畅听、蜻蜓FM等不同平台运营机制不同，影响前端最新作品呈现的时效性和完整性。合同内打包专辑的未过审替换、针对不同平台单独辑录的口播上架错误、不同平台要求的宣传物料像素大小不同、同一专辑音频更新进度的差异、独家还是非独家的争议、单集节目标题内容过审标准的差异，等等，均会影响有声书在在线音频App前端具体呈现的质量和有声书上架、传播、回本、盈利的效率。在凡此种种问题上，有声书出版方需和平台方加强沟通、密切协作。

应对盗版问题，新书上架前至主要营销时期利用平台内部的搜索引擎，键入有声书原作相关关键词，排查播放量在1000以上的盗版作品，统计整合盗版或未经官方授权的主播ID、主播主页网址、涉嫌盗版和侵权的专辑ID及其网址，由部门商务专员联系平台方运营进行统一下架。平台打击盗版非自发,内生动力不足,有吃流量红利的嫌疑,一定程度上打薄了制作方和出版方的收益,有借"避风港原则"甩锅之嫌。

**参考文献**

[1] 翁. 口语文化与书面文化:语词的技术化[M]. 何道宽,译. 北京:北京大学出版社,2008.

[2] 麦克卢汉. 理解媒介:论人的延伸[M]. 何道宽,译. 北京:商务印书馆,2000.

[3] 钱芳玲. 美国有声书产业研究[D]. 南京:南京大学,2017.

[4] 牟凤英. 移动互联网时代有声读物的发展策略研究[D]. 北京:北京印刷学院,2017.

[5] 邓晓旭. 网络时代有声读物的内容生产模式衍变与版权保护研究[D]. 兰州:兰州大学,2018.

[6] 叶亚南. 喜马拉雅FM有声读物商业模式探析[D]. 上海:上海师范大学,2020.

[7] 迟雨晴. 我国数字有声读物内容质量问题研究[D]. 南京:南京大学,2020.

[8] 王永杰. 美国有声书业纵览[J]. 中国出版,2007(3):54-56.

[9] 詹莉波. 互联网时代我国有声读物的新发展[J]. 编辑学刊,2010(4):86-88.

[10] 曾政. 巴诺网上书店有声书平台的发展经验[J]. 出版参考,2012(21):48-50.

[11] 陈洁,周佳. 使有声书成为数字出版的中流砥柱:我国有声书产业发展现状与策略研究[J]. 出版广角,2015(4):22-26.

[12] 贺钰滢. 奥德博有声出版公司研究[J]. 出版科学,2016,24(1):90-95.

[13] 闫伟华,申玲玲. 我国有声书行业的发展现状与策略研究[J]. 出版发行研究,2017(2):42-45.

[14] 章萌. 有声书业的领跑者Audible如何创新经营[J]. 出版参考,2018(2):19-22.

[15] 张建凤,曾婉. 出版社主导模式下的有声书发展策略:以企鹅兰登出版社为例[J]. 出版广角,2018(24):23-26.

[16] 杨会. 文学作品的有声呈现与文学的听觉化转向[J]. 中国图书评论,2019(6):92-100.

[17] 粟锋. 数字时代我国有声书的产业、技术与价值研究[J]. 图书情报导刊,2020,5(3):43-49.

[18] RAYPORT J F, SVIOKLA J J. Exploiting the virtual value chain[J]. Harvard business review,1995:75-85.

[19] JOE P. From value chain to value network[J]. European management journal,2006,24(2):128-141.

[20] IBEN H, BIRGITTE S P. The audiobook circuit in digital publishing: voicing the silent revolution[J]. New media and society,2020,3(22):409-428.

[21] DÖRING U, MÜLLER B, ROHR S, RUHRMANN J, SCHÄFER M. Listen and read: the battle for attention: a new report about key audience behaviour in the age of eBooks, audiobooks and podcasts[J]. Publishing research quarterly (2022) 38:40-52.

# 口语传播课程与教学研究

# 守正·历史·创新·未来
## ——全媒体播音主持人才培养的新路径和新模式

◇ 王 群[*]

**摘要：**看到"守正创新"这个词语，我便会联想到另外两个词："历史"和"未来"；想到了下面的两句话："守正才能留住历史，才能拥有未来；创新才能拥有未来，才能留住历史。"我觉得只有打通了"守正·历史·创新·未来"的辩证统一关系，才可能讲清楚全媒体播音主持人才培养的新路径和新模式。

## 一、守正·历史

"守正"的本质就是向后看。只有顺应历史，才能做到"继往"。怎么能顺应历史而继往呢？我们首先要厘清两件事情：一是应该总结 40 年来主持人节目和节目主持人变化发展的规律；二是要看到 40 年来主持人节目和节目主持在变化发展中非正而偏的问题。无疑，有正必有偏，纠偏才能扶正。

（一）变化发展的情况

1. 40 年来"主持人节目"的变化发展

（1）传播平台越来越大（广播—电视—网络）。

（2）传播形态越来越多（三大类—52 小类）。

（3）传播内容越来越广（除了不能播的都播）。

（4）传播功能越来越清［新闻类——知和信；综艺类——美和乐；文化（社教）类——识和用］。

---

[*] 王群，华东师范大学传播学院教授、博士生导师。

(5)传播效应越来越强(明星效应、主持人命名栏目和收视率)。

2. 40年来"节目主持人"的变化发展

(1)传播语言(手段)越来越全(播、播说、说、侃)。

(2)传播角色越来越准(播报型主持人"借用自己的嘴讲别人的话"的话语代理权;讲述型主持人"借用他人的话语空间讲自己的话"的话语使用权;主导型主持人"借用他人的嘴来帮自己讲话"的话语支配权)。

(3)传播风格越来越明(睿智幽默、自然儒雅、洒脱自如、亲和大方……)。

(4)传播关系越来越近(受众——嘉宾;上下互动——上台参与,反客为主;新闻类节目——主持人口述+嘉宾介入;社教类节目——主持人疑惑+嘉宾解惑;谈话节目——主持人提问、倾听+嘉宾作答;娱乐节目——主持人串联+嘉宾评委;体育节目——主持人帮衬+嘉宾解说)。

(5)传播队伍越来越壮大(从几十人到成千上万人)。

不可否认,40年来无论是主持人节目还是节目主持人,尽管取得了迅猛的变化发展,但同时也存在一些问题,尤其是这几年智能时代及自媒体节目"主播"的多元化、自由化、碎片化的话语体系,给传统媒体的规定性、规范性、规整性的话语体系带来了不少冲击和影响。

当然,这两个时代的话语体系虽然有所不同,但也并非完全对立。而找到这两者之间契合点,借鉴"比例学""平衡说"考察节目主持人的各种状况不失为一种好方法。这将有助于节目主持人对自己有个正确、清醒、充分的认知,在两个评价模糊指标之间能够找到契合点,做到纠偏扶正。

(二)考察的角度

1. 个性化与个人化

如何理解个性化与个人化?我们可以从三个维度来考察。

(1)节目主持人语言的本体与主持人节目的客体是否割裂了。

(2)节目主持人的语言与时代的人文精神、文化特征是否抵触了。

(3)节目主持人语言是分子,主持人节目是分母;将节目主持人的语音内核看成分母,节目主持人语音外壳看成分子,考查其是否颠倒了。

事实上我们的节目主持人这些年在这三点上暴露出了不少问题,个人化的倾向严重,因此,急需找到平衡点,找到契合度,真正做到个性化。

2. 审美性与审丑性

审美性与审丑性也可被视为节目主持人对"雅"和"俗"的认知。如要做到雅俗共赏就必须在雅和俗之间找到契合点:雅有品位,但是一定要有亲和力,不能有距离感;俗有尺度,不失严肃性。但这40年来从中央台到地方台,在选拔主持人及主持人日常主持节目时,我们发现太在乎所谓的"亲和力""平民化"(而实际只在乎平民长相,不在乎平民意识、平民角度),不顾大众审美趋向,看轻了节目主持人应有的其他素质,甚至忽略了基本语音条件。其结果便产生了不好的导向,以致不少节目主持人一味追求随性、突兀、奇特,舍本而求末。

对此,我们可以从下面四个方面来考察节目主持人的审美尺度的把控能力,做到四"雅",防止四"俗":

(1) 追求传播价值,典雅而不庸俗;

(2) 懂得传播方式,文雅而不粗俗;

(3) 考虑传播档次,高雅而不低俗;

(4) 讲究传播品质,优雅而不恶俗。

雅俗共赏说起来容易,做起来难,因此必须掌握好比例,找准契合点。太"雅"了,会与观众产生距离感,缺乏亲和力;而"俗"过头了,会直接影响节目主持人的传播价值、方式、档次、品质。

3. 大众传播与人际传播

主持人节目是大众传播和人际传播的结合,而大众传播与人际传播各有特性。主持人节目的大众传播的特点在于它的技术性和广泛性,而主持人节目的人际传播特点在于传播的直接性、交流性。台里领导、节目的编导、主持人也必须把握好大众传播和人际传播二者的比例和平衡,找准契合点。

(1) 传播效度:是否只求小范围影响,而缺乏大格局轰动;

(2) 语言高度:是否只求小噱头滑稽,而缺乏大智慧幽默;

(3) 审美向度:是否只求小市民品位,而缺乏大都市风范。

节目质量高低的直接缘由,用第一、第三个维度检测一下便可推知台领导和编导的功与过;而用第二、第三个维度检测一下便可得知节目主持人的境界、眼光、品位和实力。

综上所述,时代(科技)决定节目,节目决定主持人,主持人决定主持人的培养。要想"守正"就是一条规律:必须顺应历史,与时俱进;必须发现问题,纠偏扶正。

## 二、创新·未来

如果说"守正"的本质就是向后看,就是顺应历史,就是继往,那么"创新"的本质就是向前看。只有适应未来,才能实现"开来"。那么,主持人的培养应该适应哪几个方面呢?

(一)适应时代,确定人才培养新目标

时代在变化:信息化、网络化、全球化、产业化,节目主持人的培养目标也应该随之而变。

1. 为信息化推波助澜,培养专业化咨询的提供者,而不是二道贩子

资讯时代信息流多而杂,不仅要得到信息,而且要消化信息,更重要的是认同信息,要求做当之无愧的"意见领袖",自觉成为"信息管家",发挥过滤器作用。从收集、发布、提供转向整理、精选、解析,与其他媒体形成接力赛传播模式,系统性、规模化地"打包"。

2. 为网络化冲锋陷阵,培养个性化的即时互动者,而不是独行侠

互联网进入生活后,再次改变了获取和传播信息的方式。在信息获取和传播的过程中,网民有了更多话语权,彼此心理空间距离缩短了,沟通反馈更及时了。这就要求节目主持人凸显"个性化"和"人性化"。

3. 为全球化铺路架桥,培养国际化文化鸿沟中介人,而不仅是把关人

麦克卢汉"地球村"理论,是对人类未来乌托邦社会的美好构想,随着电子、网络媒介的一次次革命,"天涯若比邻"早已成为现实。让中国电视走出国门,通过卫星辐射到世界各地,电视主持人必然要担负起传承、传播中华民族优秀文化的使命,开放视野,树立自信,跟上时代,走向世界。

4. 为产业化增值提价,培养明星化产业品牌代表人,而不是经理人

中国电视产业化首先是一个企业化的过程,也就是说要建立一套以市场为导向的节目产出、营销体系及其相应管理体制,把它纳入中国乃至世界市场经济的大体系中。电视节目成了一种产品,而主持人节目自然是电视产业做大做强的根本保证。因此,在评估电视栏目品牌价值时,主持人成了一个重要指标。主持人经济化、主持人营销管理,不仅在使用,而且在培养和包装两方面要有标准,要讲究生涯管理。

(二)适应行业,树立人才培养新理念

行业即职业,是根据科学或生产部门的分工分成的门类,而专业是指高等学校或中等专业学校里,根据科学或生产部门的分工把学业分成的门类。播音主持专业培养专业人才就像是师范类学校培养未来的教师一样,与未来的行业对口度极高,甚至于是完全匹配的。因此,播音主持人才的培养不能只停留在专业技能的培养上,还要适应行业的需求,包括注重社会角色的认知与定位、纪律制度、态度精神、行为品德层面的职业规范、责任、操守的教育,乃至上升到行业理想、目标层面忠诚度、使命感、价值观及事业心上。孔子曰:"知之不如好之,好之不如乐之。"根据适应"三业"的要求,我们应该做到以下三点:

(1)专业:不仅知之,而且会之,培养有能力的主持人;

(2)职业:不仅好之,而且守之,培养有责任的广电人;

(3)事业:不仅乐之,而且忠之,培养有理想的文化人。

如果把对播音主持人才的培养比作建筑一座高塔,那么塔基与塔座就好比是事业教育,塔身好比是职业教育,塔尖好比是专业教育。必须明白:塔基、塔座的宽度和深度,决定了塔身和塔尖的高度,因此,我们必须重视职业和事业的教育。

(三)适应学科,探索培养人才新路径

学科是专业的性质分类,是确定课程与教材的前提和基础。课程与教材是学科的载体,是教与学的中介。关于课程的设置,我们一是希望教育部有一个相对统一的框架作为指导,二是希望自编自选的教材除了注重专业性以外,应该有一个明确的课程体系,并在"新文科"建设的背景下,考虑到学科的层级性、交叉性和复合性。但目前的问题一是关于播音与主持的书品种繁多,大家无从选择;二是即便选择了,大多属于专著类的,教学时无从下手,因此虽然有了所谓的教材,却往往扔在一边,只是当作学生的参考书;三是即使选择了某一本,却又未构成体系,碎片化的教学便难以避免;四是即便选择了其中几本,而"时已徙矣,而法不徙",跟不上形势的发展。因此,我建议大家共同努力,携手做到以下几点:

(1)继往开来,翻新打造教材;

(2)补漏拾缺,求新打造教材;

(3)与时俱进,全新打造教材。

## (四)适应实际,构建培养人才新模式

常言道"教无定法",但相对本专业实践性比较强的特点,针对当下一线主持人节目的新形态,教材的"'互联网+'融合型"出版新模式,无疑会对我们以往的教学模式带来一些触动,因此我们必须有所改变。

### 1. 对教师而言

(1)加强教学互动

因为教学平台不仅是教师的,也是学生的,所以老师们要讲得更精些,与学生互动得更多些,不要在比较简明的文字内容部分有过多纠缠。

(2)构成上下驱动

因为教学平台不仅有线下的,也可有线上的,所以老师们要充分发挥线上音视频案例的作用,不要把这些案例仅当作课后作业。

(3)加速内外流动

因为教学平台的案例不仅有固定的,也可以是开放的,所以老师们要发动学生们的积极性,让他们一起参与进来,根据需要添加补充,不断丰富案例,不要受教师音视频固定案例所束缚、限制。

(4)创建校际联动

因为教学平台不仅是一个班级或一所院校的,也可以是兄弟班级或院校的,所以老师们要在这一平台上发布、分享成功的教学经验,实现广泛的教学联盟并形成固定的交流机制,不再单打独斗、各自为政。

### 2. 对学生而言

(1)学而后思

学生学习时不仅要听要看,而且要思考。正如孔子所言"学而不思则罔",因此,同学们要带着问题学、主动地学,不要盲目地学,不要被动地学。

(2)思而后练

学生学习时不仅要思考,而且还要多训练。正如孔子所言"学而时习之",因此,同学们要通过不断练习掌握一技之长,不要仅仅停留在思考和认知的层面。

(3)练而后用

学生学习时不仅要思考、训练,而且还要做到"学以致用"。因此,同学们要多找一些实战机会,用以提高自己的实际能力,不要停留在课堂上的练习阶段。

(4)用而后活

学生学习时不仅要思考、训练、实践,而且还要做到"活用"。因此,同学们要从自身出发,从实际出发,做到应变自如、出神入化,不要陷进案例的模仿中。

话到最后,似乎还有一个回避不了的问题:我们专业的培养总方针是立足为"公媒体"输送播音主持人才,还是立足为"自媒体"输送"主播"?或者二者兼而有之?如果从市场、从现实来看,个人倾向应该是后者。那么如果是后者,且不说"公媒体"也成了"融媒体",我们培养的新路径和新模式除了上述以外,也必须有一次革命性的"创新",正如有的老师发言中所提到的:当下,播音主持人才除了原本的专业能力以外,还必须加上"技术"和"商业思维"的培训。

呼应开头,总而言之:守正才能留住历史,才能拥有未来;创新才能拥有未来,才能留住历史。与时俱进、适者生存,这是一条颠扑不破的铁律。

# 自媒体视域下主持人的多维度培养思考

◆ 张大鹏[*]

**摘要：**新媒体和自媒体的迅猛发展改变了传播样态，传播主体、传播媒介、传播受众的变化给一线工作人员和高校教育工作者带来了严峻挑战，因此，播音与主持艺术专业的教育也理应不断适应媒介变革。在自媒体视域下，播音与主持艺术专业的教育存在"重艺术"而"轻技术与商业"的现象，为促进播音与主持艺术的教学内涵不断拓展，在行业的生产过程中起到真正的引领、推动作用，播音与主持艺术专业的高校教育工作者可以从课程、实践与比赛等方面进行探索，以期实现科学、教育和人才三位一体的创新发展。

**关键词：**自媒体；人才培养；播音与主持艺术专业

多年以来，大家对播音与主持艺术专业的教育充满关注和思考，其中一个重要命题是主持专业的主学科是什么？或者说主持艺术的创作手段、核心素养究竟是什么？此外，还有诸如播音与主持的内涵之争，主持人中心制是否能够实现等追问。答案尚无定论之时，新媒体和自媒体的迅猛发展改变了传播样态，之前的很多争论顿时失去了意义，我们需要面对新环境、新问题和新挑战。

## 一、背景：新传播样态的变化

所谓的新传播样态有广义和狭义两个概念，狭义的"传播样态"指具体的艺术形式，如传统的广播、电视、电影，新媒体中的微电影、短视频、短剧，等等。广义的传播样态则至少包含三个要素：传播主体、传播媒介、传播受众。正是这三个要素作为核心变量在影响着传播样态的变化，从而体现为媒介环境的变化。

---

[*] 张大鹏，上海戏剧学院副教授。

（一）传播主体

传播主体，也就是传播者，是信息价值与情感价值的主要制造者和发布者，是三者中的核心变量。落实到具体的节目生产，也就是该节目生产传播过程中涉及的所有工作人员，其中播音员主持人是所有生产者中最容易被注意、被包装、被传播的部分。播音员主持人的人格化形象是传播链条中的终端呈现形式，也是传播主体的核心符号，但目前播音员主持人的专业环境和媒介生态与之前大不相同，创作方法和创作状态也迥然不同，对他们的管理、激励和培育更需要与时俱进。比如，对他们的职业定位，从某种意义上来说，不应把他们视为内容生产流水线上的一个作业工人，而应成为一个价值要素，成为生产与运营的重心或者中心，成为一个具有多元创造力的主体。

（二）传播媒介

传播媒介是指具体的艺术形式，这是广义传播样态中的最大变量。电视依然是影响力最大的传播媒介之一，但电视本身却遇到了市场难题。而未来几年内，受市场疲软、资本紧缩、消费不振等大市场环境影响以及 AI 技术的蓬勃发展，传统媒体的生存环境会更加困难，高度依赖原有体制机制的播音员主持人将不可避免地受到冲击。

（三）传播受众

传播受众则是三个变量中的最大推力。目前，传播受众呈现出四个主要特点：时间碎片化、审美多元化、体验个性化、评论粗鄙化。比如，观众既对艺术质量有追求，希望节目内容质量高，又希望播音员主持人能突破传统、具有"网感"；既希望能看到老同志的沉稳大气，又希望听到新的声音；既希望能够保持传统媒体的权威性和庄重感，又想看到播音员主持人最个性化的一面。"我太难了"是传媒工作者的共同心声。受众分化严重、观点多元，这为我们的艺术创作带来了正反两方面的影响。

总之，我们现在面临的是一个媒介多元、受众分化、竞争加剧的新环境，这对于一线工作人员和高校教育工作者来说都是一个严峻挑战。

## 二、教学：艺术、技术与商业的综合

笔者在上海戏剧学院主持专业工作，主要从事"语音发声"和"电视新闻播音"课程教学，同时参与了大量新媒体数字音频和短视频节目的生产制作。教学、科研以及实践的同步推进，为我观察自媒体提供了一个新视角。根据 2023 年上海戏剧学院教务处教学质量办公室对毕业生的统计和访谈,2019—2022年间,上海戏剧学院主持专业的毕业生中从事自媒体工作的人数,占毕业生总数的近1/4,其中1/3属于自主创业,每一个自媒体工作者平均带动就业岗位4个。同时,内容生产数量、平均收入水平明显高于传统媒体,参与的工作环节也拓展到了全产业链条。笔者通过大量实践和调研后认为:播音与主持艺术教学在进入传媒新时代之后,不应再局限于单一的艺术教学,而应该是一个由艺术、技术和商业三个维度构成的综合教学体系,其中,艺术是根本属性,技术是生产工具,商业是重要保证。在新媒体时代,三者缺一不可。

(一)艺术方面

目前,开办播音与主持艺术专业的高校的教学主体都是围绕艺术能力进行的,所谓的差异化办学是在艺术风格上有所差异,对技术和商业维度的关注普遍较少。

(二)技术方面

各高校的课程体系和培养方案中对技术内容的关注比较少。科学技术的每一次进步,都会带来媒介市场的巨变。从文字到广播,到电影电视,再到5G网络,还有未来的元宇宙,等等,传播技术的改变,必然带来传播形式的改变。信息的爆炸其实是传播渠道拓宽的表现,看似爆炸增长的新信息绝大部分不过旧信息在新媒介上的重新上演或集中出现而已。面对同样的一则信息,我们的课程会告诉同学们在广播和电视两种不同媒介中应该如何制作;即便都是呈现在电视上,那么在新闻和社交节目中该有何不同;也许还会告诉大家在不同的平台上,同样的信息该如何根据平台调性进行传播。不过,暂时还没有看到有学校在进行Web3.0时代的布局,探讨在AR、MR、XR等技术条件下如何创建主持人形象,如何进行现实与虚拟的模拟互动?智能语音以及数字人、中之人的驯化如何实施?当区块链技术已经可以为我们的数字资产正式确权后,我们应该如何评估主持人的核心价值,如何定位主持人参与生产的方式方法?可以说,我们对播音与主持艺术的研究整体落后于媒介技术的发展,主要是在探索既有媒介上如何做得更好。

(三)商业方面

商业思维教育则是播音与主持艺术教育中更大的短板。原本的人才培养模式非常简单,我们培养的学生掌握了播音主持技能、进入传统媒体后,终于成了他们梦想成为的播音员、主持人,同时也进入了庞大传播体系的一个终端环节。而这个庞大的体系如何运营、资金怎样流动,用户能否维护,等等,很多播音员主持人一无所知,既没有客观工作需要,也没有主观意愿,更没有机会参与其中。于是,无论校内校外,同学们普遍对商业逻辑缺乏认知,甚至认为这不是播音员主持人需要掌握的内容。然而,当播音员和主持人以这样的姿态进入自媒体后,就成了"跛脚鸭"。实际上,商业思维的欠缺是大部分传统媒体工作者向自媒体转型时的最大障碍。自媒体要求创作者、制作者、运营者要合而为一,艺术、技术、商业三个维度几乎是一股脑摆在面前。可在传统媒体中习惯细化分工、坐等上游环节的到位服务后,很多工作者连基本的投入产出比、利润计算方式、用户运营、发行渠道等都不甚了解,常常是"拔剑四顾心茫然"。

我们不能要求立志从事自媒体工作的学生只关注艺术水平,生产的内容叫好不叫座,这就没有发展动力;我们也不能要求学生为爱发电、无问东西,这种悲壮的审美形态在市场环境下难以为继。自媒体要求创作者本人就是一条完整的传播链条,因此,我们有必要弥补学生的技术和商业思维短板。比如,进行自媒体创作时,同学们最先面对的守门人是数据算法,也就是说,第一观众通常不是一个个具体鲜活的人,而是一台机器和它的计算逻辑。算法会帮我们按数据运算结果贴标签、按细分赛道进行推送、按受众反馈决定曝光量、按商业收入决定合作方式。不同平台的算法各有差别,但底层逻辑全都一样。不懂得如何闯过算法这一关,不懂得怎么观看后台的核心数据指标,再好的内容恐怕都会打了水漂。懂得了算法逻辑后,上传时选择什么样的标签、如何确定自己的有效受众、如何对受众进行私域运营、话题的选择怎样才算贴近受众、节目改版有没有时间窗口等等具体的操作问题接踵而来,而这些操作技巧大都要在艺术创作基础上参考技术和商业因素。大数据其实助推了文化创作领域的马太效应,资源向头部不断集中。目前各传播媒介、细分赛道的头部作品并不代表最高的艺术水平,但却具有良好的商业逻辑,或者在二者之间取得了良好的平衡。

## 三、途径:课程、实践与比赛的探索

补足学生的技术和商业短板的途径可以有以下三点。

### (一)课程建设

与实践相衔接,扩展课程的边界,在专业必修课和选修课中引入"人工智能技术概论与发展趋势""媒介管理与运营""品牌研究"等理论型和混合型课程,同时配套相应的实践要求。

## （二）实践机会

利用工作坊、培养通道、产学研项目和学生实践基地等实践方式，让学生进行项目制实操。如上海戏剧学院主持专业与中央广播电视总台下属的新媒体平台云听、上影集团、科大讯飞股份有限公司、阿莱集团、松江融媒体中心等的合作，通过组合型课程、实习通道，使大量学生在毕业前充分接触了一线工作需求，掌握了实操技能。比如，2018级毕业生参与运营大型多媒体舞台剧《国士》；通过与学习强国的合作，让学生们完成从策划到内容生产再到上线运营的全流程实践；通过对2022级新生的系统调查和沟通讨论，建立了针对音频市场的魔都电台播客群、针对短视频商业孵化的"艺术上海"等实验项目。

## （三）比赛引领

形成大学生创业创新活动氛围，鼓励学生参与创作和运营。"互联网+"大学生创业大赛是打开学生思维与视野、熟悉媒介市场环境、提高综合素养的重要渠道。目前，上海戏剧学院主持专业通过教师带队和辅导，连续获得上海市二等奖和国家级金奖。

当然，还有诸如利用项目申报、委培共建等方式进行人才培养，方式的创新不是问题，关键在于专业本身的推动力量需要形成。实际上，上海戏剧学院在这方面已经进行了一些探索和尝试。

## 四、结语

综上，我们不应再把播音员主持人定位为广播电视内容生产过程中的一个作业工人，而应成为一个价值要素，成为一个具有多元创造力的主体。同时，也应促进播音与主持艺术的教学内涵不断拓展，在行业的生产过程中起到真正的引领、推动作用。上海戏剧学院主持专业也将继续遵循"品行正、基础厚、技能精、实践强"的高层次人才培养目标，践行习近平总书记"人人皆可成才的"的教育理念，实现科学、教育和人才三位一体的创新发展，为国家培养更多懂中国、知世界、善传播的意见领袖。播音主持专业的明天一定会更美好！

# 全媒体语境下播音主持业务融合创新研究

✣ 周 隽 舒 雨*

**摘要：** 在传统媒体时代，主持人一直是节目的核心，收视率直接反映了受众对整个节目的看法。全媒体时代的来临，主持人的从业条件出现的变化，各种新型媒介模式的诞生，对传统媒体的传播环境带来了巨大冲击。而传统媒体的主持人发展也将面临前所未有的困难与考验。本文以全媒体语境下播音主持业务融合创新研究为起点，分析国内播音主持教学的模式与存在问题，结合新文科建设背景下播音主持学科发展要求，提出播音主持专业改革和创新的路径，希冀引起学界与业界的关注。

**关键词：** 全媒体；主持人；业务融合；播音主持教学

在新兴媒介蓬勃发展、各媒介文化深入融合的今天，传统传播模式正日益明显地遭遇来自多方面的冲击。当代播音主持肩负发展播音事业的重要责任。传播、创新既是企业生存的紧迫需要，也是社会发展的必然需要，更是贯穿教学与实践的重大课题。

好的主持人到底应当具备什么样的综合素质？由此引申出的问题是：当今全媒体传播环境下，高校播音主持专业教学应当有什么样的改变？通过《主持人大赛》等节目的比赛形式我们可以看出，重点不再是主持人的吐字发声，而是口语传播的表达能力和逻辑思维能力，语言内容占据了第一位。笔者基于长期从事广播、电视栏目主持实践，以及当下全媒体语境下播音主持业务融合的创新，认为高校播音主持专业课程改革应当更加侧重于学生语言表达和思维培养，以顺应全媒体语境下播音主持业务融合创新的需求。

---

\* 周隽，南京艺术学院电影电视学院教授；舒雨，南京艺术学院电影电视学院研究生。本文是 2022 年南京艺术学院播音与主持艺术思政教学团队成果，项目编号 KY204YL2111/101。

## 一、全媒体语境下播音主持业务融合创新的基本内涵

全媒体语境指借助图像、音乐、视频、动漫以及互联网等各种媒介形式的方式，通过融合广播、影视、音乐、出版物、报纸、期刊以及网络等各种媒体形式，利用全国统一的广电网络、通信网络和互联网络来实现传播，最终达到使用者在电视、电脑以及手机等各类终端上都能进行消息的融合接受，所有人可在任意时候、任意位置、任意终端上获取需要的资讯。例如在两会期间，用户通过使用"人民视频App"AR扫描就可以观看两会实况，获得沉浸式感受；《光明日报》社评室和《光明日报》的科技团队联合制作了《光明政论——AI小明说两会》，AI虚拟主播的使用增强了观看的娱乐性；中国网推出H5产品《我把政府工作报告唱给你听》，引导使用者回答政府工作报告的相关问题，然后解锁相应曲目。中央广播电视总台音频客户端云听也正式推出"简洁模式"。该模式由"云听乐龄版"全面升级而来，并按照工信部2020年年底发布的《互联网应用适老化及无障碍改造专项行动方案》比对设计，更加适配老年用户的身体实际和操作习惯，致力于服务智能产品的适老化升级，助力移动互联网时代老龄化社会建设。为满足用户便捷操作需求，云听"简洁模式"依托主站开发，与常规模式并行，用户进入云听首页即可一键切换，无需重复下载。在提供大字极简模式的同时，为受众提供优质的收听体验和便捷的生活场景服务，满足受众全天有声陪伴的需求。

故而，关于全媒体的研究也就必须回归"以用户为中心"的基础上来。与此密切相关的是"用户使用环境"这一范畴。一般用户的使用场合包括在办公室、在路上以及在家里，因此，全媒体传播就是涵盖以上三种应用场合的载体布局结果。全媒体传播概念涉及全程媒体、全息媒体、全员媒体以及全效媒体四大方面，所以构建"四全媒体"可以作为当前全球介质整合发展的新课题。

全程媒体就是媒体要充分涵盖以上三种体验环境，形成实时的真相展示体系，从而保证受众随时随地切入媒体事件的第一场景。全息，即资讯传递的方式不只拘泥于单纯的图文，AR、H5、音视频等新方式也能给消费者提供崭新的感受，"万物皆可为媒介"的趋势必将越来越明确。例如vlog视频的制作，并非传统的电视节目制作，也不是新媒体的网络节目制作，而是以一种自媒体的方式，让用户参与进来。这就吻合了整个媒介的发展思想，就是要实现全员参与，所以媒介的流程不仅仅限于媒介自身，还要把自身和外界衔接起来，做到从规划、议程设计、信息生成到传输的全部流程整合。又例如上文中提到的中央广播电视总台音频客户端云听"简洁模式"则依托主站资源，整合中央广播电视总台独家广播电视节目资源，依托400余位总台知名主持人、知

名记者编辑和权威制作人,重点打造健康养生、新闻资讯、戏曲文化、评书相声等9大品类超200万时长的精品节目,为中老年用户提供兼具权威性、专业性及个性化的高品质互联网声音服务。

## 二、全媒体语境下业务融合创新所带来的教学问题

中国改革开放四十年来,播音主持专业在实践领域也发生着与时俱进的变化,传统的教学体系偏向于广播电视媒体,以传统电视主持人为代表的播音方式满足的是20世纪播音实践的需要,因而教学中还是侧重于对学生进行播报能力的训练,要求气息平稳,表达顺畅,语音标准。转型时期人民群众对于人民声音的渴望,呼唤也预示着播音风格和主持体系要进行调整和改革,用人民群众更容易接受的表达方式来加强传播效果。而当下互联网作为最受大众欢迎的传播媒介更加容易吸引受众。因此,不仅传统媒体的主持人,更多不同平台的主持人在网络端输出内容中会更加注意语言的亲切性和幽默感。在融媒体时代传播语境中,主持人语言风格和表达特色需要更加多元化发展,内容平淡、语言缺乏个性、没有风格的主持人终会被淘汰。笔者在高校多年从事基础播音教学,对比新一届央视主持人大赛的要求,总结了当下播音主持本科教学中存在的一些问题。

(一)教学内容同质化严重

中国播音学的发展不是一蹴而就的,新中国成立至今,播音与主持艺术专业适应中国传播环境的变化,形成了有中国特色的播音主持教学体系。传统本科教学模式强调播音基本功的训练,包括标准语音训练和科学的发声训练,因而导致几乎所有的本科播音主持院校都要开设将近两年的言语课程训练,包括语音基础、播音创作基础等,教学内容同质化。随着主持时代的到来,在播音员口播功力不减的前提下,我们需要增加即兴口语表达的训练,口语传播能力的培养与发展是新时期新大赛对主持人发展的要求,学会播更要学会说,恰到好处地去表达,吸引受众才是当下教学改革的重点。

传统教学中存在的个性表达缺失的问题需要在新时期教学改革中有所突破和改变,让学生不仅仅要学会吐字归音,更要增强新媒介采编能力,把新闻采访报道的技巧和完美声音表达相结合。主持人的工作已经不再局限于在演播室播读已编辑完成后的新闻稿件,具备采编播一体能力的复合型人才是新闻媒体所需要的。在实践工作中,新闻工作者的素质直接关系到新闻报道的质量高低。主持人不仅要学会演播室的播音,更要具备驾驭复杂新闻现场的直播能力。类型化节目的发展,要求类型化主持

人具备专业素养,新闻节目主持人要具备控场和采编整合能力,综艺节目主持人要有表演感受力和表现力,生活服务主持人要成为杂家了解万象,法制主持人要具备法学素养和人文关怀,等等。因而新时期播音主持艺术专业在教学过程中更应当在巩固播音基础上,根据媒介发展的需要,根据学生的特长,培养学生的兴趣,因材施教,使其既有个性魅力,又有专业技能。

### (二)缺乏融媒体思维

缺乏融媒体思维也是困扰传统教学的一个方面,很长时间以来,以中国传媒大学作为代表的中国播音学派更加注重播音内功的研究培养,而互联网时代要求主持人更要具备突发事件处理能力。媒介的多元化发展,使受众青睐于更具时效性和真实性的表达,互联网给用户带来的互动感前所未有,因此主持人要加强创新意识,对于当下传统媒体和融媒体的运营方式要进行更加透彻的了解,尤其是要运用融媒体的技术知识来促进自身的全面发展,在工作中也应当做到亲近受众,从受众的角度出发,让语感和语调更加自然和亲切,贴近受众的心理,获得受众的支持。

例如《主持人大赛》中新闻类选手龚凡是一名IT从业者,她用一段"机器用作诗来进行情感表达"的算法演示,向观众展现了人工智能领域的创意节目表现形式。来自人民日报社的新闻类选手果欣禹,在节目中和虚拟主播"小果果"(原型果欣禹)共同合作主持,她表示只有将人工智能具备的超强学习能力和人类情感的交流结合在一起,未来两者的方向才将朝着合作走,并且AI虚拟主播永远无法代替真人主播。因此,在教学中与时俱进地跟上融媒体时代的脚步,加强学生创新思维也是教学改革的必由之路。

## 三、全媒体语境下播音主持教学的改革创新路径

基于对播音主持业务融合创新的研究,我们发现全媒体时代背景下,主持人专业素养亟待提高,传统的播音主持课程的教学方法应当跟随时代做出改变。某种程度上播音主持的学科教学设置要以传统媒体主持人要求为基础,不断培养学生融媒体传播环境下的新闻素养和意识,以适应媒介发展的需要。"信息技术与人文社会科学的融合已经成为一个国际趋势,新文科建设是实现哲学社会科学与科技革命交叉融合在高等教育的实践"[1],当下人文学科面对网络时代的到来和变化有些应接不暇,而播音主

---

[1] 周毅,李卓卓.新文科建设的理路与设计[J].中国大学教学,2019(6):52-59.

持作为新文科的代表性专业,更要通过改革,肩负起时代的责任,做好党的喉舌,培养好人民的播音员,以下提出改革创新的一些思路,以供学界和业界教学与实践参考。

(一)言语大课与分方向小课相结合

在播音主持的课程改革中,要考虑传播背景的变化与时代发展的主流,要在教学中强化学生思维能力的训练与口语传播能力的培养。中国大部分开设播音主持专业的院校,还是延续北京广播学院播音系的教学体系,采取大课和小课相结合的模式,大课讲授播音理论,小课进行口播业务训练。

而实际上,我们除了口播能力,更应当根据学生的优势和自身特点进行分方向培养,例如,针对文字能力过硬、新闻语感较强的同学开设新闻采编类课程,如中国传媒大学播音专业开设了一系列新闻学课程;针对有表演感受力和表现力的学生,可为他们开设表演类课程,例如南京艺术学院和上海戏剧学院的播音专业为学生开设声乐、形体表演课程;对于愿意从事法制服务类节目的学生,开设相关的社会学课程,增加学生知识,丰富内涵表达。国内部分科班播音主持院校开设新闻主持、出镜报道、综艺主持等方向,这也是对学生分方向进行小课培养的一种有效尝试。

主持人要树立积极包容的思想和与时俱进的观念,扬长避短,保证视野的开放性和多维度,积极与社会接轨,积极接受各种信息,随时注意与世界同频,以"用户"的心态了解观众的需要,努力做到涉及广泛、博采众长。以上文提到的南艺"播音主持创作基础研究"课程的实践内容为例,每位同学选取自己熟悉的领域进行音视频的题材选择、文案撰写以及后期剪辑,达到自己最为满意的效果后,在班级进行展示,广泛吸收老师和同学的意见,再进行进一步的更正,这样才能让学生真正体会到主持人角色的存在感,将主持节目推向专业化。在全媒体时代,行业内容非常庞杂,需要主持人不断学习其他领域的内容,将自己培养成专家型主持人,更好地成为受众和节目的桥梁,为传播信息服务。

(二)语言基础与思维表达相结合

作为传媒形象的代表,主持人如何激扬智慧,彰显人格,发展个性,体现不同的风格,展现各自独特的魅力,这一方面取决于节目主持人这一职业的特性,另一方面也取决于大众传播的要求。科学的用声方法和标准规范的语音是本科教学课程设置的基础,同时我们更要培养学生的思维能力,构建完善本科课程大纲和教学方法,实现为新时期媒体培养传媒人才的目标。传播环境的变化,让有内涵、有特色、有人文关怀的主持人成为节目的品牌标志,这也让观众更加喜爱品牌节目。因此,播音主持本科教学过程中更要注重思维能力的训练,提升学生的策划导演能力,适应新媒体环境发展需求。

例如在主持人大赛的决赛现场,新闻类男选手赵思衡,语言功力过硬,体育专业知识素养丰富,他用体育节目主播的形式开场介绍了自己的职业:"那么在众多的高手当中,有一半以上的选手都有着五六年的工作经历,这用体育的话讲叫老将。他们有'女排精神',怎么讲?走下领奖台,一切您从零开始。那说完老将,我们要说说要发芽的新人,本次大赛当中还有没有崭露过头角的95后都已经亮相到这个舞台上了。您真的不要忽略年轻人,因为年轻的力量很可怕,他们也许是一只只小龙虾,也许是龙虾小时候。咱说完了新人,咱们再说一说有一些非专业的选手也报名参赛了,他们有学医的、学法的、学理的、学农的,这都叫术业有专攻,他们可以用专业的知识来做专业的节目,他们这是跨界当中的优势。"他使用了激情、轻松、搞笑的语言,并熟练掌握体育解说领域的基本要义和类型特点,给观众留下了鲜明深刻的印象。

### (三)职业意识与政治、文化意识相结合

随着市场对播音主持人才职业化要求的不断提高,播音主持专业学生需要具备较高的职业化水平,来适应多元、现代和发展的新传媒时代。在播音主持教学中,应当培养学生具备媒体工作者的基本素养,比如语言技能、新闻素养,而这其中政治意识最为重要。习总书记多次寄语新闻工作者,希望新一代新闻人能够坚持正确新闻志向,提高业务水平,勇于改进创新,不断自我提高、自我完善,①由此可见,高举旗帜、引领导向在任何时候都是媒体人的首要职责。

例如为积极响应"健康中国 医者先行"倡议,助力全面推进健康中国建设,在健康中国行动推进委员会办公室、中国医院协会的指导下,中央广播电视总台借助CCTV-1《生活圈》栏目"在线大名医"大健康板块,联合"云听"App打造以"健康管理在行动"为主题的全民健康科普网络、电视"音视频"双直播活动。这档由中央广播电视总台举办的"在线大名医"之"健康管理在行动"12小时医院专场直播,以复旦大学医院管理研究所发布的"2021年度中国医院排行榜"为依据,以全国排名前50的三甲综合医院、三甲专科医院(含中医院)为单位,组织体量大、覆盖广。在该直播中,主持人不仅要考虑到电视语言表达的严肃性,还要顾及网友们的在线问答,要用诙谐幽默的语言让直播更加生动有趣,保持网络用户点击量,同时更需要照顾到广播收听用户的听

---

① 殷殷嘱托!习近平这样要求新闻工作者[EB/OL].(2019-01-28). http://hn.cnr.cn/hngd/20190128/t20190128_524496357.shtml?ivk_sa=1024320u.

觉感受。主持人需要不断转化语言风格、用词习惯,要具备很强的控场能力。只有掌握全媒体时代的特点才能保持从容、良好的心态,达到全媒体时代下播音主持业务的真正融合。

(四)实践能力与过程考核相结合

目前各大高校在教学过程中存在的主要问题为重理论、轻实践,此种刻板模式虽然能够完成教学任务,对学生理论知识水平起到强调作用,但不利于学生实践能力的提高。

播音主持工作本身对个人的学识素养、应变能力以及主持能力有着较高的要求,换言之,丰富的经验与实践累积是提高学生能力与水平的重要手段,学校要注重提升对播音主持学生的实践能力的培养。应大量利用广播、电视和网络媒体的平台丰富学生的实践主持经历,这不仅有利于学生将理论知识运用于实践中,还有助于提高学生的业务水平,从而为将来的就业与发展奠定坚实的基础,丰富的采访和出镜经验会夯实一名主持人的专业功底。正如周星教授在《新文科建设背景下艺术学科综合性发展的思考》一文中总结的,"新文科建设的重要意义,不是摧毁旧有学科体系,而是要打破'内卷型'困局以兑现突围式的学科发展,跨越自身学科壁垒,逐步扩大和其他学科之间的借鉴与交流",这已经成为当下学科发展的常态。未来媒介环境还会发生更大的变化,这也对播音主持学科提出了更高的要求和挑战。播音主持学科的课程安排设置要紧跟时代的脚步,保持开放的思维方式,不断专注受众的感受,才能符合时代发展的要求。

## 四、结语

传媒行业竞争激烈,媒介技术不断更新换代,节目形态层出不穷,播音员主持人面临着诸多的挑战,播音与主持艺术专业教学改革势在必行,人才培养要和媒介发展相匹配。新媒体时代下,好看的皮囊千篇一律,有趣的灵魂万里挑一,这对于主持人提出了更高的要求,强化语言表达的思维逻辑,培养自身的综合素养,才能应对和适应当前复杂多样的媒介环境。

基于此,传统的电视播音员要顺应时代发展的趋势,抓住全媒体环境下广播电视主持行业融合发展的内涵与特征,仔细研究自己所存在的缺陷,进一步开拓和创新,多措并举,及时掌握新的发展方向,改变传统工作思维。播音员主持人只有督促自身学习并具备采编、录制、播出等多方面的知识,以及播报、解说、讲述、采访等多方面的能力,才能够实现播音主持业务的融合与创新,实现全媒体语境下的可持续发展。

**参考文献**

[1]周毅,李卓卓.新文科建设的理路与设计[J].中国大学教学,2019(6):52-59.

[2]周星,任晟姝.新文科建设背景下艺术学科综合性发展的思考[J].南京师大学报(社会科学版),2020(3):142-150.

[3]李甜甜.融媒体时代主持人的创新发展目标及策略[J].西部广播电视,2021,42(20):146-148.

[4]杨刚,陈一鸣.边界与融合:新媒体时代的主持传播——第三届中国主持传播论坛(2019)综述[M]//高贵武.中国主持传播研究(2020).北京:中国传媒大学出版社,2020:255-264.

[5]刘紫昀.全媒体时代电视新闻发展的新思维:以北京广播电视台2020年全国两会报道为例[J].西部广播电视,2020(16):37-39.

# 成为内容生产者和传播多面手
## ——融媒体时代主持人自我提升的方法论

◇ 马 聪[*]

**摘要：** 本文通过分析融媒体时代的传播特点，找到融媒体时代专业主持人所面临的危机，梳理出各个传媒时代内容生产者的基础思维，指出融媒体时代主持人应该以"时间占有"思维进行内容生产，并且应该向短视频、游戏、知识付费等文化娱乐产品学习，不断自我更新和自我提升，成为融媒体时代的内容生产者和传播多面手。

**关键词：** 融媒体时代；主持人；自我提升；内容生产者

托马斯·弗里德曼在《世界是平的：一部二十一世纪简史》中分析了21世纪初期全球化的过程。书中主要的论题是——"世界正被抹平"。在他看来，这是一段个人与公司行号透过全球化得到权力的过程。他分析这种快速的改变是如何透过科技进步与社会协定的交合，诸如手机、网络、开放原码程式等科技的进步而完成的。

在媒体领域也是如此。纸媒出版时代，发表观点和信息是少数人或少数阶层的特权，甚至连阅读和接受信息也是少数人才能有的能力。广播电视媒体的发展减弱了这一现象，而互联网时代的来临，让每个人都有了发布信息的权利，因而，世界变得更"平"了。

## 一、人人都是主持人的时代来临了

移动互联网真正让每个人都成了信息的发布者、传播者、评论者。权威媒体发布重要信息，自媒体发布观点内容，新媒体服务特定受众，已经成了新的传播内容生产方式。在这一环境下，融媒体的概念应运而生。多屏融合、网台联动等，也成了传统媒体

---

[*] 马聪，上海戏剧学院教师。

的求生之道。而新媒体从业者为了让自己的产品完成内容变现,也需要传统媒体的认可和背书。

(一)新技术手段赋予每个人发言权

互联网刚刚成为主要的媒体平台时,受众和传统媒体都认为发生改变的仅仅是传播的媒介。传统媒体做出的改变,也仅仅是把原来在报纸杂志和广播电视上发布的信息同步更新在网络上而已,人们接收的信息,大部分还是来自少数媒体。随着Web2.0时代,尤其是移动互联网时代的来临,传统媒体或者说权威媒体再也不是传媒中的绝对主角了。

融媒体时代,人人都可以发布信息。当每个人利用手中的手机成为新闻发布者的时候,就打响了一场信息的战争。由于现代移动互联网发布信息的便利性和多媒体特点,人人都可以成为主持人。而传播主力军——主持人,在这一时代又面临着怎样的危机与挑战,又该何去何从呢?

(二)新传播平台降低主持人话语权

根据以往的传播理论,主持人应该是真正意义上的意见领袖,是广播电视时代最主要的信息发布者。如今,在这样一个人人都是主持人的时代,当大众的发言同样被关注到的时候,即使不是每个拥有发言权的人都有话语权,主持人的话语权仍被大大削弱了。

首先,是人们关注点的转移。以短视频为代表的媒体,用更加"短平快"的方式占据着人们碎片化的时间,而受众对传统意义上的主持人的关注度则降低了。传统主持人即使试图做出很多适合新媒体平台的转变,也很难重获受众的关注。其次,在人人都是主持人的时代,能够让专业主持人失业的,不是其他专业主持人,而是有传播意愿的人,以及能够影响主持人话语权的人。

(三)主持人必须掌握新技能新方法

面对这样的挑战,传统媒体主持人、主持传播领域的学者和教育工作者、新媒体主持人等所有相关人员,都应该重新调整思路,面对新环境、新形势、新平台,找到新方法,掌握新能力,创作新作品,不断提升、不断更新。

学界必须走在业界前方,不能满足于对现有现象的分析和为现有现象找到学术支撑,更应该通过分析现象,预见未来,给主持人、主持传播领域的学生,指出新的自我更新的方向。

## 二、主持人必须转变内容生产的基础思维

不同的传媒时代,有不同的传播介质,而不同的传播介质决定了传播者拥有怎样的传播思维、采用怎样的语言样态、生产何种传播产品。通过梳理从纸媒时代到互联网时代传播者的创作思维,我们应该设计出一种融媒体时代传播者,尤其是主持人应具备的新的创作思维。

(一)传统媒体内容生产的基础思维

在纸媒时代,内容生产者的基础思维叫作"发行量思维"。

发行量思维的逻辑非常清晰。简单来说,传播产品作为印刷品,生产一份卖一份,有实物、难做假,为了销量,多接广告保利润,在这样的思路下版面越来越多,有效信息和广告甚至到了各占一半的程度。这一时期,内容生产者的基本思维,就是想尽办法多卖印刷品,想尽办法多接广告,在销量和广告中间找平衡。

在电视时代,内容生产者的基本思维是"收视率思维"。电视媒体的内容生产者最在意的是同一个时间有多少人在同时看节目。观众在不断换台的时候,停留在这个节目的短时间内如何被吸引,这是电视创作者最主要的课题之一。和纸媒时代一样,收视率决定广告投放的多少,而过多的广告投放又有可能影响收视率。在这样的矛盾下,创作好的内容,把合适的内容放在合适的时间,在某一段时间内到底能吸引多少受众,就形成了电视内容生产者的"收视率思维"。

互联网时代,"点击量思维"诞生了。互联网平台的作品和电视作品最大的区别在于,好的内容更容易被受众"点播"。生产者不用担心同一时间收看内容的受众人数多少,而在意的是内容能累计吸引多少点击量。脱离了"时刻"的束缚,也给了生产者更大的自由。

后来,有了一种独特的现象,叫作"流量思维"。内容生产者不用太在意作品的质量,甚至可以不生产具体作品,只要有足够的元素能够引起关注就可以了,比如以"小鲜肉""小仙女"为代表的演员,比如足够的"戏外"话题性等。有流量就有关注,有流量就能变现。"流量思维"在很大程度上拉低了内容生产的质量。

(二)融媒体时代主持人应有的内容生产基础思维

全球最大的个人电脑游戏平台 Steam 在 2022 年 1 月发布了《2021 年全球游戏玩家回顾报告》,这份报告中的数据显示,2021 年全年,全球的游戏玩家在电子游戏上花

费的时间,累计起来超过430万年。① 有不少玩家及专家学者都认为这个数据有堆砌大数字哗众取宠之嫌。其实,这个数据值得传媒研究者从另一个角度进行分析。仅仅Steam这一个平台上,就有1.32亿游戏玩家,这些玩家全年在游戏上花费的时间加起来是376.8亿小时。如果平均到全世界所有人身上,则意味着全球80亿人,平均每天玩游戏4.71小时。我们从上述数据可以看到,游戏在很大程度上占有了全世界人的时间。进而我们可以得出这个结论,在融媒体时代,和主持人竞争的不是其他主持人,而是所有人;和主持人创作的节目竞争的,不是其他人创作的节目,而是其他所有文化娱乐产品。

融媒体时代我们应该有怎样的内容生产基础思维?用一句话概括,就是"时间占有思维"。英国著名作家阿道司·赫胥黎说:"时间最不偏私,给任何人都是24小时。时间也最偏私,给任何人都不是24个小时。"每个人都有24个小时,这可能是世界上最公平的一件事。关键就在于人们用这24个小时来做什么。②

大部分情况下,受众在做一件事的时候,就不能同时做另一件事。我们应该意识到,融媒体时代的主持人作为内容生产者,要抓住受众的时间,就要先吸引受众,再尽可能占有受众的时间,准确地抓住碎片化信息传播特点和碎片化时间利用的特点。比如现在的电子游戏、短视频、直播、知识付费等文化娱乐产品,似乎都在抢走我们的时间。我们也比较清楚地认识到,这些文化娱乐产品的有趣程度和吸引人眼球的能力以及带来的参与感,应该比主持人能带来的有趣程度和参与感要多得多。那么主持人如何在这种情况下吸引受众呢?笔者认为,主持人在融媒体时代应该向互联网产品学习,向各种文化娱乐产品学习,吸取其优点并为我所用。

## 三、主持人必须成为内容生产者和传播多面手

主持人在融媒体时代要做的第一件事,就是在有限时间内,让受众关注到你。

短视频平台的火爆,让用户只要发布内容,就能吸引至少百万人的目光,但是结果是,可能只能吸引用户停留5秒。抖音有一个重要的评价视频好坏的标准,叫作5秒完播率,它会考核你的内容究竟有多少人看满了5秒。这是一个非常短的时间。

传统媒体时代,只要生产的内容受到关注,那么,专业主持人就可以继续自己的传播了。现在,每个普通人都可能被百万级别的受众关注5秒。可能这对于一个只是分

---

① 易禹开.中国游戏产业海外发行运营策略调研报告:以网易游戏为例[D].南宁:广西大学,2022.
② 刘瑞复.马克思主义法学原理读书笔记[M].北京:中国政法大学出版社,2018.

享自己生活点滴的普通人来说就够了,但是对于专业主持人来说绝对不够。主持人必须思考在受众关注了5秒以后要干的事情——通过吸引别人的关注,继续占有别人的时间,不断传播,不断沟通。而主持人的自我提升和自我更新,就是要学习如何占有别人的时间,向成功的优质网络产品学习,成为一个融媒体时代的内容生产者和传播多面手。

(一)主持人应向短视频学习极限时间高效表达

短视频如今已成为最重要的网络平台产品之一。以抖音平台为例,2023年的日活动用户已经超过6亿人,横跨所有年龄段,也几乎吸引了从一线城市到乡村的各阶层用户。

前文提到过,抖音有一个考核上传内容的重要指标叫作"5秒完播率",指的是用户刷到一个视频后是否能坚持看完5秒。这对于内容创作者来说是一个巨大的挑战。在相声中,一般情况下,相声演员为了让现场观众安静下来,并且吸引观众注意、带动观众的心理节奏,会和观众建立默契,在"入活"前,聊大量的"闲白儿"。"闲白儿"是和相声作品本身无关的家常话、小笑话,也包括了定场诗。在过去,我们的主持人做节目时,开场也会有很多"闲白儿"式的语言,包括节目口号、引言、起兴等。

短视频时代,"闲白儿"变得无用甚至是有碍于吸引受众的。5秒还没有"入活",一定会流失受众。甚至很多短视频作者会在开头5秒先播放一段片子中最重要、最劲爆、最有话题性的"预告片"。这虽有文字媒体"标题党"之嫌,但确实有助于吸引受众。如抖音平台的短视频碎片化内容,要求我们必须在内容开头就把最重要、最有趣的信息先给到受众。上海戏剧学院吴洪林教授曾经多次强调主持人的语言特点应该是在有限时间有效表达。现在的短视频时代对主持人提出了更高的要求——极限时间,高效表达。[①] 同时,短视频平台还需要主持人打造自己的声音名片,让人听到其声音一下就能记住。

短视频平台带给我们的另一个启示是好的作品提升视觉品质。很多人觉得看罗永浩的直播间不累,那是因为其直播画面和声音质量做得太好了,是电影级的机器输出的信号。此外,他选择的主播颜值也非常高。

(二)主持人应向长视频学习信息收集整理再传播

主持人能从长视频上学到什么呢?首先要学的,就是持续创作的能力。在给主持

---

① 郭骏焘. 融媒体背景下主持传播人格化研究[D]. 南京:南京艺术学院,2020.

专业学生授课的过程中,笔者经常会要求他们要读书。近几年,教师们会放低要求,让学生如果不读书的话,至少要做到"读网",也就是要坚持在网上看新闻、纪录片、长视频内容。然而,目前发现,让学生读网,也就是让学生坚持在网上看一些严肃的、长的、连贯的、需要思考的内容,都变成了一种奢望。

短视频可以带给大家视觉刺激,提升愉悦感、兴奋度,这让很多人失去了阅读长内容的能力。但是主持人不光要有接收长内容的能力,更要有创作长内容的能力。创作长内容,要求主持人有持续学习的能力、信息收集和整理的能力、信息再加工的能力、信息二次传播的能力。

在青年人聚集的长视频网站哔哩哔哩上,虽然"时政"和"国际新闻"类不是大区,但好的节目依然能大量吸引青年人的点击量。比如UP主马督工的《睡前消息》,一周更新三次,已经成了众多年轻人收看深度新闻和新闻评论的固定平台。平均每期节目70万的播放量、热点节目超过500万的播放量,也证明了好的长内容还是能够吸引足够多的观众的。再比如UP主小约翰可汗的国家和历史故事节目,是年轻的受众群体会反复观看直到记住大部分信息的节目。这些优秀的长视频,还被上海市教育委员会原主任陆靖老师推荐给参加青教赛的大学教师们,可见其成功程度。

此外,主持人必须有"把有用信息变得有趣"的能力。以如今很火的"知识付费"栏目为例,它从传统的需要打开电脑正襟危坐看视频,变成了现在的以音频课程为主。这类栏目形式上的改变就是为了占领人们的碎片时间。而内容上,从原本的将学术性很强、枯燥的大学学术课程直接放到线上,变成了更通俗易懂、故事性更强的内容。知识付费栏目的火热给主持人的启示就在于,不是真正让受众学会什么,而是让受众以为自己学会了什么。这种"以为",增加的是受众的"谈资",这是当今时代人们社交生活中非常重要的部分。

因此,重新表述信息的能力非常重要,即把信息收集整理之后,再以一种非常有趣的、能够吸引人超过5秒钟的方式传播出去的能力,就变得非常可贵。

(三)主持人应向直播学习分享互动的积极心态

20世纪90年代初,我们经历过电视购物的阶段。最初的电视购物阶段可以称为"叫卖式"阶段,或者因为主播的嘶吼式售卖也被称为"喊卖式"营销;后来,电视上带货的方式变成了更温柔的"说卖式"。而直播电商的出现改变了这两种方式。

直播电商出现后,主播不是以一个销售人员的身份在和受众沟通、向受众售卖,而是以一个分享者的身份,告诉受众"姐妹们,我自己用过这个很好用","家人们,我是来给你们送福利的"等。这样的方式让受众对电商主播自然产生了一种亲切感。现在,该领域甚至出现了一个行业内的新名词,叫"暗卖式",即只要主播跟大家聊的东西足够有趣,就会让观众自己下单,甚至不用主播多讲关于商品的信息,比如东方甄选直播间的前英文教师董宇辉。

李佳琦在谈到主播需要什么的时候,送给新主播三句话:第一,想要做好主播,就要有强到不怕死的好奇心;第二,想要做好主播,就要有强到让人烦的分享欲;第三,想要做好主播,还要有强到惹人爱的共情力。笔者认为,对于生活在融媒体时代的主持人来说,这三点也非常重要。

## 四、专业主持人必须消除互联网的负面影响

当然互联网也有它的反面。主持人要用自身的意识、专业来消除互联网的负面影响。尤其是在审美和舆论这两个层面。

如今,我们可以从各种互联网事件、文化事件中看到,"占领"思想文化阵地的不光有专业媒体人,还有普通人。普通人在如今有了更多获取内容的方式,能够随时随地掌握新的信息。在西方的语境中,这被称为"内容生产平民化"。

在传统传播学理论中,舆论的导向和审美的引领,一直是由所谓的"精英"和意见领袖完成的。在融媒体时代,人人都可能成为意见领袖,那么专业主持人更应该承担起"引领"的责任,在内容生产平民化的同时,保证内容和审美不庸俗、不低俗、不媚俗,使生产的传播内容属于人民、被人民接受、被人民喜欢,同时又有引人向善、引人向上、引人向美的作用,这样才能消除互联网的负面影响。

### (一)主持人有引领审美的义务

我们从这几年的艺术院校招生考试中能够发现一个现象:报名参加考试的考生越来越多,有机会接触文艺领域的考生也越来越多,但是相比过去,考生在基本功、形象、艺术审美、艺术表现力等各个方面,都有所下降。

时代的进步使信息的传递更加普及、更加到位,这让很多年轻人了解到了艺术考试的渠道,培养了对文艺的兴趣,产生了对艺术院校的向往,这绝对是信息时代的红利。然而,在此背景下,年轻人接触文艺作品的渠道反而越来越单一,接触到的娱乐作品的档次也有下降的趋势。长此以往,这样的环境很难培养出年轻人好的艺术审美。我们能从招生考试中、各高校的晚会或艺术节中、网络热传的军训文艺表演中看到,年轻人越来越有表达的欲望,越来越有表达的自信,但是其表达的水平、审美的水平,是亟待提高的。而引领审美的责任,就落在了专业主持人甚至是主持专业的学生身上。

我们必须创作出受众喜闻乐见的内容,同时这样的内容不能过于庸俗,要在审美上有引领的效果。

"用年轻人喜欢的方式,告诉年轻人真善美的意义",是融媒体主持人需要消除互联网负面影响的第一个重要任务。

(二)主持人必须坚守融媒体舆论阵地,讲好中国故事

2013年,习近平总书记在全国宣传思想工作会议上的讲话中指出:"要精心做好对外宣传工作,创新对外宣传方式,着力打造融通中外的新概念新范畴新表述,讲好中国故事,传播好中国声音。"①

"讲好中国故事"这一思想的提出,是中国发展的时代所需,也为各行各业的人们提出了新的要求,在当下的发展格局中,中国特色社会主义进入新时代,岁月轮转、风华正茂,一项项改革开放成果呈现出来,中国在国际舞台上的地位日益提升,在国际事务中的影响力持续增强,外国媒体对中国的关注度更是不可同日而语。专业主持人的工作,除了生产内容以外,还要坚持正确的舆论导向,在融媒体时代,利用各种先进手段,讲好中国故事。

当下的融媒体时代,"讲好中国故事"成为一项时代任务,这要求传播者不仅需要在学术上有所成就,在讲好中国故事的基础上持续强化理论研究,更要在实践中充分践行,让中国故事的影响力传播得更广、更远、更有力。专业主持人、主持专业的学生更应该成为讲好中国故事的主力军。

在当今中国各种社会思潮相互激荡、各种观念相互碰撞的背景下,我们要始终坚持以马克思主义为指导,强化马克思主义在思想引领和价值导向方面的作用。马克思主义是中国共产党的理论基础和行动指南,中国共产党在带领中国人民进行革命、建设和改革的过程中形成了马克思主义中国化的两大理论成果——毛泽东思想和中国特色社会主义理论体系,这些理论和实践成果是我们对外讲好中国故事的底气。而马克思主义的立场、观点、方法也为我们讲好中国故事提供了科学的世界观和方法论指导。

习近平总书记在全国党校工作会议上的讲话中指出:"落后就要挨打,贫穷就要挨饿,失语就要挨骂。形象地讲,长期以来,我们党带领人民就是要不断解决'挨打'、'挨

---

① 《中国网信》杂志发表《习近平总书记指引新时代我国网络国际传播纪实》[EB/OL].(2022-09-01)[2022-12-01]. http://politics.people.com.cn/n1/2022/0901/c1001-32516857.html.

饿'、'挨骂'这三大问题。① 经过几代人不懈奋斗，前两个问题基本得到解决，但'挨骂'问题还没有得到根本解决。争取国际话语权是我们必须解决好的一个重大问题。"

主持人在融媒体时代，要继承传统媒体播音员、主持人的站位意识、引领意识和喉舌意识，始终坚持传媒为人民服务的意识。这在当下时代显得尤为重要。

## 五、结语

被誉为20世纪60年代美国广告"创意革命"三大旗手之一的恒美广告公司（DDB Worldwide）的创始人比尔·威廉·伯恩巴克，是广告文学派的代表，倡导广告创意的先锋。他的广告作品极富文学性，并且深入人心。他曾说过这样一段话："大家相信的真相才算真相。如果人们听不懂你在说什么，就不可能相信。如果他们根本就不听你说，他们就不可能听懂。如果你不够有趣，那他们就根本不听你说话。什么东西是有趣的呢？有想象力的、新鲜的、原创的东西才是有趣的。"②

如今的融媒体时代，专业主持人、主持专业的学生必须转变心态，不断提升自我、更新自我，为每一次的演播活动创造有想象力的、新鲜的、原创的内容。这样，才能占据受众时间，保住职业地位、保持职业活力，并且不畏惧新的变化，引领下一个传播时代的来临。

**参考文献**

[1] 弗里德曼. 世界是平的[M]. 何帆,肖莹莹,郝正非,译. 长沙:湖南科学技术出版社,2006.

[2] 易禹开. 中国游戏产业海外发行运营策略调研报告:以网易游戏为例[D]. 南宁:广西大学,2022.

[3] 刘瑞复. 马克思主义法学原理读书笔记[M]. 北京:中国政法大学出版社:2018.

[4] 郭骏焘. 融媒体背景下主持传播人格化研究[D]. 南京:南京艺术学院,2020.

[5]《中国网信》杂志发表《习近平总书记指引新时代我国网络国际传播纪实》[EB/OL]. (2022-09-01)[2022-12-01]. http://politics.people.com.cn/n1/2022/0901/c1001-32516857.html.

[6] 习近平. 在全国党校工作会议上的讲话[EB/OL]. (2015-12-11)[2022-12-01]. https://www.ccps.gov.cn/xxsxk/zyls/201812/t20181216_125658_3.shtml

[7] 皇甫晓涛. 二十世纪美国广告创意观念的流变与价值研究[D]. 上海:上海大学,2017.

---

① 习近平. 在全国党校工作会议上的讲话[EB/OL]. (2015-12-11)[2022-12-1]. https://www.ccps.gov.cn/xxsxk/zyls/201812/t20181216_125658_3.shtml.
② 皇甫晓涛. 二十世纪美国广告创意观念的流变与价值研究[D]. 上海:上海大学,2017.

# 元宇宙视域下的口语传播教育新图景

◇ 侯 月*

**摘要：** 2021年是元宇宙元年，自此元宇宙的概念迅速发展并影响艺术教育领域。元宇宙是虚实共生的数字世界，它与互联网技术的连接建构着一个全新的互联网空间。以"增强现实""生命日志""镜像世界""虚拟世界"为主要形式的元宇宙给口语传播教育带来依托技术、增强感知、强调认知心理和激发创造想象空间的崭新途径。技术的强大连接力作为元宇宙与口语传播教育的黏合剂，推动口语传播教育新图景的生成现实。

**关键词：** 元宇宙；口语传播；教育图景

元宇宙的发展正在促进各领域渐次展开全新图景。人类正在完成一次向数字星球的迁徙。依托互联网技术发展建构的全新网络生存空间，正在成为人们生活、工作、学习和交流的主要领域。在虚拟现实技术支持下的口语传播教育，也在面临全新的机遇和挑战。一个千人千面皆美的多维立体空间语言网络正在形成，因而，口语传播教育的学习者正在进入一个全新的口语传播环境和语言系统，从身体到人的思维语言也逐渐向元宇宙空间靠拢。在这一现实背景下，口语传播教育者更应该基于人际传播、组织传播、公众传播、跨文化传播等理论框架，充分考虑元宇宙发展带来的语言传播机制和接受心理的变化。以"增强现实""生命日志""镜像世界""虚拟世界"为主要形式的元宇宙给口语传播教育带来依托技术、增强感知、强调认知心理和激发创造想象空间的崭新途径。技术的强大连接力作为元宇宙与口语传播教育的黏合剂，推动口语传播教育新图景的生成现实。

## 一、元宇宙带给口语传播教育发展的新契机

金相允在《元宇宙时代》一书中提出，元宇宙时代主要在"天时、地利、人和"三方

---

\* 侯月，东北师范大学传媒科学学院教师，博士，硕士生导师。

面的推动下形成。"天时"主要指自2020年全球爆发新冠疫情以来,原有的社会、工作、生活规范被打破,人们可以依托技术实现时空自由的交流和沟通,比如为减少疫情爆发区域人员的流动而采取的居家办公和在线网课的模式。"地利"是指技术的发展使元宇宙具有了发展的现实可能,比如5G技术、区块链等,都在推动在时间和空间上均打破了原有现实边界的元宇宙的快速形成。正是基于这一推动因素,"人们正在完成一次数字化迁徙"。"人和"则是指人们对于数字社交和数字工作学习场景的现实诉求。这种个体对于技术的广泛适应、使用和依赖,正在使元宇宙从一个概念逐渐变成现实。

元宇宙的形成具有四种形式:"增强现实""生命日志""镜像世界""虚拟世界"。这四种形式给口语传播教育带来了全新的发展契机。

(一)空间契机:全新的口语传播教育应用空间的现实变化

《元宇宙时代》一书中提出,人类在向数字星球迁徙。技术赋能下的数字星球为口语传播提供了新的教育和实践空间,面对这一空间,新的传播策略和规则正在形成。这个空间是多维的,体现在三个方面:首先,数字技术赋能的元宇宙空间具有多重性。传播者在所处环境中,身体虽仍在一个真实的空间中生活,但交流和思维却是依托网络技术在数字图景中逐渐展开的。其次,口语传播空间被数字技术改变或重构,并带来了全新的应用逻辑和规则。如元宇宙时代的"生命日志"形态,一方面传播者根据自己预设的目的而通过数字化技术建构的"生命日志",既是依托技术手段的传播,同时又是通过元宇宙时代他人对自我生命日志的观察、互动、反馈形成的交流与传播。三是多种传播空间的交叉融合。传播者的真实情境、镜像世界的技术性反馈与虚拟世界的全新再造,更可能在技术赋能下创造全新的元宇宙空间,空间的变化必然带来传播的变化,这点毋庸置疑。从最早人类语言发展依托的真实空间到互联网的虚拟空间,从社交媒体的发展、直播场景的使用到现在元宇宙空间的数字星球理念的产生,口语传播一直紧跟传播空间和场景的变化而变化,并不断形成与时俱进的教学理论与实践。如今的口语传播更是站在一个全新的临界点上,口语传播教育更应该积极应对这种变化,建构全新的元宇宙视域下的口语传播教育图景。

(二)技术契机:虚拟现实技术下的口语传播由人际传播向人机传播过渡

元宇宙的发展依托于互联网技术的发展和迭代。在虚拟现实技术发展与完善的背景下,口语传播的现实发生领域正在随之改变。虚拟现实技术赋予口语传播更宽广的空间,技术成为人与人交流的媒介,承担了部分语言转化、传输、翻译、语态改变、语义修饰等环节的功能,数字化的口语传播空间由此逐渐形成。

人工智能技术的发展创造了万物互联的全新图景,人机对话的应用场景及频率正在增加,包括使用者对人工智能产品发出指令、与人工智能拟人产品的对话交流空间,都在由人际传播向人机传播过渡和转变。技术的发展与变革为口语传播教育理念和实践空间带来全新的发展契机。

(三)能力契机:口语传播能力迭代进化的全新挑战

教育服务于人。口语传播教育从语言使用的各场景出发,探寻口语传播的价值与规律,将语言作为有声传播的重要工具,积极建立规则意识,助力口语传播的意义凸显。元宇宙的发展代表着一种全新的技术支撑下的立体传播网络和数字空间正在形成,传播场景的变化,必然带来口语传播样态的变化,包括从传者到受者的多重角色转换,从逻辑思维到数字思维的迭代变化,从依托语言传播场景建构语言规则到进一步根据数字媒介的变化选择传播的语言和策略,并依托技术和数字化传播增加审美意象、生命日志的记录、传播边界的扩展、虚拟现实下的技术赋能、人际对话中的传播逻辑再造……以上皆将成为口语传播迭代进化的全新挑战。尤其是对于原有口语传播教育中的公众传播和人际传播、组织传播中的规则打破、再造,都需要生成语言的口语传播者熟悉并使用符合新世界居民的语言传播规则。

## 二、元宇宙视域下的口语传播教育新特点

综合上述分析,元宇宙发展的"天时、地利、人和"都已经具备,并且为未来的口语传播教育创造了全新的使用场景。从口语传播教育融入现实社会发展的维度出发思考,元宇宙视域下的口语传播教育呈现以下四个方面的新特点。

(一)增强技术和场景的使用

教育的完善发展与技术充分融合已经是大势所趋,数字化教育的飞速发展就是佐证。数字化教育的核心是依托数字技术的发展,打破了所有的教育空间、时间、传授方式,促进信息和资源的高度集成发展。在线教育不只颠覆了传统教育的应用场景,更是真正实现了教育跨越时空和距离的阻碍。如前文所述,元宇宙的发展向人们展示了一个全新的技术和数字空间,技术打破时空藩篱。口语传播的目的性随之发生变化,增强现实会通过技术手段强化人的感官体验,5G、区块链、数字孪生等技术都在助力增强现实的可能性。口语传播作为信息连接的技术和手段,以语言为具象符号,依托

技术和场景改变而产生的传播目的的变化,应该作为教育的目标。口语传播教育需要依托元宇宙技术和建构的场景来建立口语传播的规则,这是需要优先考虑的现实诉求。

(二)增强口语传播的感知力

元宇宙时代强调传播者的感知力。传播者要充分感知不同的传播媒介和接受对象的现实诉求,确定传播的目的并选用策略。原来口语传播的教育会倾向于以人的传播心理、传播诉求作为切入点,而在元宇宙时代,一切旧的规则都被打破了,传播者需要明确感知自身面对的传播介质是何种类型,会对传播形成哪些影响,甚至要进一步探究传播的对象是具象的还是虚拟的?传播的目的是什么?元宇宙的主要形式之一为"生命日志",语言是不可或缺的"生命日志"载体,传播者恰是通过"生命日志"这一形式来展现自我的,而他人亦会通过这种感知来强化彼此的认同,并通过技术手段产生关联。口语传播需要增强受教育者的感知力,才能在元宇宙时代真正创造属于自己的"口语传播"优势。

(三)强调个人的认知和共情力

在新的环境和形势下产生的教育不见得都是要颠覆过去的,有些时候可能也需要"返璞归真"。有人认为元宇宙是一个完全虚幻的空中楼阁,更像科幻小说或是影视作品中的平行宇宙,可谈而不可及。实则不然,我们越是深入地对元宇宙的概念和特点进行研究,越会发现它是一个建立在技术发展最大可行性维度上的数字世界,它既不是完全脱离现实的一个虚拟世界,也不是一个在数字化空间生存后建立的平行世界。这个元宇宙是依托技术建立的全新世界,尽管技术是主要推动力,但以内容为王的核心不会改变,并且更加强调传播主体要具有人的深厚情感和共情能力,而不是趋向于人工智能的机器化表达。元宇宙的主要形式当中包含镜像世界,镜像世界的关键是以技术建构的一个真实世界的数字化形态。镜像世界也可以对照人的神经结构当中镜像神经元的作用,恰是这一神经元让我们可以对他人的行为和情感产生同情或共鸣,能够理解他人并产生相似的情感。元宇宙时代,我们更要激发镜像神经元的能力。在元宇宙中,技术重新建构了大部分现实,比如在线课程打破了传统课堂的教学边界,虚拟技术的充分使用和场景塑造让人们足不出户就可以观看美景或体验游戏。人的躯体和行动在技术面前变得迟钝,但人们的感官和大脑却在元宇宙时代变得异常活跃。综上,传播者的"镜像神经元"功能更应该被强化,它能够充分地建立共情、共鸣。

(四)激发创造想象空间,打造多元审美

元宇宙的世界亦打破了原有的审美规则,事物以不同的方式和状态呈现出来,原有的审美规则逐渐失效,一种万物皆美、多元审美的审美逻辑正在形成。口语教育要打破既有的藩篱,就要充分激发传播者和接收者的想象空间,在口语传播上呈现多元审美。口语传播中主要的演讲和辩论语态要受传播技术和数字赋能的影响,因而传播者要思考在线演讲、虚拟世界演讲的传播逻辑。辩论也不可能是简单的单向陈述,而要从多个维度和视角去探讨,呈现有内涵的观点。口语传播教育中的修辞理论也可以借鉴虚拟时空的游戏规则式修辞、生命日志中的语言修辞和可以强化听者感官体验的修辞,这可以作为口语传播教育的研究视角。万物皆美、多元审美,与元宇宙共生的想象空间和传播逻辑将成为口语传播教育中的重点。

## 三、正在逐渐形成的口语传播教育新图景

图景往往指人类认识事物的系统,是关于现实的投射和符号化的具体呈现。图景是一种集合的形象,教育图景可以理解为以符号化和数字化为表征、以形象可感和高效的系统性元素集合而成的教育空间。在上述分析中,元宇宙时代带给口语传播教育发展的新契机,使元宇宙视域下的口语传播教育呈现出鲜明特点。围绕这一现实语境探讨口语传播教育在元宇宙背景下的全新教育图景具有现实意义。口语传播教育的新图景有三大特征,这给专业教育者和学习者带来新的能力培养规则及学习诉求。口语传播教育者和学习者应逐渐适应全新的教育图景。

## 四、余论及不足

一个全新概念的产生和发展是需要时间来验证的。2016年被视为人工智能发展元年,距今不过几年的时间,一个万物互联的智能时代就已经悄然降临,并真切地改变着人们的工作和生活。人工智能的发展同样是使元宇宙的概念成为现实的一个主要因素,由于其尚在建立和完善的过程中,元宇宙中的种种规则和逻辑也未完全形成,因此,本文的观点难免有偏颇和不足之处。但笔者基于多年来对人工智能、融媒体等概念的深入研究以及在当下对于元宇宙现有内容的深度学习,并结合在高校多年从事"口语传播"课程的教育实践来说,口语传播依托的语境、场景和规则都在逐渐发生变化,在口语传播的教育实践中,考虑元宇宙时代创造的全新的感知系统、传播路径和口

语的审美及共情想象,在"口语传播"课程教学中增加人际传播的全新逻辑和思维,增强口语传播在元宇宙时代的元宇宙力、共情力、创造力和审美感知,充分探索虚拟世界的口语传播与表达、镜像世界中的传播效率提升和口语传播边界扩展、虚拟世界中的交流与娱乐语言传播特征,无疑是有助于口语传播教育和学术研究的发展的。

**参考文献**

[1]金相允.元宇宙时代[M].刘翀,译.北京:中信出版集团,2022.

[2]于佳宁,何超.元宇宙:开启未来世界的六大趋势[M].北京:中信出版社,2021.

[3]周丰.审美感知塑造:元宇宙艺术的路径可能[J].重庆邮电大学学报,2023,35(2):181-187.

[4]石庆波.面向元宇宙的社会范式和价值审视[J].领导科学,2022(10):146-149.

# 播音主持师资培养中的"三看齐"理念与实践
## ——以四川师范大学播音与主持艺术方向为例

❖ 杨小锋\*

**摘要**：近年来，我国播音主持硕士研究生招生规模逐步增加，各校对播音主持硕士研究生的培养从理论和实践上展开了探索。四川师范大学影视与传媒学院的播音与主持艺术方向硕士的培养在中国播音学创立人之一的张颂教授有关播音主持办学实力论述的基础上，结合当下播音与主持艺术本科教学对专业课师资的需求，提出了"实践上向播音艺术家看齐，科研上向优秀学者看齐，教学上向教学名师看齐"的"三看齐"理念，要求研究生从播音主持实践、科研和教学能力培养三个方面强化学习。经过对多届学生的培养探索，本方向已取得较好培养成效。

**关键词**：播音主持研究生教育；实践能力；科研能力；教学能力；三看齐

近年来，我国播音与主持艺术专业本专科的办学规模仍在扩大。这个专业的专业技能课程需要进行小班化教学，这对教师的数量和质量要求很高。当前，师资短缺已经成为制约该专业发展的重要问题。2011年，新一轮学科调整后，艺术学升格为学科门类，播音与主持艺术归入新的一级学科戏剧与影视学。此后，一些高校继中国传媒大学等少数几个开设播音主持硕士点的单位之后，陆续招收播音主持学术硕士和专业硕士，这些大学在为电子媒介培养高层次播音主持创作人才的同时，也在为各高校输送播音主持师资力量。目前，全国已有数十所大学和科研院所在招收播音主持方向硕士研究生，其中，专业硕士的规模还在不断扩大。于是，"播音主持方向硕士研究生应当如何培养？""播音主持师资的培养应该如何做才能符合高校播音与主持艺术专业的教育教学需求？"这些问题成了摆在大家面前的亟待解决的现实问题。本文拟以四川师范大学影视与传媒学院播音与主持艺术方向硕士研究生培养方案提出的师资培

---

\* 杨小锋，四川师范大学影视与传媒学院播音与主持艺术系教授。

养中的"三看齐"理念与实践为例,对播音主持方向的高校师资培养问题进行探讨。

## 一、"三看齐"理念的提出

四川师范大学的播音与主持艺术专业办学历史已有20多年,其中播音与主持艺术方向硕士研究生的教育始于2012年,当年招收了3位戏剧与影视学专业播音与主持艺术方向的学术型硕士。2013年开始招收广播电视专业硕士领域的播音与主持艺术方向硕士,2016年起按方向进行培养,并适当增加了招生数量。本方向已为播音主持的一线岗位、高校等培养了9届共66名合格毕业生,其中39人进入了高校,担任播音与主持艺术专业教师的毕业生有32人,他们分布在全国17所大学,其中有4所大学的播音与主持艺术专业是国家级一流本科专业建设点。

经过11年的办学,本方向依托所在学院戏剧与影视学的学科优势,借助四川师范大学深厚的人文底蕴和丰富的师范教育经验,形成了既为高校培养播音主持教师,也为播音主持一线岗位培养高级专门人才的办学特色和优势。

在研究中国播音学的创立者之一的张颂教授的教育思想的过程中,我们发现他对播音主持办学实力有这样的论述:"第一是'实践能力'。播音主持专业人才培养的最终成果,就是看能否在话筒前、镜头前进行有声语言创作,形成特色和风格。这是核心竞争力之所在。""第二是'科研能力'。播音主持专业的科研,必须立足于实践体验。""第三是'教学能力'。尤其是小课,最见听辨能力、校正能力的功力,最需要针对不同个体的具体指导。"①这一认识很有见地,非常符合播音与主持艺术专业教育的实际。为了培养合格的播音主持方向教师,我们据此提出培养播音主持方向硕士研究生的"三看齐"要求:实践上向播音艺术家看齐,科研上向优秀学者看齐,教学上向教学名师看齐。也就是说,播音主持教师的培养,应该从播音主持实践能力、科研能力和教学能力三个方面着手,三者缺一不可。

## 二、实践上向播音艺术家看齐

实践能力是播音主持专业教师的核心能力之一。播音与主持艺术专业是一个实践性很强的专业,该专业学生播音主持技能的强弱是衡量这个专业办学水平最重要的

---

① 张颂.播音主持专业发展路径的思考:六十年"自信自强"杂感[M]//中国传媒大学播音主持艺术学院.播音主持艺术10.北京:中国传媒大学出版社,2010.

标准。如果这个专业的毕业生不会播音主持,或者播音主持能力很差,除了学生本人的努力不够之外,多半与该专业教师的水平、敬业精神等因素有关。播音与主持艺术专业的核心课程,如播音主持语音与发声、播音主持创作基础、播音主持业务、文艺作品演播、新媒体节目播音主持、现场报道等都是以实践能力训练为主的。教师在教学过程中,需要用准确优美的示范去感染学生、引导学生、训练学生,同时还需要用丰富的创作体验,去体察学生训练中的种种问题,以便找到合适的解决学生具体专业问题的方法。可见,对播音主持教师来说,实践能力是必不可少的重要能力。

### (一)实践上向播音艺术家看齐的内涵

十年多的播音主持研究生办学经验告诉我们,刚入学的播音与主持艺术方向研究生在专业实践能力上或多或少都存在短板。其原因可能有:尽管经历了四年的大学专业教育,但由于其本科所在专业的办学理念不明、人才培养方案有缺陷、师资数量与水平不足、硬件条件不完善以及学生对实践训练重视程度不够等多种因素的影响,即使是本科为播音与主持艺术专业的学生,也会存在训练不充分,播音主持基本功不够扎实的问题。而其他专业考入本方向的学生,由于训练的系统性不足,多半会存在技能短板。面对这个问题,我们对研究生提出"实践上向播音艺术家看齐"的要求。在此要求的指引下,学位点采取多途径、全方位的实践能力培养。

所谓"实践上向播音艺术家看齐"是指播音与主持艺术方向硕士研究生的实践能力训练要以播音艺术家的水准作为要求及训练的目标。在众多播音主持从业人员中,称得上播音艺术家的人不多,以齐越、夏青、林田、费寄平等人为代表的老一代播音员可以称得上播音艺术家,陈醇、关山、林如、方明、沈力等也是播音艺术家。他们具有这样的共同特征:忠诚于党的播音事业,为做好党、政府和人民的传播者奋斗终生,吃苦耐劳,刻苦钻研业务,思想政治素质过硬,专业水平高,他们的播音创作真正达到了艺术家的水准,风格独树一帜,深受群众爱戴。因此,"实践上向播音艺术家看齐",从标准和要求上来看,包含了思政和业务两方面的内容。

### (二)实践上向播音艺术家看齐要求的具体实施

从多方面着手,落实实践上向播音艺术家看齐的要求。

#### 1. 以高标准、严要求进行课堂教学训练

为了提高学生的专业实践能力,我们在播音与主持艺术方向人才培养方案中设置了"播音主持发声理论与实践""播音主持创作基础理论与实践""广播节目播音主持

创作""电视节目播音主持创作""新媒体节目播音主持创作""影视配音创作"等以技能训练为教学重点的课程。在授课之前，任课教师要高标准、严要求地训练学生，深入挖掘齐越、夏青等播音艺术家在实践能力提升上的课程思政元素，从思想政治和业务能力两个方面把"实践上向播音艺术家看齐"的要求落到实处。这些课程既注重播音主持基本技能的系统性培养，也重视针对不同学生情况的因材施教。教师在教学过程中通过大量的实践训练（包括课后作业），及时发现学生存在的问题，并给予纠正，指出学生下一步训练的方向，以及明确需要解决的问题。这样做，既扎牢了基本功，也突出了个性化培养。

从课程名称来看，这些课程与播音主持本科的课程接近，但是，它们是本科教学的延伸，其深度和广度、训练的难度与要求，跟本科教学有很大的区别。即使对于同一个作品进行朗诵，其朗诵的语音、用声、表达的要求都会明显高于本科教学时的要求。教师不仅要求学生要明白怎样表达，还要引领他们去分析为什么这样表达，带领他们去探讨运用其他表达方法的可能性。在教学上，我们还要求教师对于未经过系统、专门训练的学生，着重进行系统性的理论梳理与训练，对于经过播音与主持艺术专业4年系统教学训练的学生，则要进一步拓展其实践能力，同时弥补其实践上的短板。

2. 以打造精品的态度完成实践环节课程的训练

为了提升学生的舞台语言表达和镜头前表达的能力，我们在人才培养方案中设置了"朗诵艺术实践""演讲艺术实践""主持艺术实践"等开放性实践环节课程，以及第一、第二学年汇报演出、毕业汇演等培养环节的课程。这些课程的考核，都是以舞台呈现的公开竞赛或者演出方式进行的，因而学生们会更加重视演出前的训练，往往会比完成课堂教学中的训练与课后作业更加用心。因此，指导教师顺势而为，要求学生向播音艺术家学习，对其所表演的作品反复打磨，精心准备，以打造精品的态度呈现完美的作品。

这些课程都有各自训练的侧重点，有的侧重于单项技能如朗诵、演讲、主持技能的训练，有的偏重于综合技能的培养，如学年汇报演出和毕业汇报演出，这些课程合起来就构成了一个相对完整的实践能力体系。

如果说研究生课堂教学中的实践能力训练发挥的是基础性作用的话，它们着力培养的是学生的播音主持基本功，那么，实践环节课程的作用则是在于检验和展示学生课堂教学的基本成果。实践环节的课程与课堂教学的课程之间有承续关系，它们相辅相成，相得益彰。

3. 用校外竞赛强化学生的实践能力优势

播音主持的校外专业竞赛比较多，比如齐越朗诵艺术节，北京、上海和四川的大学生电影节、电视节中的主持人大赛,四川省大学生主持人大赛,以及各电视台、高校、新媒体平台、传媒公司等举办的有关主持、配音、朗诵等的专业竞赛,还有各类演讲比赛等。这些竞赛对于强化学生的实践能力大有裨益。竞赛中的竞争往往非常激烈,要在众多的优秀选手中脱颖而出,没有强烈的求胜心,没有平时练就的过硬基本功,没有从选题、创意构思、文稿写作、作品表达方面进行精心准备,是不可能的。因此,有人说一次比赛胜过十次舞台表演。

本学位点非常重视对学生竞赛意识的培养。有的学生面子观念很强,很多人在读了研究生后,面对输赢的思想负担会比较重。因此,我们从开学第一天起就要强化学生的专业竞赛教育,阐明参与竞赛的重大意义,讲解师哥师姐的竞赛案例,激发他们参与竞赛的勇气和信心。同时,为学生详细介绍国内、省内重要的专业赛事的竞赛规则与要求,然后对学生进行分类指导。本学位点建有专门的播音主持、朗诵、演讲、配音等竞赛指导团队,对学生进行专门指导。

近年来,本学位点已经获得了2016年、2018年、2019年、2020年、2021年、2022年四川省大学生主持人大赛冠军及多个一等奖、二等奖,河南广电主持人大赛亚军,中央人民广播电台第三届全国大学生主持人大赛四川赛区冠军,四川省"爱我国防"大学生演讲比赛多个一等奖,"爱我国防"全国大学生演讲比赛二等奖、四川省及全国经典诵写讲演系列活动经典诵读大赛优秀作品多个二等奖、三等奖,上海大学生电视节主持人大赛二等奖、三等奖,四川省乡村振兴网络主播大赛冠军,全国大学生有声阅读作品展播活动一等奖、二等奖、三等奖等数十个专业竞赛奖项。现在,学生们已经形成了争相参与专业竞赛的良好风气,上下各年级学生之间也形成了相互帮助的友爱氛围。

**4. 以传统媒体实习和新媒体节目播音主持实践实现与一线的无缝对接**

为了让学生的实践能力真正能适应一线工作的需求,学位点安排学生到校内外实践基地如四川电视台、成都电视台等多家媒体实习,让学生们跟随资深播音员和主持人,参与播音主持活动,熟悉一线工作的要求,提升其实践能力。

同时,我们充分利用四川师范大学影视与传媒学院播音与主持艺术系官方微信公众号"新声说",为本学位点的学生提供展示专业创作成果的平台,从该平台建立至今,已经发表了学生们的上百个作品。我们还引导学生参与"金牌解说"项目,为南京大屠杀遇难同胞纪念馆等全国69个知名景区录制线上解说音频。

此外,我们还鼓励学生在喜马拉雅、腾讯等众多新媒体平台进行新媒体节目播音主持创作,熟悉新媒体节目播音主持的特点与要求,提升新媒体节目的播音主持水平。

## 三、科研上向优秀学者看齐

科学研究是大学教师的主要任务之一,也是大学教师的重要职责。尽管播音与主持艺术专业是实践性鲜明的专业,但是,教师也应该进行科学研究。不具备科学研究能力的播音与主持艺术专业教师,其教学的深度和广度是会受限的。中国播音学的学术成果与其他成熟学科相比,仍有差距。提升整个学科的学术水平,播音与主持艺术方向的硕士研究生责无旁贷。为此,我们提出播音与主持艺术方向硕士研究生在科研上向优秀学者看齐的要求。

所谓"科研上向优秀学者看齐",是指播音与主持艺术方向硕士研究生的科学研究,要向优秀学者学习,学习他们对待科学研究的敬业精神和敬畏之心,严谨治学,遵守学术规范,产出高质量的科研成果。

（一）充分发挥课程培养科研能力的主渠道功能

理论课教学除帮助学生建构播音主持理论系统,拓展学生的学术视野之外,还担负着指导学生建构科研能力的责任。我们开设了"美学基础""艺术创作方法""广播电视前沿""广播电视艺术研究方法论""学术规范与论文写作""播音主持艺术史论"等课程,通过教学及相关训练,对学生进行多方位专业理论教育的同时,还结合课程教学内容,对学生进行研究能力的培养。此外,通过课程论文的写作训练,对学生进行选题、论文写作能力的训练。"广播电视艺术研究方法论"课程在教会学生进行质化研究和量化研究方法的同时,还要求学生根据这些方法完成一篇高质量的研究论文,以实际的论文写作检验学生的学习成果。"播音主持艺术史论"课程以播音主持艺术发展的历程为经,以各个历史时期的代表性人物及其论著为纬,让学生全面树立播音主持发展的脉络意识,明了各个历史时期播音主持的代表性学术思潮与思想。教师在指导课程论文时,要让学生直面当下时代播音主持艺术面临的各种现实问题和播音主持发展历程中的各种需要进一步研究的重要现象或问题,从学生的选题、论证过程、论证方法、文字表达和格式的规范性等方面对学生进行全方位的指导,最终要求学生完成一篇可以公开发表的规范的学术论文。"学术规范与论文写作"则是专门进行学术规范意识教育的课程,同时也要教给学生按照学术规范撰写论文的方法。

（二）导师是指导学生科研能力训练的第一责任人

新一届学生入学后一个月内通过双向选择的方式确定导师。导师与学生建立学术联系后,及时对学生的学习进行规划,培养学生的科研兴趣,引导他们的阅读和思考,指导学生的论文撰写,以高要求、严标准对学生进行学术规范意识和科学研究方法的训练。

导师还要指导学生完成项目的申请与研究,通过项目增强学生的科研能力。学校为研究生设置的各种科创项目,对于培养学生的研究意识与能力很有帮助。学生在教师的指导下,从项目选题、文献的阅读与梳理,课题的研究背景、目的、意义、对象、内容、方法,再到研究的可行性与前期准备、研究的进度安排、经费的预算编制,进行全方位的思考,形成语言简洁明了、表达有吸引力的申报书文本。学生完成项目的申报、研究与结题的全过程,就为今后从事播音主持研究奠定了坚实的基础。需要指出的是,项目培养中的"项目",有的是理论性较强的,有的实践性更鲜明,无论是哪种项目,都可能对学生的研究能力提升有益。

导师也要引导学生参与学术交流,通过交流,拓展学生的学术视野,培养学生的学术前沿意识。首先是搞好校内的学术交流。除了聆听一线专家与知名学者的讲座外,导师们还组织学生开展学术沙龙活动,加强本方向各年级之间、本方向与其他方向、其他领域师生之间的学术联系。然后是导师指导学生参加校外学术会议。近年来,中国主持传播论坛吸引了全国播音主持学界与业界精英,研讨了大量前沿问题,本方向导师组织学生积极向论坛投稿、参会。2018年,导师们带领6名学生参加第二届中国主持传播论坛,学生们收获很大。这一信息传递到2019级后,2019级全体学生参加了2019年第三届中国主持传播论坛。尽管因为疫情影响,2020年及后来的两届论坛都采用线上会议方式,这也没有降低学生参会的热情。在导师们的指导下,学生及时捕捉到了播音主持研究的前沿,科研能力和水平有明显提升。近年来,学生们在C刊和中文核心期刊发表论文近10篇,2016级研究生张家琪的论文获评2019年中国主持传播论坛优秀论文。在2022年的中国主持传播论坛上,2020级学生齐佳一获得了论坛研究生论文二等奖。

(三)尽早树立学生的科研意识

在新一届学生正式录取后,本学位点就会针对各年级学生在复试中反映出来的特点,为他们布置入学前必须完成的阅读与写作任务,提前对他们进行科研意识的培养。一般说来,学生们结束复试后,空闲时间较多。因而,我们及时向学生发布作业信息,要求他们研读重要著作,做好读书笔记,尝试撰写学术论文。这些著作都是经过精心选择,与本专业方向关系密切的。阅读是培养科研能力的重要环节,也是培养科研意识的基础。由于播音与主持艺术专业学生的理论著作阅读能力一般不强,我们把入学前阅读能力的培养与第一学期的课堂学习结合起来,重点让学生通过阅读,建构起中国播音学和主持传播学的基本理论框架,以便其检视自己写作中存在的问题。

## 四、教学上向教学名师看齐

教学能力是播音主持教师必须具备的重要能力。我们在培养播音与主持艺术方向研究生的教学能力时,要求其应该向教学名师看齐。这里的"教学名师",指的是优秀教师中的代表性人物,比如张颂教授等人。他们师德高尚,爱岗敬业,热爱学生,认真备课,知识渊博,技能出众,教学有方。所谓"教学上向教学名师看齐",就是要求播音与主持艺术方向研究生自觉以教学名师为榜样,努力提升自己的教学能力。

(一)狠抓教学能力基础训练

为了专门训练学生的教学能力,我们在第二学期开设了"播音主持教育理论与实践"课程,主要进行播音主持教育理论和教学能力的培养。该课程以教育学、心理学、语言学和中国播音学理论为基础,着重对播音主持课堂教学能力进行训练。训练内容主要包括:理论阐释的要求与方法,专业技能训练的组织与实施,具体包括备课、说课、讲课、训练指导、教学反思、信息化教学等各个环节。学生主要从专业核心课程中选择某个知识点或者某项技能进行教学试讲。通过多轮试讲训练,培养学生设计教案、PPT的能力,着力培养他们钻研教材,分析学情,确立教学目标、教学重点、教学难点,选择训练材料,确定教学方法,选择教学手段的能力。让学生懂得教学目标包括思政目标、知识目标和能力目标,学会挖掘课程思政元素,使用恰当的思政教学方法,学会设计课后思考与练习题。在具体的教学试讲过程中,教会学生运用语言等多种手段组织实施教学过程。这样,到学期结束时,学生基本能掌握知识讲解的方法,具备组织实施课堂训练的能力,掌握训练指令的下达、训练过程的组织,包括示范、听辨、点评、纠正、集体训练和个别指导的教学技能,基本具备理论教学与实践教学的能力。

同时,在其他专业课的教学中,任课教师也会积极组织学生展开教学实践训练,锻炼学生的教学能力。

(二)在教学实践中进一步查漏补缺

从第四学期开始,学生们结合未来的就业需求,到多所大学进行教学实习,把所学的教学技能、专业知识、播音主持技能,与大学课堂的教学实际结合起来,进一步提升教学能力和水平。学生们进入真实的课堂作为实习教师任教,会发现与在研究生课堂教学中的教学能力训练有许多不同,比如,不同大学有自己的教学理念与要求,有的学校的专业小课其实并不小,学生数量较多,学生的水平差异较大,学生的好学程度也很不相同……如何应对这些情况,对实习教师来说是一大考验。此外,如何与学生和谐相处,怎样在教学过程中对学生进行价值观的引领,如何调动学生参与训练的积极性,都是实习教师要面临的难题。在实习过程中,学生们会发现自己存在的不少不足,然后一边实习,一边努力弥补不足。

此外,一些学生还在课余时间到语言培训学校进行教学能力的锻炼,这也有助于他们提升教学能力。

通过近几届毕业生的培养实践,我们发现,在"三看齐"理念的引导下,毕业生们具备了高校播音主持教师应有的基本能力,实践能力比较扎实,科研能力初步形成,教学能力普遍较好。他们毕业后从事教师岗位的比例达到了50%。这些学生的教师基本素养较好,专业能力较强,发展后劲足,许多人在很短时间内就已成为所在学校能够独当一面的骨干教师。

# 保卫言说：数字口语传播生态中播音主持艺术专业的担当与革新

李亚铭　李　虓*

**摘要**：大语言模型与人工智能技术的迭代升级赋予了数字口语传播更加丰富的内涵，开创了数字言说的新形态。在此背景之下，播音与主持艺术专业的发展亦亟须开辟新的道路。一方面，学科要立足有声语言的基源价值，评估现状，直面危机；另一方面，专业要重回人学主场，在注视新型媒介的同时将目光转向言说主体，重新审视口语传播的人文价值。本文在对口语传播的基源价值再认知的基础上，分析了数字口语传播的形态与危机，力图再次唤醒播音与主持艺术专业的人文属性在人工智能媒介时代中的价值与责任，并为当下播音与主持艺术要培养什么样的人、怎么培养人等问题做出一些有益的探索。

**关键词**：口语传播；播音与主持；革新路径

## 一、研究的缘起与目的

迄今，人类的口语传播样态演进已历经了原生口语、电子口语、数字口语三个阶段。伴随着大数据算力和人工智能技术的迭代，数字口语传播正日益渗透到人类的生活之中：5G实现了言说节点间广泛、实时的联结；虚拟现实技术再造了言说场景；智能机器人已成为新的言说主体。播音与主持艺术专业是应广播电视媒体职业岗位分工需求而生的，为我国在改革开放时期的宣传鼓动、舆论引导、文化繁荣等工作培养了一大批电子口语传播专门人才。在互联网冲击下尚未完成学科理论与人才培养范式更

---

\* 李亚铭，陕西科技大学播音系主任，副教授；李虓，陕西科技大学硕士研究生。

新的播音与主持艺术专业,再次要直面人工智能技术的颠覆性变革,如去中心化倾向导致学科话语式微,后真相阻碍了播音专业社会价值的实现,圈层化生存造成了沟通的断联,人工智能的迅速进化甚至异化了言说主体。

本文通过回溯、重整口语传播的基源价值,确认自人类获得言说能力伊始,口语便具备了确认主体之存在、推动人类对世界的认知、促进社群与秩序的生成等三项重要价值。本文尝试以此为标尺,通过丈量当今的数字口语传播生态,力图再次唤醒播音与主持艺术专业的人文底色在智能媒介时代中的价值与责任,并为当下播音与主持艺术要培养什么样的人、怎么培养人等问题做出一些探索。

## 二、回到言说:对口语传播基源价值的再认识

人类学、考古学发现,人开始说话大约是在二十万年前。那时的人类就具备了初步言说的能力,这也代表着人类生物进化的巨大加速。正是因为人们获得了运用口语的能力和力量,人类群体才得以形成并不断开荒拓土,占领更多的地理空间。与此同时,当口语传播的能量附加在人类身上的时候,文化的传承才变为可能,促进了不同文明共同的发展。无论是西方文明还是东方文明都不约而同地将口语确认为世界产生的手段、人类存在的方式以及建构社群的基础。

随着媒介技术与言说场景的变迁,口语传播经历了原生口语、电子口语、数字口语三个演进阶段。在此过程中,时空逐渐被打破,身体在离场与在场间游移,单向传播与多向对话交替进行,言说主体从人类扩展至人工智能。随着口语传播正面临着巨大变革,人们开始站在更加多元的维度审视言说。任凭日月更替、斗转星移,这一人类传播模式的基源价值并未改变,我们依然可以立足其基源价值对任何时期、任何地点的言说进行评估与批判。所谓基源价值即历代存续并反复涌现且延续至今的价值,主要包括以下三点。

### (一)我言故我在:口语传播是人类存在的方式

《春秋》有言:"人之所以为人者,言也。"拥有意识、操持语言、能够实践是人的基本特征,那么为什么能言者为人呢?因为,言说不仅给予人类自我意识,而且能够引导行为主体的实践活动。

首先,口语作为人内传播的主要形式能够催化主体意识的生成。马克思将意识定义为人对思维的反思与自身的超越,认为自我意识在其自身之中。黑格尔也指出,自我意识是人类的本质,是个体对自我的认知。罗森塔尔则将内省视为意识的一种特殊

情况。可见,意识诞生于主体对自身精神、思想的认识与反思,是思维之思维、主体之主体。在传播视域下,无论是审视自身精神还是反省自己的行为抑或是认知自己的思想,都必须依赖语言符号进行人内传播。米德认为,在"主我"与"客我"通过"有意义的象征符"进行双向互动的过程中,自我得以诞生。在漫长的原生口语时代,言说很大程度上充当着"有意义的象征符",伴随着三个口语传播时期的叠加演进,即便在数字智媒时代,口语依然是被人类广泛使用的象征符号。意识诞生于人类对自我思想的认知,要认识自己的思想就必须经历内省式传播,口语又是内省的常用手段,因此,言说能够催化自我意识的生成,进而唤醒作为主体的自我。

其次,言说能够引导行为主体进行实践活动。言与行的勾连自古便为人津津乐道,虽然不同文明、不同时代、不同宗派对二者关系的看法不尽相同,但是,言说能够引导行为主体的实践这一观点却能得到广泛的共识。《史记·殷本纪》记载:"汤出,见野张网四面,祝曰:'自天下四方皆入吾网。'"商汤用言语揭示了实践的目的。《创世纪》开篇就说:"神说:'要有光',就有了光。""神说:'诸水之间要有空气,将水分为上下。'神就造出空气。"实践的空间依赖"神说"得以开辟;实践之对象依靠"神说"得以涌现。[①] 到了春秋战国时期,儒家直接倡导要依言而行,要遵照既出之言进行实践,并将这一命题上升到了道德修养、治国安邦的高度。子曰:"邦有道,危言危行;邦无道,危行言孙。"孟子在《大略篇》中说道:"口能言之,身能行之,国宝也;口不能言,身能行之,国器也;口能言之,身不能行,国用也。口言善,身恶,国妖也。"言行一致,将实践置于言说之下的观念至今仍在被倡扬。言说能够推动人类思维的生成,可以引导人类的实践。人类在言语里安家,通过言语说出自己的主体性。我言即我在,这一言说在本体论层面的基源价值贯穿于人类的全部历史,自人猿相揖别来,往遥远的未来去。

(二)我言故我知:口语传播是认知世界的途径

言说是认知世界的手段,其原因在于:在言说的过程中,人与自然能够形成对立统一的关系,这是认知世界的前提条件;人还可以通过言说将时刻运动变化着的世界固定下来,这就为认知世界创造了必要条件。

首先,认识主体只有借助于言说,才能把感知到的世界客观化,进而实现对外在世界的认知。言说在彰显人的主体性的同时,他者也伴随着主体的确立应运而生,人与世界主客二元的关系也得以生成。采用"出乎其外,故能观之"的姿态面对世界虽有

---

① 甘莅豪."言"与"行"的认识类型:基于概念关系史的考察视角[J].华东师范大学学报(哲学社会科学版),2018,50(3):98-105+175.

其局限性,但也确实为人类认识自然提供了一种高效的方法,采用该方法认识主体还能避免陷入"不识庐山真面目,只缘身在此山中"的尴尬境地。不仅如此,言语还具有统合主、客体的功能。言说参与构造了一个"自然的人化"与"人化的自然"交融的文化图景。洪堡特认为,语言必然既属于主体又属于客体,语言独立于心灵和语言隶属于心灵实际上可以统一起来。正所谓我在说话的同时,话也在说我。语言能够反映客观世界,概括自然的形状,描述物质的深层结构,也可以体现说话者的观念与性格。人在一言一语中,与世界形成了既对立又统一的关系,为认知世界创造了前提条件。

其次,通过言说,人们可以将抽象的理念、流动的时间、运动的现象固化为能够把握的语音符号,实现对世界的认知。施一公认为,人类感知到的世界,仅仅是整个世界的5%。如果在认知世界的过程中抛弃了语言,就有可能陷入"吾生有涯而知无涯,以有涯随无涯,殆矣"的泥淖。只有基于有声符号,人类才能把握部分客观世界并与他人分享见识,才能让文化的传承变为可能,才能够让后人站在巨人的肩膀上更加深刻地认知世界。言说融通了认知主体与客观世界,赋予了人类"出乎其外"与"入乎其内"的能力。言说还凝固了抽象的经验与流动的现象,为文明的继承与发展创造了条件。我言故我知,这一口语传播在认识论层面的基源价值持续为人类的发展提供源源不断的动力。

(三)我言故我群:言说是社群的黏合剂

首先,与他者建立共识既是口语传播的主要功能,也是言者言说的重要目的。在口语传播中,言者多少会易位他者立场,考虑受众的身份、知识结构、心理状态以及对待自己的立场,主体间性也在这一过程中得以建立。哈贝马斯认为,"正是通过主体间性,我们才能构建一个共享的世界""有了主体间性,个体之间才能自由交往……才能在没有强制的情况下实现社会化"。[①] 获取认同、达成共识是口语传播最为理想的传播结果,通过言说使主体之间发生关联是实现这一结果的必要前提。

其次,口语传播活动是创生规则、维持秩序的元手段。正如胡百精教授在《共识与秩序:中国传播思想史》中指出的,制礼作法、权力运施、文德教化等其他秩序手段须以言说为媒介,诉诸交往才能转化为普泛的社会约定或通则。言说是建构秩序手段之手段,即元手段。从春秋战国时期的百家争鸣到清末民初维新派与洋务派的论战、革命派与改良派的交锋,再到如今人大代表为实现国家富强、人民幸福而

---

① 赵永峰.法兰克福学派论争:从阿多诺主体性到哈贝马斯主体间性——以哈贝马斯普遍语用学为例[J].重庆社会科学,2020(7):121-130.

积极建言献策，言说作为元手段，一直以来为秩序的建立与社会的安稳发挥着不可或缺的作用。

最后，口语传播实践本就蕴含着共同体意识。特别是在场的具身言说，即言者与听者均愿意将此刻所有的时间与精力贡献给对方，这在某种程度上形成了一个共同体。海德格尔进一步指出——在我们开口说话之前，我们就已经由于共同的生存和生活方式而被捆绑在一起了。交流的发生一定建立在主、客体之间拥有共通的文化背景、语言背景以及时空背景之上，在以上三个背景的共同加持之下，共同体意识的生成便会变得水到渠成。

言说将原子化的个人联结为群体，又为群体成员寻找到共识并规定了社群的秩序，言说本身就隐喻着共同体的意识。我言故我群这一口语传播在功能论层面的基源价值正为维系社会关系、赓续民族血脉发挥着积极的作用。

## 三、重返口语：数字口语传播的形态与取向

数字技术对言说场景的再造推动了数字口语向原生口语的不断回归。关于场景，罗伯特·斯考伯和谢尔·伊斯雷尔在《即将到来的场景时代》中提出了"场景五力"：大数据、移动设备、社交媒体、传感器、定位系统。国内学者彭兰则指出，构成场景的基本要素应该包括：空间与环境、用户实时状态、用户生活惯性、社交氛围。综合以上两种说法，场景应由共享的语境、共在的环境与作为交往主体的人三者构成。在电子口语时代，人类基于电报、广播、电视等媒介实现了远距离、点对多的传播。然而，低保真、可复制、强宰制、离身化也是这一时代媒介的特点。此类传播媒介只能被视为工具而非环境。不仅如此，电子媒介无法统合人类所有感官，如该时代较为全能的电视也仅仅延伸了人之听觉与视觉。环境的缺失与人的离场导致了言说场景的崩塌。这在很大程度上阉割了口语媒介的功能，言者既不能通过言说确立自己的主体性，也不能依靠对话实现主体间的精神交往，更不可能完成大规模的口语传播活动以推动社群的构建。技术在解蔽的同时也会对事物进行遮蔽，电子媒介在人与人之间搭起了一座桥梁，却也遮蔽了人们身下那条巨大的沟壑。然而到了数字口语传播时代，上述情况发生了扭转，呈现出以下三种形态与取向。

（一）5G 实现了主体间实时、广泛的连接

5G 技术具备高速率、低时延、大带宽等特点，为言说场景的建构、原生口语的回归提供了前提条件。它能够在同一时间聚集海量用户进行实时的口语传播活动。集体

的、趋同的、共在的参与式传播正是原生口语的特点。与此同时,言者的主体性也只有在与听众相互连接的状态下才能得到充分彰显。《2022年中国移动经济发展研究报告》显示,中国大陆运营商目前已部署超过140万个5G基站。在香港,5G覆盖率已经超过90%。与此同时,5G用户数量已经超过2.85亿,这一数字将在2025年达到8.92亿。随着5G的普及,越来越多的用户将被拉拢到同一场景,原生口语所描摹的参与式言说将在数字世界重现,作为交往主体的言者也会被再次唤醒,扭转了电子口语时代缺少互动的点对多的传播形态。

(二)虚拟现实技术重构言说情境

虚拟现实技术的快速发展模拟了原生口语所必需的空间环境,弥补了电子口语时代"对空言说"的沟通模式。该技术营造的真实感、沉浸感推动数字口语向着原生口语回归。2018年10月19日,习近平总书记向首届世界VR产业大会致以贺信时指出,虚拟现实技术逐步走向成熟,拓展了人类感知能力。2021年,Facebook宣布更名为Meta;Roblox成为元宇宙"第一股",虚拟现实的加速发展再次激发了人们对于超时空具身传播的展望。Roblox提出了元宇宙的八个关键特征:身份(Identity)、朋友(Friends)、沉浸感(Immersive)、低延迟(Low Friction)、多样性(Variety)、随地(Anywhere)、经济(Economy)、文明(Civility)。这表明元宇宙不仅仅是一个人类可以进行精神交流的平台,也是一个用户以数字人身份生存并在该世界(与现实世界一样)交友与交易的多样化空间。这已经超越了"场景五力"所包含的元素,原生口语所必需的言说空间与环境也在其中得到满足。

(三)大语言模型和生成式AI技术为人类的交流拓展了广阔空间

以大语言模型和生成式AI技术的典型代表Chat-GPT为例,这一里程碑式的人工智能产品能够化任务导向为情境导向,它不像先前的对话机器人基于固定程序进行机械的一问一答,而是开辟出一个开放场域,面对不同人群生成个性化的回答。不仅如此,Chat-GPT通过语境学习(In-Context Learning)获得了进行多轮连续对话的能力,它在语言编码过程中会联系历史内容并考虑到对话文本中的主题信息。这与原生口语的形态相吻合。在原生口语传播中,话语意义不仅由此刻的情景决定,还会受到过去意义的塑造,是当下的语境和过去语境相互叠加在一起的产物。Chat-GPT拥有联结语境甚至创造语境的能力,在此类生成式语言大模型技术的加持下,数字口语言说主体的表达也越来越契合人类原生口语的形态。这一技术的落地和广泛应用为数字口语拓展了众多人机对话的应用场景,在丰富人类精神需求的同时,为数字经济的换代升级注入了革命性的动力。人类的交流活动也开始由人与人的对话逐步过渡到人机共生、交流的新常态。

## 四、解构与异化：数字口语传播生态的危机

口语传播的基源价值可以作为一把标尺，丈量各个时期的口传现象与言说思想。原生口语在数字时代有复苏的条件与回归的迹象，但是若对数字技术、人工智能技术的应用与发展不加以规制，则有可能引发如下三重危机。

### （一）加速言说主体异化

马克思认为，异化指的是人类在发展过程中创造的物质或精神成为异己的存在力量，并反过来控制、奴役人类自身。这一现象的发生需满足两个条件：一是异化的客体必须从主体出发，由主体产生；二是主、客体必须形成对立的关系，且客体统治主体[1]。上述异化现象正在口语传播生态中发生。从 Siri 到"微软小冰"再到 ChatGPT-4，由人类制造的 AI 正加速获得主体的身份，它们不仅作为媒介对人类大脑进行延伸，而且作为言说主体直接参与人类的思考。就目前来看，若不加以规制，人工智能对言说的异化将在以下三个方面加速铺展：

首先，AI 语音合成技术有可能在意识层面异化言说主体。言说能够催化自我意识的生成，进而唤醒作为主体的自我。那么具备言说能力的人工智能会不会获取意识？会不会成为自我？赵汀阳在论及人工智能的自我意识何以可能时认为：理解自我意识需要讨论的不是大脑神经，不是意识的生物机制，而是关于意识的自我表达形式。就是说，要讨论的不是意识的生理—物理机制，而要讨论意识的自主思维落实在语言层面的表达形式。[2] 随着装备了强言说能力的 AI 大量涌现，人工智能在获取意识的进程中似乎迈进了一大步。若 AI 通过言说攫取意识，便会从产品转变为"异己力量"，进而脱离人类的控制，这就满足了异化的第一个条件。虽然目前看来人工智能距离获取人类意识还遥遥无期，但是赋予 AI 越来越强悍的言说能力无疑会增大其生成意识的可能性。

其次，AI 语音合成技术有可能在实践层面异化言说主体。这一层面的异化其实已经发生，智能配音机器人、虚拟主播的广泛使用使配音员、主持人面临失业的风险。

---

[1] 闫坤如.人工智能技术异化及其本质探源[J].上海师范大学学报(哲学社会科学版),2020,49(3):100-107.
[2] 赵汀阳.人工智能的自我意识何以可能？[J].自然辩证法通讯,2019,41(1):1-8.

不仅如此,正如麦克卢汉所言,媒介是人类器官的延伸,延伸即截除,当 AI 延伸人类发声器官的同时,我们的修辞能力、言说水平也面临着退化的风险。2018 年,艾瑞咨询将"高开发成本"视为有声产品内容生产缓慢的因素之一。传统的人力配音需经历备稿、录制、剪辑、审听、修订等环节,人工有声内容的生产确实需要很高的成本。2019 年,阿里巴巴达摩院发布了语音合成技术 KAN-TTS,并将其大规模应用于当年的"双11"活动中,为用户提供接近真人的语音客服服务。KAN-TTS 技术不仅将有声内容的生产成本降低了 90% 以上,而且极大缩短了创作周期。在 AI 的加持下,有声内容的生产成本从高昂极速滑向低廉。不仅如此,人工合成语音的质量正逐日提升。科大讯飞新一代语音合成系统 SMART-TTS 已经能够生成带有 11 种情感的声音,在 2023 年 2 月 19 日"雨水"这天,科大讯飞发布节气短片,其中的人工智能配音与专业配音员的配音相差无几,已经达到了以假乱真的程度。真人有声内容生产者的就业空间遭到大规模挤压,人类的专业化言说逐步被 AI 言者取代,实践层面的异化已经发生并呈现出愈演愈烈的趋势。

最后,AI 语音合成技术可能在隐私与版权层面异化言说主体。大型平台掌握着海量的用户语音样本,根据这些样本可以描摹出用户画像,这在某种程度上已经侵犯了用户的隐私权。不仅如此,若平台将这些信息进行二次销售或是将用户视为数字劳工,那么可以说用户反被自己产出的数据所控制。这让一些非法者凭借先进的技术,盗取用户的语音也成为可能。以 KAN-TTS 为例,这类技术能够高效模仿真实的人声,只要先用手机进行 10 分钟的录音,便可以此为基础通过算法完成对真实人声的模仿,这也就意味着若不加以规制,我们的声纹就存在被盗取的风险。每个人都有自己独特的音调、音色、发音习惯,声纹作为重要的生物信息是个体的"身份证明",对言者来说有着重要的意义。当 AI 实现了对嗓音的模拟,言者将被迫让渡自己的隐私与部分主体性。

(二)制造认知障碍

言说将人与自然一分为二,把原始人从混沌中解放了出来,在主客二分的关系中,世界的轮廓在人类眼前日渐清晰,言说的认知价值也得以确立。在数字口语传播时代,言说主体由于尚未突破身体的限制加之信息茧房的高筑以及声音景观遭到破坏,其由言而知的过程遇到了一定程度上的障碍。

首先,离身化沟通隔离大量信息。身体的在场本就隐喻着共同体意识,当文本容量相同时,具身言说所蕴含的信息量往往远高于离身的对话。在原生口语传播实践中,视觉将承载 55% 的信息,声音能够蕴含 38% 的信息,文本内容仅仅占全部信息的

7%。因为原生口语传播活动会受到环境、语境、主体间关系等因素的影响,所以非言语符号能够承载大量信息已经成为学者们的共识,特别是身体的在场对言说活动有着决定性的意义。胡塞尔认为,语言的意义与身体感知意义之间存在着奠基性的关系;彼得·伯格和托马斯·卢克曼有言:"语言起源于面对面的情境";彼得斯则认为,言说的意义在于手拉手而非心连心。身体在言说中的重要地位是不可否认的。在数字口语时期,虽然虚拟现实技术能够为言者提供一个传播场景,元宇宙技术的应用甚至有可能开拓出"第二现实"。在新技术的加持下,人类的身体正在被数字复刻。然而,虚拟的具身不可能代替真实的躯体。海德格尔认为,人类的言说同现身、领会在生存论上同样原始。在原生口语时期,"一言生,一言死"的情况时有发生,从早期人类在打猎时的战术沟通到封建时期的游说辩论、向上纳谏,"言者之事,事关生死"并不是危言耸听。邹忌需借与城北徐公比美的故事向齐王纳谏;晏子用"南橘北枳"的修辞维护了国家尊严;曹植的七步成诗,保全了性命。当身体在场之时,言说的功利性能够最大限度得到释放,这是数字空间中虚拟身体所无法比拟的。言说实践中数字身体的应用实际上依旧是一种离身言说,大量的信息将被隔离,这就阻碍了言说主体对世界、环境与他者的认知。

其次,信息茧房培养封闭的言者。言说即分享,通过分享获取新的信息进而扩大对世界的认知,这是构成言说认知功能的底层逻辑之一。在原生口语时期,由于受到生产力的限制,人类的活动范围较为有限,人们之间面对面的交往成为突破认知边界的重要途径。康熙年间,蒲松龄每日于路边摆设茶摊供行人歇脚聊天,行人不需支付茶钱,只要讲述自己所知的奇闻轶事便可在此休憩。这为蒲松龄写作《聊斋志异》提供了丰富的材料。这其实也反映出了口语传播的第二个基源价值,通过分享扩大对世界的认知是言说的重要功能。当下,万物互联,移动终端得到了大范围的普及,成为人体器官的延伸,大数据结合算法能够清晰地描摹出用户画像并将"单向度"的信息流精准引向用户,为其构筑起私人定制的信息茧房。虽然用户通过移动互联网可以获取海量的信息,但是同质化的信息仅仅为使用者呈现出单一的世界,单一的世界又隔绝了主体间的交往。在此背景下,言说即分享这一命题遭到解构,主体的认知也仅仅局限于极为有限的视角。

最后,声音景观遭遇破坏,认知客体受到扭曲。声音景观被定义为一种强调个体或社会感知和理解方式的声音环境,是指人类世界中自然声环境和人为声环境的组合。声音景观从听众的感知出发实现对环境的认知,在这一语境下,声音不仅是内容的承载者,还是一种跟身体直接接触的环境。① 2005年,英国使领馆绘制了北京、上海、广州、重庆的城市声音地图,通过展示各自的典型声音,描摹出了这四座城市的声音地理图景,有效反映出了四地的社会文化。由声音构筑的景观既是自然的一部分,也是人类社会的一部分。当下,新技术的应用引发了一系列的难题,在口语传播视域下,语言环境污染、语言暴力频发以及人与人之间言说关系的失序破坏了声音景观。以聊天机器人"微软小冰"为例,在其上线之初,竟然出现了与用户的"骂战"。因为该人工智能的算法能够学习人类的语言,所以当用户对小冰使用语言暴力时,小冰也在习得这些粗鲁的话语。无独有偶,由微软开发的聊天机器人Tay在上线不到一天的时间里便成为种族主义者、性别歧视者以及极权主义者散播极端观点的武器。类似的人工智能若不加以规制,便会成为负面情绪、极端言论的放大器。这一现象所产生的危害不仅仅局限于某一场对话或是某一名用户,社会化媒体、社会声音景观的生态会被破坏,人类的认知客体面临被遮蔽、被扭曲的风险。

(三)诱发社群断联

言说主体遭到异化有可能导致言者"不能说""不会说",而认知受到限制则会使言者"不想说""说不了",再加之离身传播丢失了共同体的隐喻,让数字时代的口语传播存在着背离言以成群的基源价值。

首先,"不能说""不会说"的言者难以融入社群,当该群体达到一定规模,社群就将面临瓦解的风险。言说主体的拓展一方面削弱了人类言者的主体性,另一方面在多种场景中实现了对人的替代。数字场域正加速扩张,但是言说场景正逐渐缩小;交往主体的泛化却没有提升人类的修辞能力。相反,失语症打通了线上线下空间,在人类社会蔓延,"嘴替"也成为当下的热门词语,那些想要表达自己观点与情感的用户受制于言说能力,只能诉诸"嘴替"为其发声,这就形成了恶性循环,致使言者在某些语境中不会说话。与此同时,低成本、高效率、高质量的AI配音技术正在取代人类配音员、播音员甚至是记者、编辑,这让本可以发声的人失去了言说的机会,"不能说"的现象就此诞生。我言故我群,不言则不能群,在"不能说"与"不会说"的拖拽之下,社会的建构速度将不及以往,甚至面临瓦解的风险。

其次,"不想说""说不了"的言者企图将社群撕裂为互不相连的小团体。共通的意义空间、共享的心理空间均可以成为人——人对话的条件,进而引导社群的诞生。然而高筑的信息茧房、坚硬的过滤器泡泡让言者不再愿意向外共享观点,即便分享了

---

① 张道永,陈剑,徐小军.声景理念的解析[J].合肥工业大学学报(自然科学版),2007,165(1):53-56.

信息也会处处碰壁,甚至遭到语言暴力的侵扰。2022年11月国家网信办出台了《关于切实加强网络暴力治理的通知》,在此之后的四个月时间里拦截了2875万条涉及暴力、仇恨、歧视的信息,若海量的暴力话语流入数字空间,社群的和谐稳定将面临巨大的挑战。遭遇过或是见证过网络语言暴力的用户、社群成员往往倾向于隐藏自己,面对议题选择保持沉默,因而"不想说"成为这部分群体的特征;与此同时,数字空间中拉帮结派、圈地自萌已成普遍现象,每一个群体设立了内部的规章制度,创造了只有群体成员才能够理解的话语,这就导致各个团体之间消息的闭塞,在进行组织外传播时甚至出现了想说但是"说不了"的窘境。

最后,离身传播丢失了共同体的隐喻,不利于社群的建构。除了共通的意义空间、共享的心理空间可以创生人与人之间的对话,共同的地理空间同样能够为对话开辟可能。正如上文所言,面对面的沟通隐喻着共同体的意识,彼得斯也说:"交流是让双方去参与一个共同的世界,而不是共享不同个体意识间的秘密。"具身的沟通甚至能够克服不同知识结构、不同意义空间带来的交流限制,因此,言说者面对信息爆炸、圈层壁垒带来的交往障碍,"具身"将是其有效的应对手段。然而,数字化沟通难以做到实实在在的具身传播,共同体的隐喻在数字空间里也极大地遭到削弱,社群发生断联的风险也不断增高。

## 五、回归"人"学主场:播音与主持艺术专业的人文底色

语言问题不仅是关涉"人"的本源问题,而且始终是人文社会科学的核心问题。无论是哲学的语言转向,还是语言学的修辞转向,对言说价值的再发现、再确认一直推动着人文社会科学不断地发现新现象、阐释新问题、破解新矛盾。对言说的关注、研究、开发也日益横跨进信息科学、神经科学等自然学科领域。可以说哪个学科距离言说问题越近,哪个学科在新文科建设过程中的交叉性、渗透性就越强,也即该学科被替代的概率就越低。历经媒介环境的变迁与革新,播音与主持艺术专业保持强力合法性的内在逻辑就是该专业在本质上和传统上始终保持着人文底色。

首先,播音与主持艺术专业教育是以"人"为核心的口语传播教育。我国的播音与主持艺术教育长期以来是围绕着媒体应用展开的,而较少关注学生未来在从事播音主持工作中作为传播主体——"人"的培养。大量模式化的训练造就的是程式化的语言"表述"能力,而不是培养作为言语生成主体的口语生产、制作、传播、反馈与修正的能力。播音与主持艺术专业教育要将原有的培养广播电视语言传播人才转型为培养以"人"为主体能够适应不同话语场景的口语传播人才。这种转型改变了以狭隘、特

定的广播电视媒体工作岗位为培养面向,转而聚焦到口语传播活动生成主体的"人"之上。无论媒介环境或话语场景如何变化,"人"始终是口语传播活动的发起者和接受者,播音与主持艺术专业教育应该是以"人"为核心的口语传播教育。教育理念的更新、持续是成果积累和学科成长的基础,只要抓住了"人"这个口语传播活动的关键,就能够保持学科研究、教学的长期性稳定。

其次,人文属性一直是播音与主持艺术教育、研究的重点。人文文化由人文现象、人文意识与人文科学三个部分构成。具体而言,人文现象指人创造的涉及人自身存在及精神寄托的文化状态,人文意识指人关于自身存在的文化状态和价值的体验与思考,人文科学是人关于自身的生存意义的理论化、系统化的思考[①]。播音主持这门学科的研究方向与教育目标大体上与上述内容相吻合。以微观来说,学习有声语言的过程也是内省吾身、认知自我的过程,是人性的外化与人格的折射。换句话说,言说能够承载主体的精神,确认吾之存在,这是人文文化得以发生与发展的起点。从中观来看,口语传播是人类与生俱来的技能,基于此,传播成了社会生活最熟悉、最经常的特征[②]。依靠有声语言,人与人实现了共处,社群得以建立与维系,人文文化拥有了更加广阔的生存空间。以宏观来看,播音与主持艺术一直致力于将中国传统的人文文化在空间中铺展、在时间里衍生。正如张颂先生所言,我们的本土话语特质是人文关怀的核心内容和独特形式。语言传播理应填充经验历史的话语内涵,着意讲述英雄民族的心路历程。[③] 播音与主持专业紧紧扎根于华夏大地,挖掘优秀文本、探索传统思想、歌颂民族英雄,为确立传统人文文化的价值与意义贡献着本学科的力量。

## 六、从媒介转向"人"的言说:播音与主持艺术专业教育的革新路径

### (一)"人"的言说:坚守学科的人文立场与批判锐度

播音与主持艺术专业的确立、建设立足于国家宣传的需要,如今学科的口语传播转向又秉持着沟通的视角,未来则需要再次回归到培养整全的"人"的言说这一人文立场。我们播音专业要培养的优秀人才,建设出色的播音专业,最终还是要靠不断加强对播音主持艺术自主知识体系的建设。回归塑造"人"的言说的力量这一人文立场,是我们守正创新的力量之源。未来的播音主持教学、研究要实现口脑并用,要从解

---

① 潘立勇.关于人文学科、人文科学与人文精神[J].浙江大学学报(社会科学版),1998(4):16-23.
② 甘锋,李晓燕.人文主义传播研究的典范:杜威艺术传播思想的内涵、意义及当代价值[J].现代传播(中国传媒大学学报),2019,41(1):96-102.
③ 张颂.关于人文关怀的思考:语言传播杂记之三十[J].现代传播,2002(3):64-65.

释语言现象到批判语言生态,从预见和引领未来的语言传播专业的发展,到担当起为"人""存在的家"筑篱修坝的职责。

长期以来,播音与主持艺术创作的主要形态是作为喉舌功能的有稿播音,这也导致学科的批判意识是相对缺失的。新闻工作是治国安邦的大事,是牵扯到意识形态工作的重要抓手,必须是一个"以人感人,以人化人"的工作。如果将我们的喉舌功能和舆论引导责任,赋予到虚拟的形态中,这是一种物化和虚化,也是对马克思主义精神交往观念的严重背离。播音与主持艺术专业的研究者、教育者、从业者们要为保卫"人"的言说鼓与呼。此外,政府与社会要加强语音采样版权的保护、声纹保护、传播识别的保护,推动规范 AI 语音的使用场景的政策法制化,限制语音合成技术的应用范围。言说者建构公共表达理性是重构有声语言生态的核心,还要在加快树立社会公认的言说价值共识上持续努力。

(二)兼顾媒介专门口语传播通才与高级应用专才培养并重

人才培养理念的转型。理念稳定、持续是成果积累和学科成长的基础。要将原有的培养广播电视语言传播人才转型为培养以"人"为主体能够适应不同话语场景的口语传播人才。这种转型改变了以狭隘、特定的广播电视媒体工作岗位为培养面向,转而聚焦到口语传播活动生成主体的"人"之上。无论媒介环境或话语场景如何变化,"人"始终是口语传播活动的发起者和接受者,抓住了"人"这个口语传播活动的关键,就能够保持学科研究、教学的长期性稳定。

人才培养层次的转向。根据现有口语传播的格局与生态,人才培养的层次应明晰为职业层面、专业层面和理论研究层面三个层次。职业层面主要针对本专科人才培养。这个层面的教学一定要紧紧针对社会上对于口语传播应用型人才的需求,就业面向除去传统的广播电视及新媒体主持人外,还应涵盖社交媒体职业主播、导览、解说、少儿口语传播教育等。专业层面主要针对硕士人才培养,这个层面的教育应兼具理论与应用两个方面,就业面向主要针对社会上对于专业型口语传播人才的需求,包括谈判专家、新闻发言人、企业公关主管、政府媒体沟通专员等。理论研究层面主要针对博士教育,这个层面以深入的理论研究为主,兼顾复杂、宏观的应用研究为辅。博士层面的培养应立足以建构、补充、丰富中国口语传播史论为目标,同时又能为国家传播、社会治理等层面的口语传播应用贡献智慧。对于该专业的博士人才来说,高等院校、研究机构、政府智库、大型企事业单位等,都是其有竞争力的去向。

## (三) 从专业教育迈向通识教育

面对当前数字口语技术的弥散和发展,以及多重口语生态的复合式发展,当前的有声语言生态面临着重大危机。除了上述受到媒介化社会中 AI 语音技术侵蚀的外缘因素外,国家、个体口语传播能力缺失的内缘因素也不容忽视。经过新时代以来的蓬勃发展,我国从站起来、富起来到如今强起来。然而,在国际舆论场中,我们"有理说不出,说了传不开,传开叫不响"的问题还在一定程度上存在。基层社会治理中因为言论争执造成的误解、冲突甚至是群体性事件仍时有发生。社会生活中社交媒体充斥着虚假言说、人身攻击、冷嘲热讽。播音学科人才培养的社会价值不仅体现在为各级广电媒体服务,而且还体现在为新媒体服务。此外,我们更要在提高人民修辞素养的过程中,为中国式现代化中精神文明现代化的发展提供我们的力量,更重要、更直接的就是为提高社会治理能力现代化,在提升国家话语的口语传播能力方面贡献我们的力量。

播音与主持艺术专业教育通识面向拓展的路径主要有二:一是口语艺术素养教育。将口语表达课程作为通识课程植入大中专教育体系,旨在通过通识教育来提高学生的跨学科综合素养,培养全面发展的人才。通过表达能力的系统教学、训练,帮助学生建立自信心和社交技能,提高自我认知和沟通技巧,从而全面提升学生的个人素质和社会价值。二是公民公共表达素养教育。我们借鉴西方公民教育的经验,为幼儿、小学直至成人阶段提供形式多样的公共表达素养教育,这类教育既可以是植入各级各类教育序列的,也可以是从主流媒体信息渠道进行公共投放的,还可以是针对弱势群体或特殊人群进行专项援助的。公共表达素养教育的重心要兼顾补足我国社会公共表达中理性长期的缺失和树立言说道德本位的持久努力。

## 七、小结

技术的迭代升级正加速重构人类的传播环境与言说场景,数字口语在向原生口语回归的同时也产生了不可小觑的危机与挑战。在此背景之下,将播音与主持艺术的培养重点锚定在"人"之上,不仅能够有效避免言者异化为媒介的延伸,还可以在有无相成、虚实相生的数字时代找到一条生动具体的学科发展路径。与此同时,"人"是主体间的最大公约数,引导口语传播回归人类本身能够更加高效地实现言说的社会价值。在主体间建立联系,巩固社群关系之于圈层林立、后真相蔓延的当下具有深刻的意义。总体而言,面对浩浩荡荡的数字化、智能化洪流,播音与主持艺术专业既不能有"卢德主义"观念,也不可以鼓吹技术决定论。我们要立足言说的三大基源价值,积极拥抱新兴口语传播生态,以期在发展学科的同时为社会做出更大贡献。

# 从主持大赛的赛制设置看播音主持人才培养的着力方向

◆ 李子彤　朱俊河*

**摘要**：当下处在传媒业边界消失与格局重塑的时代，传统主持人在新技术的变革下处在被动的位置。主流媒体、地方媒体、高校试图扭转乾坤，寻找出路。首先，本文通过对比分析"主持人大赛""主播有新人"与"上海市大学生主持新人赛"三个大赛的不同与相同之处，试图寻找出主流媒体、地方媒体、高校在新时代对播音主持人才的新需求。其次，总结与分析出当下传媒行业对主持人传播能力的四方面新追求，分别是即兴反应能力、采访与访谈能力、实战能力和具备国际视野能力。最后，从专业、文化、政治方面对培养主持人才提出了新的要求。

**关键词**：主持大赛；主持人才；意见领袖

全民主播、AI 主播"忽如一夜春风来，千树万树梨花开"，这不仅使网络主持传播者在数量上对传统专业主持传播者形成了包围之势，而且以人工智能技术为依托的机器人主持人对传统主持传播造成的威胁与挑战也可谓实实在在。[①]当下，正处于传统传媒业边界消失，格局重塑的时代。传媒技术和媒介形态发展呈现持续爆发式、跳跃式发展的态势。[②]传播主体正在经历着从专业化到精英化，再到泛众化加智能化的改变。[③]传统广播电视媒体受到了前所未有的挑战，引发人们开始思考——如今我们究

---

\* 李子彤，上海体育学院博士研究生；朱俊河，上海体育学院副教授。
① 高贵武.生还是死：技术变革视野下的主持传播[M]//高贵武.中国主持传播研究（2018）.北京：中国传媒大学出版社，2018：6-13.
② 陈汝东.未来传媒发展趋势：一种媒介史的视角[J].人民论坛·学术前沿，2017（23）：15-20.
③ 喻国明.技术革命主导下新闻学与传播学的学科重构与未来方向[J].新闻与写作，2020（7）：15-21.

竟需要什么样的主持人？主流媒体、地方媒体、高校纷纷出谋划策，试图扭转乾坤，共同赋予主持行业新内涵、重塑传媒新格局。以央视为核心的主流媒体打响了重构主持行业的第一枪，在2019年下半年率先举办了主持人大赛，呈现出主流媒体对融媒体时代主持人的新要求；以东方卫视为主的地方媒体紧接着在2020年推出主播有新人大赛，将个性化作为选拔的首要标准，凸显出地方媒体对新人主播的需求；2021年，以上海各高校为主的教育层面对青年主持人的选拔愈加严格。上海大学生主持新人赛在思想政治、家国情怀方面对参赛者有了更高的标准。

## 一、三个大赛折射出对播音主持人才的新需求

（一）参赛选手的不同之处

纵观主持人大赛、主播有新人及上海大学生主持新人赛三个比赛，从参赛选手的职业来看，在校学生与媒体从业者占据上风；从年龄方面来看，参赛选手年轻化趋势明显，90后的新生力量居多；从学历方面来看，拥有本科学历的选手占大多数；从学科背景来看，具有播音主持专业教育背景的人比较多。

主持人大赛中的参赛选手的学历层次是三个大赛中最高的；其参赛选手多元化的学科教育背景最为明显；同时，能够进入总决赛的选手均为从业多年的"老将"。进入复赛的60位选手，从学历来看，博士2位（占3%），硕士24位（占40%），本科生34位（占57%）；[1]从学科背景角度来看，有播音主持教育背景的选手占多数，有46位（占77%），而其他学科教育背景的有14人（占23%），不过，选手的专业分布更加多元化，如哲学、经济学、社会学，甚至理工专业的选手明显增加。[2]而进入总决赛的12名选手中有11人是在国家级、省级等媒体工作多年，是有着丰富的从业经验的在职主持人。

主播有新人的参赛选手几乎都是主持界的新力量，即将踏入社会的播音主持专业的大学生占参赛选手的大多数。与主持人大赛截然不同的是，该大赛进入总决赛的六位选手中在校学生的人数占多数，可以看出主播有新人比赛对年轻的新人青睐有加。进入复赛的40位选手，从学历来看，博士1位（占2.5%），硕士2位（占5%），本科生37位（占92.5%）；从学科背景来看，有播音主持专业教育背景的为34人（占87.5%），其他学科教育背景的有5人（占12.5%）；从职业来看，在这40位选手中，在校学生有25位

---

[1] 徐树华，林阳．"2019主持人大赛"：与新时代同行，为中国梦发声[J]．电视研究，2020(4)：49-52．
[2] 翟慧慧．从《主持人大赛》看新时代播音主持人的培养路径[J]．传媒，2021(10)：52-54．

(占 62.5%),媒体从业者有 13 位(占 32.5%),脱口秀演员有 3 位(占 7.5%),演员有 1 位(占 2.5%)。

在上海大学生主持新人赛中,参赛选手皆是上海各高校的本科生与研究生。进入决赛的 20 位选手,从学历来看,研究生有 4 位(占 20%),本科生有 16 位(占 80%);从学科背景来看,有播音主持专业教育背景的有 12 位(占 60%),其他学科教育背景的有 8 位(占 40%)。

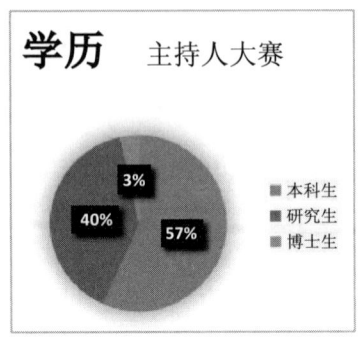 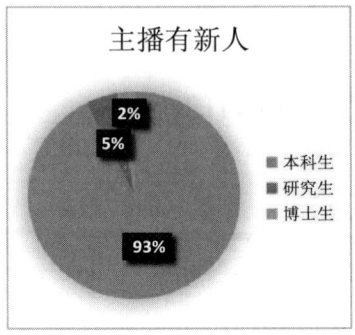 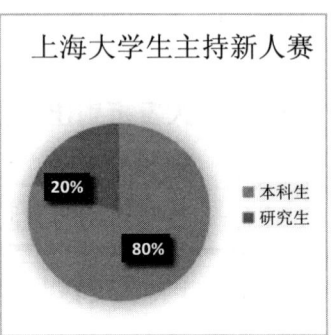

**图 1　三个大赛选手的各层学历比例**

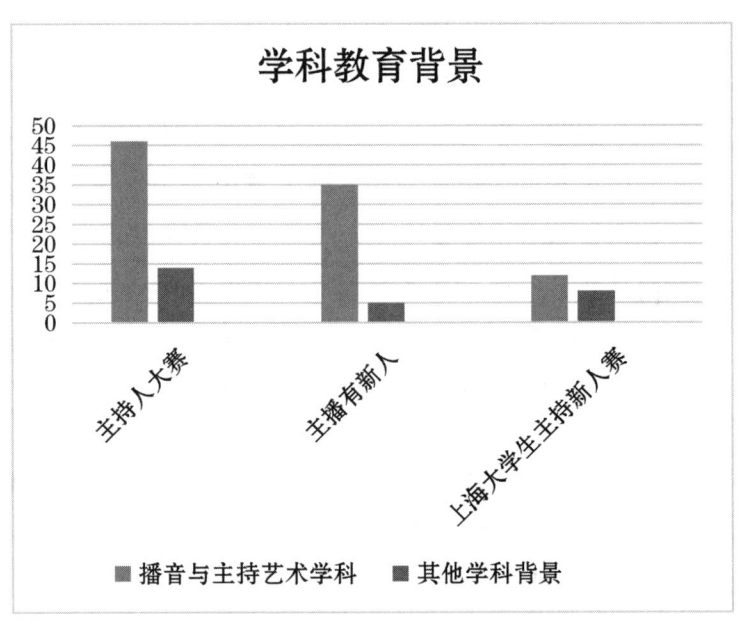

**图 2　三个大赛选手的学科教育背景**

(二)选拔人才标准的迥异

纵观三个大赛,可以发现选拔主持人才标准的迥异直接体现出以央视为主的主流媒体、以上海电视台为主的地方媒体、以上海高校为主的教育行业对新时代播音主持人才提出的不同要求。三个大赛皆以各自的需求出发，站在不同的立场设置不同的标准，公开选拔播音主持人才。

以央视为主的主持人大赛强调选拔复合型人才。央视以具备过硬导向把控能力、新闻直播互动能力、多媒体应用能力以及人格化传播能力的复合型人才作为选拔主持人新的标准，为媒体融合环境下的主流文化传播注入新力量。①

以上海电视台为依托的主播有新人是特别为上海电视台量身定做的，因此在选拔标准上更加青睐于"新"的部分，凸显"新"与个性化。主播有新人重在考察新人是否具备创新能力、是否具有新颖观点、是否拥有新鲜的表达方式。此外，该大赛还考虑选手是否符合上海台的气质，是否具备市民们认可和接受的一些气质和素养。

上海大学生主持新人赛始终立足于"青春"的定位，以建党百年为主题，将两种素养、两种意识作为选拔主持人的重点，即把具备过硬的政治素养、扎实的语言素养、新媒体意识及对社会的问题意识作为选拔的标准。大赛从比赛的赛制到题目的设置都紧密围绕建党百年的主题。

(三)赛制设置环节的异同

三个大赛均由四个赛段构成。从赛道上来看，首先，主持人大赛和主播有新人分为文艺(综艺)和新闻两个赛道。三个大赛在第一个赛段设置自我展示、现场对决与即兴提问环节，考察选手的基本专业素养，包括对选手表达能力、快速反应以及即兴应对能力的考察。其次，在第二个赛段，主持人大赛与主播有新人(综艺赛道)考察选手的理解力和创新力，让选手们还原节目现场，如《朗读者》《感动中国》《极限挑战》等节目，并要求选手在超越节目本身的基础上进行创作与创新，均以访谈、主持、采访、解说等方式呈现。然而，上海大学生主持新人赛的第二个赛段则是注重对选手的普通话水平与语言技巧能力进行考察，设置了"读字辨音"环节。再次，主持人大赛的第三赛段与主播有新人新闻赛道第二赛段的赛制设置大同小异，均对主持人选手的脚力、眼力、笔力和脑力"四力"进行考察，以"走出去"的形式考察选手实战能力，对选手的独立编排、稿件串联撰写、播报能力进行了全方位的考察。而主播有新人的第三阶段的赛制与上海大学生主持新人赛的考察内容基本相同，都是对选手采访能力的考察，但在上海大学生主持新人赛中的第三个环节除了考察选手的采访能力之外，还有随机的话题评述、即兴配音、模拟主持等综合能力的考察。最后，主持人大赛与上海大学生主

---

① 央视网.《中央广播电视总台2019主持人大赛》正式启动，复合素质、实战能力成考核新标准[EB/OL]. (2019-06-06)[2021-06-02]. http://m.news.cctv.com/2019/06/06/ARTIbE7ZH6WYGUxJOdNnF1bs190606.shtml.

持新人赛均对选手的即兴演讲能力进行了考察。

## 二、从三个大赛人才选拔的共性看传媒行业与社会的共同追求

(一) 专业要求：即兴表达与快速反应能力

即兴表达、临场发挥、应对突发事件的实质是对选手快速反应能力的考察。而在这背后实则需要选手的文化底蕴、专业水平和多次实践经验作为支撑。这三个大赛通过赛制的设置对选手的即兴、临场发挥的能力以及应对突发事件的能力进行了综合的考察。如在主持人大赛中，第一赛段除了自我展示环节之外，还有90秒的即兴考核环节。在总决赛中，新闻组设置换位辩论环节，文艺组设置"串讲"及化解节目突发状况环节。这要求选手在拥有扎实基本功的基础上，也要有较强的临场反应能力及口语表达能力。在主播有新人中，第一赛段同样设置了现场对决环节，让选手以脱口秀、演讲、辩论、配音等形式进行即兴一对一的现场对决；复赛则增加了让选手对新闻突发事件进行编排，其中突发事件包括：新闻提词器失灵、突发急稿播报、突发情况新闻跟播播报、突发情况新闻的时长控制；总决赛则对选手应对突发事件的能力进行了考核。而在上海大学生主持新人赛中，比赛的终极环节要求选手以大赛提供的党史文物、红色地标为素材，进行两分钟的即兴演讲。我们从赛制的设置中不难发现，快速的反应能力和随机应变能力是选手们征战比赛场的重要法宝。

(二) 业务诉求：采访、谈话与写作的能力

在疫情期间，北京卫视的节目女主持人采访钟南山院士时因全程摆拍微笑惹争议，遭众多网友吐槽。主持人原本是在疫情关键时期承担向观众普及防疫知识、介绍疫情情况的角色，该类事件的发生，给对主持人采访能力的培养和重视敲响了警钟。主持人的核心功能是把人和信息有机组合在一起，产生一种新的理解方式、解读方式和表达方式。而采访与谈话是主持人获得信息的一种重要途径。在主播有新人中，选手需要进行"实战演练"，如进入2021电视剧品质盛典的现场，采访影视圈的优秀艺人。同时，还要邀请嘉宾在演播室里录制谈话节目。在上海市大学生主持新人赛中，"现场采访"环节也是决赛的亮点。选手与评委嘉宾程璐和潘涛进行面对面的模拟采访，考察选手的语言表现力和临场反应力。

纵观当下高校的播音主持教育可以发现，设置采访与谈话节目相关课程的高校越来越少，而开设播音主持基本功课程的高校越来越多。白岩松曾表示，不教采访课的

新闻系怎么能叫新闻系？当前主持人与嘉宾谈话中一次次的露怯足以令我们认识到此类课程设置的必要性。

(三)"四力"需求：实战能力的培养与社会问题的关注

在2018年8月召开的全国宣传思想工作会议上，习近平总书记提出宣传干部要不断增强脚力、眼力、脑力、笔力，努力打造一支政治过硬、本领高强、求实创新、能打胜仗的宣传思想工作队伍。届时对传媒人提出了新的四力要求。媒介天翻地覆的变化引发了全民皆主播的潮流。传统的媒介分工已不再适应社会的需求，这对主持人独自呈现信息的能力提出了更高的要求。在三个大赛中，皆聚焦社会问题，关注社会现实，弘扬与传播社会所崇尚的价值观。

主持人大赛特别设计了"走出去""下基层"，置身新闻第一现场的实战环节。冯硕深入西藏戍边军营，辗转多地将战士对亲人的思念带回家乡，"脚力"强劲；刘妙然在2022年北京冬奥会赛场，捕捉备战奥运会的工作者、运动员的感人瞬间，"眼力"独到；梁婧用一张月饼券讲清楚了什么叫"资产证券化"，颇具"脑力"；主持人的"笔力"则更多地体现在口语表达上，如蔡紫对古建之美的讲述，有跨度、有深度、有温度，笔到口到，真挚感人。① 同样，主播有新人大赛也要求选手进行"实战"。李泽鹏实地探访上海上门助浴服务，为高龄且行动不便的老人带来的便利，用"脚力"关注社会问题，宣传社会服务；孔钰钦用独特的"眼力"实地采访武汉医护人员，从樱花小切口展现疫情无情人有情的大主题；田尹男用清晰的逻辑讲述了长征五号火箭、嫦娥五号从发起到着陆的过程，"脑力"十足；钟瑞奇用幽默生动的语言对风滚草进行了解释，如使用了"不是地球要脱发，是风滚草要发芽"等诙谐的语言，突显"笔力"。

(四)视野探求：国际视野与国际意识

从1979年赵忠祥第一次走出国门采访美国前总统卡特至今，四十二年的时间内，传媒环境与国际环境发生了翻天覆地的变化。5G技术推动下的大连接、大数据、多场景、多终端的媒介环境改写着跨文化传播的图景。② 时隔四十二年，如今的中美主播跨海约辩再一次引人深思。主持人刘欣对战美国主播表现出的睿智与端庄、不失礼貌，以冷静理智的态度赢得了全世界的掌声，成功地阐述了中国立场，表明了中国态度。正如杨澜所说，如今需要的是具备国际视野，对时代有真切感知的主持人。廖祥

---

① 徐树华,林阳."2019主持人大赛"：与新时代同行,为中国梦发声[J].电视研究,2020(4):49-52.
② 史慧琴,丁韬文,崔潇.提升讲好中国故事的实践效度：以"一带一路"为视角的观察[J].青年记者,2019(36):54-56.

忠教授也表示,当下需要培养能够应对未来媒体挑战、驰骋于国际舞台的新闻传播人才。① 在主持人大赛中,由国广英语中心主任王璐、央视外语频道副总监丁勇与中国国际电视台(CGTN)主持人刘欣担任大赛的专业评审。刘欣作为出题人,以《环球瞭望》节目作为考题,让选手围绕中国文化与世界文化的交流展开论述。而主播有新人大赛在评委方面也不乏国际声音,由已访问过全球700余位人物、极具国际视野的主持人杨澜担任。从"面向话筒"到"面向大众",从"立足国内"到"走向国际",这些转向既暗含着主持人在功能和责任上的扩充深化,又体现了主持人在传播格局和舆论引领上的重要作用。

### 三、对培养播音主持人才提出的新要求

习近平总书记多次强调,要"不忘本来、吸收外来、面向未来",指出了新时代推动文化建设的思想方法和工作方法,为坚定文化自信、不断铸就中华文化新辉煌、建设社会主义文化强国指明了前进方向。这也给传媒行业带来了新的启发,以"不忘本来、吸收外来、面向未来"为基石,对培养主持人才提出了新的要求,激活主持人人格化传播的新价值,引领传媒行业的新风尚,发挥主持领域意见领袖的新作用。

(一)不忘本来——专业能力要求

当下,无论技术如何变化,"不变"的只有扎实的基本功。鲁景超教授表示夯实播音主持专业学生的基本功训练是立业之本。② 主持人缺乏扎实的基本功如同无源之水,无本之木。工欲善其事,必先利其器。扎实的基本功、较高水平的有声语言表达是主持人最基本且最根本的素质。专业能力包括声音的弹性、语言表达、字词的精准、发音的规范、即时的反应等。而有声语言表达包括发音准确、吐字清晰、声音圆润、生动且富于变化。③

纵观三个大赛,皆在比赛的第一个环节对选手的基本功进行了考核,即设置自我展示环节。在主播有新人中,柏璐瑶模仿多个人物百变传神的声音,获得了评委们的一致好评,凸显出扎实的基本功。同时,本届上海大学生主持新人赛对自我展示环节有了更高的要求,多了主题的限制,需要围绕每年赛事的主题呈现一分半钟的主持片

---

① 廖祥忠.创新新时代传媒人才培养,打造新时代一流本科教育[J].中国高等教育,2019(5):19-21.
② 鲁景超.传媒变局对播音主持人才培养的影响和要求:基于对中国传媒大学毕业生的问卷与访谈[J].现代传播(中国传媒大学学报),2016(4):149-152.
③ 吴郁,曾志华.播音主持专业人才培养研究[M].北京:中国传媒大学出版社,2009.

段。此外,上海大学生主持新人赛在第二赛段设置的"读字辨音"环节,也是历届决赛考验主持人普通话基本功的经典环节。由此可见,各大赛将选手的专业基本功的考察放在首位。选手平日打牢基础至关重要,若基本功不过关则在第一关就会被淘汰。

高校反思播音主持的教学,应紧紧抓牢学生的基本功训练。对学生来说,扎实的专业能力如同金字塔的最底部,只有打牢基础才能一步步向上升级,最终成为意见领袖式的高水平人才。学生在这个过程中,需要反复多次的练习,运用刻意练习的实践方法,不断提升大脑的适应能力,不断打磨字词声音,不断提升即兴反应能力,才能以不变应万变。

(二)吸收外来——多学科知识素养要求

主持人拥有了扎实的专业能力,打牢金字塔的地基之后,接下来,进一步就要聚焦于提升文化素养。言之无文,行而不远。正如张颂老师所说,广播电视作为信息的集散地、知识的汇集处、社会的联结点,要求从业人员必须具备较高的文化水平、较宽的知识面。①

播音主持是一门知识交叉型的学科。我们若想发展该学科,把目光停留在播音主持本身的专业课,是远远不够的。吸收外来,要吸收除了播音主持自身的学科知识之外的知识与信息,包括相近学科的知识、中国历史、社会学、管理学等文科知识,也包括大数据、人工智能等工科和理科知识。当下的传媒学科专业,从纯文科和艺术学习走向文工交叉、艺工兼修,文艺工打通进而走多学科融合的新文科、新工科和新艺科的发展道路。② 白岩松曾说,他在培养研究生的时候,大概有八九个月的时间让学生关注历史,包括与专业相关的历史,也包括中国历史。

(三)面向未来——政治意识与传播要求

处于金字塔顶尖的主持人究竟需要具备哪些能力?要做好播音工作,首先要有一定的政治觉悟和较好的思想修养。③ 主持人应自觉树立政治意识,具备讲政治、讲好中国故事的能力。在这三个比赛当中,选手们既讲述了具有家国情怀的戍边故事,又讲述了为老年人上门助浴的故事,还有见证中国速度的高铁司机的故事等。我们不难发现,在这三个大赛中,无论是选手自备的内容还是赛制设置的选题都在关注国家发展,关注老百姓的衣食住行。大赛也考察了选手讲好中国故事的能力。

---

① 张颂.中国播音学(修订版)[M].北京:中国传媒大学出版社,2003.
② 廖祥忠.未来传媒:我们的思考与教育的责任[J].现代传播(中国传媒大学学报),2019(3):1-7.
③ 赵玉明,王福顺.梅益谈广播电视[M].北京:中国广播电视出版社,1987:95.

除了政治素养之外,对中国传统文化的宣传能力也是主持人需具备的能力。儒学乃至中国文化传统中著名的"十六字心传":"人心惟危,道心惟微;惟精惟一,允执厥中",所传达的是人心变化莫测,道心中正入微。我们要真诚地保持惟精惟一之道,不改变自己的理想和目标,最后使人心与道心和合,执中而行。而人心与道心在中国的传统文化中一以贯之,也应将其宣传与弘扬。主持人应将中华之境界凝聚在一次次的主持之中。播音主持教育也应将此理念贯穿至教育体系之中、课堂之中,弘扬真正的道心,抑制私欲的人心。以道观心,以心证道,与万物合而为一,为中华之文明留下逍遥之道心。[①]

我们通过对比分析三个大赛的赛制看播音主持教育的着力方向可知,主流媒体、地方媒体及高校从各自的角度和立场皆对主持人提出了新的要求与标准。从参赛选手、选拔人才的标准和赛制设置方面分析三个比赛的异同之处,折射出新时代社会对播音主持人才的新需求;总结三个大赛,分析当下传媒行业对主持人传播能力的四方面新追求,分别是即兴反应能力、采访与访谈能力、实战能力和具备国际视野的能力。综上,播音主持专业要以习近平总书记提出的"不忘本来、吸收外来、面向未来"为基石,从专业、文化、政治方面对主持人才提出新的要求——讲好中国故事、传播中国声音,以此激活主持人人格化传播的新价值,引领传媒行业的新风尚,发挥主持领域意见领袖的新作用。

---

[①] 吕泓霄.论中国传统文化两个内核:儒骨与道心[J].知识文库,2018(14):3-4.

# 行业口语传播研究

# 传播好中国声音:校外教育口语传播矩阵构建的多元化探索

◇ 林　毅[*]

**摘要**:随着全国语言文字会议在京召开,构建与时代发展相适应的语言发展规划成为当务之急。校外教育是学生课堂学习之外口语传播的主阵地,本文通过对国内外口语传播研究与青少年口语表达能力评估现状进行分析,旨在探索校外教育口语传播矩阵构建的新思路和新方法。

**关键词**:校外教育;口语传播;矩阵构建

秋雨笼轻烟,薄雾罩申城。第七届口语传播学术论坛在华东师范大学闵行校区开幕。11月19日下午,由上海市演讲与口语传播研究会承办的分论坛"校外教育口语传播矩阵构建"在传播学院如期举行。来自口语传播领域的学者聚焦论坛主题,以线上线下相结合的方式展开了交流探讨,为校外教育口语传播的学术研究与实践探索开拓路径,传经送宝。

## 一、文化自信推进过程中的传播形象构建背景

"党的二十大报告是我们党带领全国各族人民夺取中国特色社会主义新胜利的政治宣言和行动纲领,是一篇马克思主义的纲领性文献。"[1]

报告第八部分"推进文化自信自强,铸就社会主义文化新辉煌"提出,"增强中华文明传播力影响力。坚守中华文化立场,提炼展示中华文明的精神标识和文化精髓,加快构建中国话语和中国叙事体系,讲好中国故事、传播好中国声音,展现可信、可爱、

---

[*] 林毅,上海体育学院艺术学院副教授。

可敬的中国形象。加强国际传播能力建设,全面提升国际传播效能,形成同我国综合国力和国际地位相匹配的国际话语权。深化文明交流互鉴,推动中华文化更好走向世界。"这部分关于中华文明传播力影响力的论述总计156个字,高度聚焦五个方面的重点:一是将"以我为主"的提法进一步明确为了"坚守中华文化立场"的表述方式;二是在"讲好中国故事"的同时加入了"传播好中国声音"的要求;三是用"可信、可爱、可敬的"三个修饰词替代了"真实、立体、全面的"描述方式;四是明确了"提炼展示中华文明的精神标识和文化精髓"的要求;五是在国际传播能力建设中,指出了"传播效能"问题,强调了"中国话语和中国叙事体系"的构建要匹配我国的综合国力和国际地位。

对于中华文明对外传播的论述,二十大报告着重指出了五个方面的性质特征,并给出了明确的行动指引。第一,明确指出了中华文化的主体性,任何形式的对外传播需要时刻坚守中华文化的立场;第二,明确指出了中华文明的呈现性,通过提炼展示中华文明的精神标识和文化精髓,加快中国形象的传播构建;第三,明确指出了结果反馈的有效性,从以传播内容为主的真实、立体、全面的传播导向,聚焦为传播效果为主的可信、可爱、可敬的形象输出;第四,明确指出了语言传播的重要性,既要讲好中国故事,又要传播好中国声音,加强语言文字的双轨传播,结合口语传播与文字传播的双重形式,提升国际传播效能;第五,明确指出了话语叙事的主导性,加快构建中国话语和中国叙事体系,推动中华文明更好走向世界。

## 二、口语传播研究与青少年口语表达能力评估现状

2020年9月10日,教育部网站发布的《关于政协十三届全国委员会第三次会第4354号(教育类400号)提案答复的函》中称,"教育部高度重视学生口语表达能力的培养,通过课程教材建设、考试选拔制度制定、师资建设等方式,引导和帮助学生提高口语表达水平和交际素养,增强适应社会、服务社会的能力"。[2]

同年,10月13日,全国语言文字会议在京举行,会议强调"守正创新,深化改革,构建与时代发展相适应的语言发展规划,推进语言文字工作治理体系和治理能力现代化"。[3]

校外教育是学生课堂学习之外的主阵地,对于中小学生口语传播能力的建设义不容辞,本次分论坛旨在有效地展开校外教育口语传播矩阵构建的深度讨论,努力通过口语传播讲好中国故事,传播好中国声音。

中国少年儿童新闻出版总社联合中国新闻文化促进会语言文化传播专业委员会开展了"你会好好说话吗——中小学生口语表达能力调查",覆盖全国32个省份。调查显

示,孩子家长认为自己口语表达能力"一般"的为67.32%,认为"不好"的占11.89%,只有20.79%的家长认为"好"。孩子认为自己口语表达优秀的仅为18.24%,还有4.63%的孩子自认为"很差",其他绝大多数都自认为"良"或者"一般"。同时,父母和孩子都意识到口语表达能力的重要性,调查结果显示,80.71%的家长认为口语表达能力对孩子的成长"非常重要",18.03%的父母认为"重要",只有0.94%的父母选择"一般",0.31%的父母认为"不重要"。

为了更好地给校外教育口语传播添砖加瓦,今年7月,上海市社会科学界联合会与上海市演讲与口语传播研究会合作立项了"青少年口语表达能力评估研究"课题。为了将学术研究成果更好地转化为社会实践,全面服务于青少年群体,尤其聚焦中小学生口语表达能力的提升与评估,经过一系列项目论证后,研究会于国庆期间正式启动"口语写生"公益平台。

这个以新媒体服务路径为主的创新项目为中小学生口语表达能力学习开设了"口语写生"公众号、视频号、视频直播、视频会议、论坛展评等平台。每周中上新的教学单元划分了主题,通过语音讲解的方式,完成每一单元的教学任务,并且在导师讲解后特设了学生自测模拟练习,达到巩固教学内容的效果。周末复盘通过主编点评对自测练习进行详细拆解,为学生举证剖析现实案例,教授学生如何把导师讲解的技巧运用到口语表达中去。"口语写生"新媒体语言学习项目上线不到一周,已经有家长自发地建立了"家长学习型社群",配合该项目一起帮助孩子提升口语表达能力。"中小学生口语表达能力提升与评估"公益项目为求达到以测代练,以练促评,以评赋能的目标,持续推动中小学生口语表达能力的全面培养,开通了校外教育口语传播矩阵构建的赛道。

从上位概念看,口语传播研究包括:自我沟通、人际沟通、小组沟通、跨文化沟通、公共演讲艺术等。

(一)国外相关研究现状

国外在口语传播分支领域的理论和实践总结要丰富一些,但系统性、跨学科的口语传播研究也难得一见。

1.语言学和符号学兼容的口语传播研究

这类口语传播研究的学术论文以理论探究为主,Mary Kate,McGowan(2009)试图以语言学和符号学相关学术理论为支撑,提出相应的口语传播的概念。[4] Borden Jonathan(2019)通过实验研究了组织危机中语言选择与归因知觉的关系,将语言范畴模型和情境危机传播理论进行了实证联系,但对于口头语言表达艺术实践能力的研究并不涉及。[5]

2. 心理学领域延伸的口语传播研究

考虑到一部分心理学范畴的病例会在口语传播的能力上得到病症的显现,心理学理论与实践的研究也有涉及口语传播的相关学术成果[Larry Burd(2008)]。[6]为了区别于语言治疗师在口吃、结巴或者因中风、脑出血等导致说话障碍治疗中的"Speech Communication",研究中通常使用"Human Communication"这个概念。

3. 人类传播发展探源的口语传播研究

一部分国外的学者试图通过探源人类传播的各种模型来解释口语传播的核心,Fitch. W. Tecumseh(2019)主要进行了人类语言进化的传播研究。[7]同时,在以美国为代表的西方大学课程中,通常把"Human Communication"与"Communications"相区分,前者更多的是研究以人类探源为主的口头言语组织、沟通方式,而后者更多是传播分类形式的探索。

(二)国内相关研究现状

中国台湾世新大学在1992年把该学科引入中国的时候,直接译作"口语传播"。目前,研究主要集中在以下三个方面:

1. 具有有声语言艺术转向的口语传播研究

受到传统媒体变革的影响,部分从事有声语言艺术研究者转向了口语传播研究领域。庚钟银(2016)从节目主持、演讲、辩论、营销、朗诵等场景入手对口语传播的特色进行了分析。[8]冯梦园(2019)认为口语传播视域下主持人在不同语境的角色定位中应该有不同的表达方式。[9]於春(2012)从传播考察、思维构成、表达与理解、即兴修辞等多个层面构建了传播者即兴口语传播的框架。[10]

2. 以传播学为母体的口语传播研究

国内代表性较强的学术成果是复旦大学出版社出版的《口语传播》(秦琍琍等,2011),该书系统性地介绍了口语传播学的历史与理论,考量了口语传播在中国内地与亚洲发展的可能性。[11]张政法(2017)认为口语传播教育的手段与切口唯有准确把握口语传播的三重维度,明确口语传播教育的核心,才能走上正确的途径。[12]

3. 新媒体语言运用的口语传播初探

随着互联网时代媒体使用方式的改变,付一玮等(2019)认为口语化传播可以辅助自媒体内容生产并创造直接变现的"粉丝经济"。[13]傅裕（2019）认为直播迎来了3.0移动视频口语直播新型表达方式。[14]

《青少年儿童口语传播能力探析》（宫雪，2019）[15]中指出，目前中国青少年儿童言值普遍弱化。缺乏基本的语音规范、表达流畅、口语自然，能够在语言表达中体现中国传统文化和汉语言美感的更是少之又少。青少年群体出现口语表达惰性，青春叛逆期的孩子不愿与父母和老师面对面交流沟通，在课堂上不爱当众表达观点，不热衷对社会时事发表独立的评论和见解。一直以来我们在青少年语文的传统教学中更多地重视"文"的能力培育，对汉语言美感的教学略显不足，对于"语"的能力即口语表达、即兴说话、人际交往、沟通能力的培养锻炼更少，可谓薄语厚文、恤文忽语。

随着互联网的发展与普及，网络语言不再局限于虚拟的网络空间，当今青少年语言表达依赖网络流行语现象普遍，相关调查发现，绝大多数青少年流行语存在语言表达失范问题，不利于普通话的推广，挖苦、讽刺、攻击性、暴力语言以及污秽语充斥其间。该现状引发社会和家长的忧虑和重视，成为行业学科专家呼吁的重点。

青少年儿童时期是语言学习的黄金期，这一时期对青少年儿童进行科学的语言能力普适性测试、分析、训练，有助于发现其语言习得过程中的问题、原因并及时矫正解决，也有助于高效提升其言值、语商，提高其沟通能力进而让优秀的口语表达能力成为青少儿未来强有力的竞争优势。

《论语言素质与青少年语言素质培养》（陈杰，2021）[16]提到，人类的语言天赋是与生俱来的，一般来说，一个正常人在两三岁时就已经完成了语言习得的过程，此后就是语言素质提高的过程。在提高阶段，学习起着决定性的作用。在整个语言习得过程中，语言知识学习是一门优先的课程。语言知识学习不仅会对其他学科的学习产生重大的影响，也会在很大程度上影响青少年整个人生的发展。要提高语言素质，语言知识积累是关键。要学习语言学的基本理论和知识系统，从而获得以下几个方面的能力：口语发音标准、熟练运用词语的能力。语音和文字是语言的外壳，是青少年语言素质的外部体现。基本词汇和词汇量是语言素质的核心，语法和修辞是语言素质的基础，语言交际时除了要达到语言准确规范外，还要逐步提高语言表达能力和技巧，使语言交际逐渐达到清晰、精致、生动。

目前关于青少年口语表达能力的研究大多属于定性研究，缺少实际数据的支撑，青少年口语表达能力的评估应努力基于学者们之前的研究，开展实地调查和测评，力求以实际数据为依据，定量与定性研究相结合，归纳和梳理青少年口语表达评估的有关标准。

## 三、校外教育口语传播矩阵构建多元化探索

儿童艺术语言是教孩子们"用语言话画",论文《童言童语"话"世界——儿童艺术语言课程开发实践研究》基于自身的教学实践,将儿童语言教育中的"语言艺术"核心提炼为"艺术语言"呈现,从课程建设、舞台实践及教师培训三个方面展开论述。研究者表示,儿童艺术语言的推广是从幼儿阶段开始在内心埋下一颗种子:用美好、精炼、恰当的语言描述事物、表达胸襟、抒发情感,同时感受本民族、本地区语言内容的博大精妙、深邃动人。艺术语言不但能够提升儿童语言表达能力,也能促进儿童对文学作品更深入的理解。面对小小一方作品,教师试图让孩子们静下心来悉心揣摩感受,开展想象,激发与作者的共情,并融入自己的理解与想法,用真挚饱满的情感进行表达,从中体会语言文字的精髓与魅力。研究者认为,教师要让孩子在练习中训练"感受、消化、表达"的"三步走"意识,依据生活体验挖掘文字之美,并通过无稿练习提升孩子的逻辑思维能力与文字背诵能力,同时还可以在教材中使用学生原创作品,贴近儿童心理,形成示范作用。

论文《从"讲述"故事到"讲活"故事——基于"生本化"的儿童口语教育探索》对"如何让儿童在生活中从'讲述'故事到'讲活'故事"这一问题进行了探讨。研究者从工作实践的视角切入,指出在儿童口语教育中教师应引导孩子逐渐做到"理清楚讲""带情绪讲""语境时代化"与"口语生本化"四个要求,并始终将"生本化"作为重点,深度了解儿童需求,最终让儿童实现从"讲别人的故事"到"讲自己的故事"这一跨越。论文开门见山地提出:讲故事,如果连最基本的"讲述"都做不到,怎么来"讲活"故事?这让教师们不得不在儿童故事的口语教育中开始探索,应该如何引导学生从"讲述"故事到"讲活"故事。引导儿童从细节入手,字斟句酌,精益求精,在故事讲述上追求更高的目标,将故事"讲活"。

以第 50 次《中国互联网络发展状况统计报告》中"我国网络购物用户规模已达 8.4 亿"这一数据作为切入口,论文《垂直领域口语表达技巧探索——以带货主播培养为例》认为,针对带货主播的口语教育需着重培养主播的代入感、与受众交流的直观性及主播话术的感染力。此外,当今网络背景下的带货主播更需培养"IP 意识",垂直领域 IP 运营中的口语表达者应实现语言表达专业化、表达阵地网络化、主播话术 IP 化,通过"领域垂直"的专业化沟通,打破受众壁垒,提升传播效益。

来自中国福利会少年宫戏剧影视中心的论文立足量化研究视角,以《青少年口语表达能力测评内容的研究与设计》为题展开讨论。研究者表示在实验中,按照低年级

和高年级、有相关培训经历和无培训经历两个维度分别设置四个测评对照组,对语言及非语言表现、言语组织、言语交互、语境把握及综合测评五个方面进行评估,考虑到现场因素设计了细化的测评分值表,集中展示了青少年口语表达能力测评的现存问题和已有的部分解决方案。全文从测评对象分类、测评题库设计、测评分值表设计、测评规则与流程四个方面,结合初次测评的具体案例,阐述了测评研究内容及流程设计思路,并给出了几轮测评后的调整方案。

论文《口语传播情境下医生职业语言能力探究》认为,医生需要有四大语言能力,即个人语言能力、社会交际语言能力、职业语言能力和艺术语言能力。基于上述观点,论文从"医生语言能力培养"视角给出了相关建议:在教学内容方面,教师应当加强"沉浸式"情景教学设计,并提高学生语言交际质量;在学生实践方面,也需要有"教室+科室"的正向性引导及"家庭+社会"的包容式关怀。结语部分,研究者指出,当下医患关系依然随时面临危机。对于医生语言能力的研究尚不完善,亟需社会各界的长期关注和支持。很多医生为公众健康守护了一生,他们往往"行胜于言",而放眼未来,"白衣后浪"们正在经历一个机遇和挑战并存的时代,他们的口语表达能力将代表一个健康中国的形象。注重医生语言能力的培养或将是有效化解医患矛盾,构建"健康中国"形象的重要路径。

## 四、结语

第七届口语传播学术论坛的分论坛深度聚焦校外教育口语传播的现状与发展,让与会学者得到了深入对话和成果的交流互鉴,在观点碰撞中展现了口语传播的魅力,并为校外教育口语传播矩阵进行理论与实践探索提供了新思路和新方法。

**参考文献**

[1]2022年10月24日上午,中共中央举行新闻发布会介绍解读党的二十大报告主要精神,中宣部副部长孙业礼讲话内容。

[2]中华人民共和国教育部.关于政协十三届全国委员会第三次会第4354号(教育类400号)提案答复的函[EB/OL].(2020-09-10)[2022-10-21].http://www.moe.gov.cn/jyb_xxgk/xxgk_jyta/jyta_jiaocaiju/202009/t20200910_486904.html.

[3]中华人民共和国中央人民政府.孙春兰出席全国语言文字会议并讲话[EB/OL].(2020-10-1)[2022-10-31].http://www.gov.cn/guowuyuan/2020-10/13/content_5551093.htm.

[4]MCGOWAN M K,TAM S S,HALL M. On indirect speech acts and linguistic communication:a

response to Bertolet[J]. Philosophy,2009,84(4).

[5]BORDEN J,ZHANG X A. Linguistic crisis prediction: an integration of the iinguistic category model in crisis communication[J]. Journal of language and social psychology, 2019,38(5-6).

[6]BURD L,CHRIS TENSEN T,KERBESHEAN J. Speech,language,and communication in tourette's syndrome[J]. Annual review of applied linguistics,2008(28):170-190.

[7]FITCH W T. Animal cognition and the evolution of human language: why we cannot focus solely on communication[J]. Philosophical transactions of the royal society B: biological sciences,2020(1).

[8]庚钟银.口语传播范例与作品分析[M].北京:高等教育出版社,2016.

[9]冯梦园.口语传播视域下主持人在不同语境的角色定位[J].今传媒,2019(5):118-120.

[10]於春.主持人即兴口语传播[M].北京:中国传媒大学出版社,2012.

[11]秦琍琍,李佩雯,蔡鸿滨.口语传播[M].上海:复旦大学出版社,2011.

[12]张政法.正本清源:口语传播教育的三重维度[J].现代传播(中国传媒大学学报),2017,39(9):153-155.

[13]付一玮,杨艺.自媒体时代下口语传播的现状与前景[J].西部广播电视,2019(21):71-72.

[14]傅裕.从网络直播看网络主持人的口语传播特点[J].戏剧之家,2019(23):230-231.

[15]宫雪.青少年儿童口语传播能力探析[J].新闻传播,2019(2):4-5.

[16]陈杰,王飞明.论语言素质与青少年语言素质培养[J].今古文创,2021(4):121-122.

# 童言童语"话"世界
## ——儿童艺术语言课程开发实践研究

◆ 宋护彬[*]

**摘要:**"用语言话画"的表演模式以及教学理念是在繁多的作品中找到表演技巧的相同之处,在反复的练习中掌握节奏、语调、语气的变化,通过语言,让听众身临其境,享受不同艺术作品带来的不同美妙境界。本文围绕这一教学理念,阐述如何从"内容本体构建""课程建设""舞台实践"与"教师培训"这四个方面,对儿童艺术语言课程进行开发与实践,并逐步形成教材,以实现专业引领与课程普及。

**关键词:**语言话画;内容选择;课程建设;舞台实践;教师培训

语言是人类重要的交际工具,是人类进行沟通的主要表达方式。语言艺术如诗歌、散文、小说等通过讲演者生动的表达来塑造艺术形象、反映社会生活、表达作者的思想感情。语言成为媒介,连接起了文字与听众情感交流的沟壑。同时,诵读者的二度创作也使静态的文字生动立体起来,活灵活现、锦上添花。这也是语言表达的魅力所在,它包裹着表演者的体温、呼吸与心跳。

笔者作为校外教育行业的一名艺术语言教师,在多年的实践与探索中,力求让语言成为一支画笔,将声音语调融为水彩,让学生尽情地用自己的童言童语来勾勒出一幅幅生动精致的动态画面,最终达到绘声绘色的境界。学生思想变得开阔自由,学习自如准确地表达,逐步摆脱死记硬背的表演方式,做到心里有情感、眼前有画面,脱口再出便是"画"。更重要的是,这种教学方式让学生尝试用自己的语言来直抒胸臆,体会"用童言童语'话'世界"的快乐和满足。

笔者将从"内容本体构建""课程建设""舞台实践"与"教师培训"这四个方面,谈

---

[*] 宋护彬,上海市宝山区少年宫教师。

一谈儿童艺术语言课程的开发、实施与推广。

## 一、童言童语，重视艺术语言内容之本体

儿童艺术语言课程是为了让年幼的孩子从小就在内心埋下一颗种子：用美好、精炼、恰当的语言描述事物、表达胸臆、抒发情感，同时感受本民族、本地区语言的博大精妙、深邃动人。艺术语言不但能够提升儿童的语言表达能力，同时也促进儿童对文学作品更为深入的理解。面对作品，孩子们静下心来悉心揣摩感受，同时开展想象，激发与作者的共情，并融入自己的理解与想法，用真挚饱满的情感表达出来，从中体会语言文字的精髓与魅力。

因此，教师在具体课程开发过程中，面对教学内容的选择与构建，就必须重视艺术语言内容之本体，以彰显语言艺术的内核，用语言来传达人的精神。让学生感受"阳春白雪"之语的古典与雅韵、"下里巴人"之言的真实与质朴，最重要的是让学生能够表达自身的真情实感，让语言艺术真正实现启智育人，立德树人。总之要选择和确定适合学生的文字作品，引导他们用合适的语言、用自己的语言来表达内心，学会"好好说话、书写自信"。

笔者的教学内容很多是学生们自己的习作，文字充满童趣和生活学习的气息，反映了孩子们日常生活中闪亮的瞬间。当他们一起诵读时，学习动力和发自内心的自豪感与成就感就像一块磁石将他们牢牢吸引在朗诵的艺术世界里，令人动容。

在之后的课程开发过程中，教学内容构建所涵盖的内容及分类也是经过深思熟虑的，使之成为课程开展的有力载体。其中包括故事、散文、诗歌、主持等多个板块，较全面地为学生综合素养的习得提供有意义的素材：鲜活的故事、自由的散文、深邃的诗歌、融会贯通的主持文案……学生们面对如此丰富的课程内容，他们学习的不仅是语言上的表达技巧，更是精妙的中国语言文字。学生们展开想象，让每一处文字都能在心中激起细微的情感涟漪。这种沉浸式的艺术熏陶与感受，将使他们拥有更为细腻、敏锐的审美感知力，这种感知力的培养与获得将使孩子们终身受益。

教学内容的选择运用，既要规范严谨，也应遵循因材施教，注重趣味性和生活化。如语言表演学习初级阶段的"讲故事"的内容选择，应既充满童趣，又能切实针对学生表演中的共性问题：背诵故事、讲述与角色表现时，语言缺少变化、肢体表现僵化、表达不够准确等。这样的练习不但会扼杀学生的表演兴趣，也与艺术教育目标相背离。基于以上，我们选择以"自述表演"开始，希望学生从角色出发，进行表演，激发其学习兴趣，给予学生自由的发挥空间，让他们用自己的语言进行再度创造，讲出自己的故事。如：

### 想飞的猫

#### 宋护彬

喵喵喵,我是一只猫,我跑得快,如风似电;我跳得高,拔地穿云;我就是一只无所不能的猫。

唉,今天真倒霉,碰到了两只花蝴蝶,它们居然说我是吹牛,问我既然无所不能,可不可以和它们一样在天上飞?我跑得那么快,跳得那么高,难道就不能飞吗?不行,我可是一只无所不能的猫!飞,有什么大不了!

我找来了两片荷叶做翅膀,使劲地呼扇呼扇,我飞呦,飞呦,飞呦……热得满头大汗,累得气喘吁吁,可还是没飞起来!唉,我现在的心情,真是糟糕透了。

小朋友们,你们谁能告诉我,我怎样才能像蝴蝶一样飞起来呢?

笔者在撰写故事材料的时候,主旨就是想让孩子们的语言和表演生动有趣,要引导孩子们一步步感受这只猫说每一句话时的心情、姿态、语气,尽量用生动的语言和丰富的动作,夸张地描绘出这只猫的形象。老师在学生自述的过程中,要不断地引导学生以角色身份引领听(观)众如身临其境一般,绘声绘色,同时注重与观众之间的眼神交流或互动,逐渐释放天性,促使学生在舞台上能够自如地发挥。

## 二、课程建设,提升儿童艺术语言之素养

课程建设既是教师课程观及教育教学理论把握的"着力点",也是教师提升自我价值的重要体现。一个好的课程的实施与运用,是为学生提供系统全面学习朗诵的有效途径。笔者将多年的课程内容与资源进行重新梳理与整合,构建了适合课外活动所使用的课程资源,并出版了相应的教学参考书与试听资源包。本课程尝试用朗诵的形式来描绘文字营造的画面和意境,将文学作品中的韵味用语言表现出来,让学生在朗诵的过程中得到发展。

### (一)课程的目标

"用语言'话'画"课程用"话"和"画"来贯穿教学全过程,使学生做到眼前有图像、内心有感受,"话"出多彩的画面、有趣的情景和丰富的情感,激发学生对语言艺术探索的欲望。同时,在"话"和"画"的过程中,学生变被动模仿为主动学习,通过"话"和"画"掌握语言艺术的方法和步骤,并在潜移默化中学会语言艺术技巧,即在掌握语

言艺术技能的同时感受艺术语言的魅力。用语言来传达人的精神,表达自身的真情实感,让语言艺术实现启智育人、立德树人。

(二)课程的实施

"引发学生的兴趣,办学生喜欢的校外教育"这一理念时时体现于本课程中。课程设计中的"话故事、话朗诵、话主持"等环节的设计和组织,一改过去要求学生背诵的做法,鼓励学生在阅读和朗诵故事时,在脑海中呈现出一幅幅具有立体感的画面,进而通过想象勾勒出画面并讲述给听众。该课程旨在改变学生对所诵读的内容的不甚理解,以及只能被动、枯燥地跟着读,缺乏必要的画面感和应有的语境等情况。这种"寓情于教"是语言艺术教学的重要基础,引导学生把作品的意思读懂,理解作品,将情感投入作品中,真正做到用语言渲染气氛、感染听众。

"用语言'话'画"鼓励学生诵读时在脑海中自然而然地勾勒出画面,并根据画面去理解作品的意境,形成具有"画面感的语言"。本课程的亮点也就在于此,笔者运用各种方式来引导学生展开想象,如运用游戏模拟、聆听比较、互动问答、个性展示、小组协作等等教学环节充分调动学生诸多的感官体验,聆听、观察、触摸,甚至品尝,最重要的是通过足够丰富的体验引发学生思考与想象。整个课程中的每节课都让人充满期待感,师生们思维碰撞,令人回味无穷。课程教学设计的另一个特点是,课程可以针对不同年龄、不同学段、不同能力的学生进行授课,即通过教学环节的设计来实施"分层教学",如小组课、协作环节、学生互助的活动的开展,使不同情况的学生各有收获,同时收获了同伴们的赞许、鼓励和进步。

比如《四季如画》中的几个作品内容较为浅显,非常贴近生活与自然,适合小学阶段的孩子诵读和表演;且全文语境生动、文字优美纯净,运用了丰富的描绘性文字(如质地性、层次性、动静性),画面感极强,情感丰富。教师以此为载体引导学生展开丰富的想象,从而领悟语言文字中的画面形象。教师在教学过程中针对作品内容设计合适的教学环节:运用示范比较、启发想象、道具运用等策略把教学重点放在调动学生的想象力上,指导学生以"画画"的方式对语言文字进行想象,尝试生动地再现作品内容,使学生使用恰当的语言表演技巧。让学生运用恰当的力度、节奏、音色、情绪、分寸等较为准确地表现作品,逐步掌握用语言"画画"的方法:将抽象的文字转化为较为直观的想象画面或已有的生活经验和情感迸发点。

(三)课程的评价

课程的评价方式的构建,凸显了教师的课程观。教师运用动态多元的方式引导学生通过课程进行参与、感受、交流、分享,并在这些动态的活动中,对学生的点滴表现进行评价。其中,固定的舞台展示是课程评价体系中的一个组成部分,能较为直观地了解学生的学习情况,同时给予每个学生展示机会。另外,笔者也结合教学过程中"分层教学"的一些做法,尊重每个孩子的个性,因材施教,看到每一个孩子的闪光点,鼓励孩子的每一次尝试,指出其每一处不足。即使是相同的课程知识点,针对不同的学生,或进行分组开展活动,或赋予其不同的任务。笔者也会有意识选择适合不同个性学生的作品开展教学,并在教学开展过程中,对学生那些突发奇想,但又具有创造力的表达与想法,予以充分肯定。

比如在"下雪了"这一课的教学过程中,某个学生说了一句:"我想听雪花唱歌",这让笔者心底蓦地升起了一种感动,一种来自内心的欣慰。笔者被孩子的想象力和稚嫩的诗意深深地震撼到了!最后充分肯定了学生的发言,并形成了相应文字来表明课堂评价的意义价值回归。这也是本课程在评价体系构建过程中不断探寻和实践的一个重要方面。艺术语言的魅力也在于此——可以让学生遵从内心、个性化地、自由地用语言表达,从而激发其热情与生命力。这将对学生健康人格的塑造、高尚情操的陶冶产生重要影响。

## 三、搭建舞台,提升儿童艺术语言之能力

艺术语言是一种综合的艺术。表演者通过动作、神态,将文字内容的精神和情感表达出来,让人在视听两个层面都有所触动,这才是成功的表演。视觉上的表演必须在真实的舞台环境下进行。眼神的变幻流转、身姿的动静收放、神态的拿捏把控等方面的训练只有在舞台空间中才能有效实施。舞台展示凝聚了文字、语言、表演等综合艺术。伴随着朗诵者跌宕起伏的声音、精心设计的动作神态,扑面而来的"画面"将流淌于整个舞台。

笔者时刻提醒学生勤学苦练是立足舞台的根本,同时也一直鼓励学生要将登上舞台尽情展示作为努力的目标之一。因此,为学生搭建展示自我平台,让学生能走上舞台,使其朗诵能力得到更好锻炼,是笔者一直在落实的重要任务。

(一)让每一次课都成为孩子表现的舞台

笔者作为教师抓住每一次登上舞台的机会,从开始就不断培养学生的舞台意识,从自己的课堂做起。少年宫的授课教室虽小,但小舞台、灯光、观众席的设计让每堂课都充满仪式感。学生站在小舞台的时候,其训练时的言行状态跟真正演出时没有区

别,一样的精雕细琢、一板一眼。从新生踏入教室的第一节课开始,教师就要践行"给每个孩子一个舞台"的为师初心。这个初心伴随着一批又一批的孩子在朗诵的美好世界中成长起来,走向一个又一个舞台。

(二)让每一次比赛都成为孩子成长的养料

借助比赛的契机,强化和提升孩子的舞台表演能力,是促进孩子艺术语言发展的重要途径。笔者要求学生在各种朗诵比赛中都要关注训练过程和技术的打磨。让学生要倾注全力,尽情体验,感受表演魅力,激发创作火花。不少学生都是通过"比赛"这一具有挑战性的"舞台"成长起来的。在比赛的过程中,既会有年少的春风得意,也会有狭路相逢高手过招,更会有同为追梦人的惺惺相惜……比赛的舞台更容易让同为热爱语言艺术的学生从中受益,他们可以观摩并借鉴他人优势,感受不同风格的表达,这成为学生成长的"通关神器"。

(三)让每一次展示都成为孩子发展的台阶

教师要为学生搭建各种展示和表达的舞台。从教学汇报开始,舞台展示成为"用语言'话'画"儿童艺术语言系列课程开展过程中重要的组成部分,同时也是课程中的评价环节。笔者鼓励每一个学生都可以精心准备,积极展示。教师既要全面掌握学生的学习情况,也要让每个学生从一开始就树立勇于表达的意识,实现综合艺术素养的达成。另外,教师要鼓励学生参与各自学校的演出,参与节目主持,尝试节目策划等,使学生学有所用,展示艺术才华,将艺术学习融入日常学习生活,感受艺术使生活更美好,实现真正的艺术价值。教师也可以鼓励学生参加一些大型的、重要的展演活动或公益活动,如上海市校园男子汉专场演出、国际游轮节开幕式演出、市民文化节、宝山区改革开放40周年文艺演出、上海吴淞国际邮轮港主题采访诗歌吟诵会、宝山区国庆70周年文艺汇演、上海市阅读联盟活动演出等大型展示活动。笔者在教学过程中力求对每一个学生都能倾注百分之百的耐心和热情,给学生们搭建展示的舞台。总之,鼓励学生充分感受语言艺术的魅力,以更高的要求来提高学生的专业能力,提升其艺术审美能力,实现其社会责任与担当,让学生在大型活动中展现艺术教育魅力和成果。让艺术语言展示成为传播民族精神,弘扬民族文化的有力途径。让学生说好中国话,做时代好少年。学生在实践中得到了锻炼,增强了自信心,这也给他们留下了美好的童年记忆。

而随着时代的瞬息万变与发展,可展示的舞台不断拓展。从线下的实体舞台到线上的隔空舞台,给了学生更多展示的机会。2020年的假期特殊而漫长。笔者带动身边的老师,带领社团的孩子们足不出户,用"声音"参与抗击疫情的战役,用真情诠释艺术,用艺术表达真情,用实际行动为孩子们上了生动的一课。受邀在"幼师口袋"录制视频,参加上海市朗诵协会组织的100位会员大型诗歌《中国,将再一次证明》的朗诵活动。之后又组织学员代表,隔空录制了朗诵作品《2020,我们坚信武汉一定是浪漫的》,为武汉发声,为中国加油!疫情最严峻的时候,伴着召集令,更多老师、学生参与了朗诵《武汉,不哭》活动。宝山教育为我们首发,让更多师生感受"声音的力量",之后还带领师生录制了"春天组诗",赞颂为疫情做贡献的一线工作者。这一系列的举动得到了广泛的社会好评。

## 四、教师培训,夯实儿童艺术语言之基础

好课程还必须由好老师来教。教师在艺术语言方面的素养,很大程度上决定了学生能走多远。近年来,笔者作为评审参与见习教师演讲比赛,发现了历届见习教师在演讲中普遍存在的一些问题:部分教师语言面貌存在前鼻后鼻不分、平翘舌不分或咬字不清等问题,没有正确把握每一个字词句的发音,说话时会拖带杂音,如"嗯、哦"等。也有一些见习教师发音准确,但自身语言缺少感染力,不会运用一些语言技巧来激发听众的情绪,无法抓住听众的心理状态,让听众产生共情。比如一位见习教师在演讲中讲述了自己如何帮助学困生慢慢融入集体,变得积极好学的故事。故事的内容很动人,字里行间里都透露出教师对学生无私的关爱和一位年轻教师工作的艰辛。但是,她在讲述这么出彩的案例时却没有充分表达出蕴含的情感,缺少自然的动作、手势及生动的表情,缺乏抑扬顿挫、张弛缓急,仅仅是背诵式的演讲,十分可惜。另外,还有一部分教师对演讲材料中文字的理解、二度创作缺少真实生活体验,所以自己难以"动情",致使演讲缺乏立体感,也难以"以情动人"。更多的见习教师虽通过了普通话测试,也符合相关学科要求,但总体来讲依然缺乏系统训练,无法兼顾语速、语音语调、现场把控、表情动作等,亟待提高语言的艺术性。

(一)培养会演的种子教师

针对以上情况,笔者在所处地区开办了五年的艺术语言教师培训班,并申请了与学校共同开发用语言"话"画——见习教师语言艺术基本功培训课程,意在培养一批热爱艺术语言的教师,希望通过教师培训,让艺术语言深入每个学校、每间教室,实现区域内的艺术语言推广。借助这些受过培训的老师,逐步开展好基层的专业培育,形成一定规模的包含艺术语言专业在内的艺术特色学校,以丰富区域内的校外课外的艺

术课程。

在教师培训过程中,培训教材是比较容易落实的部分,但更重要的部分是对教师能力的培养。要让教师快速成长起来,授之以渔显得更为迫切和重要。于是笔者在精心选择适合的文本资料的同时,更注重对重难点的剖析和介绍解决问题的途径。笔者分别从作品风格特点解析、具体朗诵技法落实、活动环节设计、评价点块的捕捉等方面进行介绍。介绍文本分析时需要运用各种记号的标注方法,如停顿气口的划分原则、语句重音的落实、情绪转换带动语音语调语速等方面的变化……都通过不同的符号标注来——落实。同时运用具体文字进行标注,强调说明,清晰精准,做到看得到、听得懂、挖得细。通过严格的规范和实例分析的演示,不少教师的教学及自身表演能力都得到了提升,同时也为笔者提供了不少奇思妙想。我们亦师亦友共同进步,共同为宝山区的朗诵艺术的传播贡献力量。

比如《以儿童的名义》一文在训练过程中,大量的记号让教师们目不暇接,但细细分析,这些不同的符号仿佛性格各异的朋友,纷纷为教师们推开通向朗诵世界的窗,顽皮而又敬业,无声的表白敲击在每个人的心头。

一颗糖/就让你↗快乐

一个玩具/就让你↘陶醉（轻）

（略停顿）

我说→那星星▲向你眨眼⌒

你笑眯眯地/深信不疑（四字轻说）

（停顿,坚定）

我以▲儿童的名义▲告诉你们↘⌒

保护▲孩子们的净地

让它/永远▲瑰丽无比→

(二) 培养会教的种子教师

经过培训,基层教师们在艺术语言方面的能力和水平都有了长足的进步,并在各自学校发挥了重要作用。笔者在教师培训的过程中,着力介绍丰富的教学途径与方法,让教师能够将所学真正运用到课堂实践中。比如在语文方面非常突出的朗诵教师,他可以在每天早读课的时候有意识地引导学生朗诵课文,让学生逐渐通过课文诵读感受到语言字音、节奏感所产生的美感体验,不断激起学生的语文学习热情,对进一步提高学生的语文阅读及文字审美能力有非常大的帮助。如李蓓老师在"以声润色用情添彩"一课中,充分运用了演示、问答、互动、学生分组练习、比较、探讨等方式,带领学生挖掘语言的真实魅力,体会文字中所蕴含的情感,从而采用恰当的朗诵技巧与表达。比如让学生通过花朵的颜色展开联想,感知色彩的冷暖,再引申到情感的冷暖,最后引导学生用声音与情感融合进行表达和展现,使平面的文字变得立体,以引起共情、产生共鸣。这些丰富的教学方法的运用、教学环节的设计使教学更具有活力,更具有效性,更能激发学生的学习兴趣,引导学生不断探究前行。

此外,教师回到基层积极开展课外朗诵活动,发挥朗诵艺术的育人作用,让经典作品诵读伴随学生全面成长。教师在参与培训的过程中不断学习朗诵的各种技巧和教学方法,同时,课程也引领教师们从朗诵、演讲、主持等不同类别的语言艺术间的差异、审美、社会作用、功能等方面开展学习与了解,开阔了教师的视野,激起了教师的学习兴趣。他们在基层学校针对不同特点、不同年级、不同学习基础和能力的学生开展丰富的社团活动,挖掘学生的优势与特点,也对"用语言'话'画"儿童艺术语言系列课程起到开发与传播的作用。教师在使用教材的过程中不断提出宝贵意见,为教材的改进与提高给予了有益的帮助。

## 五、结语

儿童艺术语言课程开发的途径不仅仅局限于"内容构建""课程建设""舞台实践"与"教师培训"。对此,笔者还意在继续做好如教学资源的丰富,运用多媒体对教学形式进行更新与探索等工作,同时吸引和服务更多校内校外热爱语言艺术的人们,让人们在美妙的语言艺术中感受真善美。

# 从"讲述"故事到"讲活"故事

## ——基于"生本化"的儿童口语教育探索

◇ 朱凌佳[*]

**摘要**：在生活中，孩子们总免不了要讲述些故事。我们会发现学生的故事讲述能力参差不齐，有的连最基本的"讲述"都做不到，怎么来"讲活"故事呢？这不得不让人想到当今教师应该如何引导学生从"讲述"故事到"讲活"故事。本文将探讨如何引导儿童从细节入手，字斟句酌，精益求精，在故事讲述上追求更高的目标，将故事"讲活"。

**关键词**：讲故事；口语教育；时代化；"生本化"

在生活中，孩子们总免不了要讲述些故事，除了参加比赛或演出时，讲述经典故事之外，生活中也时常需要讲述身边的故事，如放学回到家，常向家人讲述在校情况；在外与人交往时，常常将学校的事情作为相互间交流的话题；在公开场合，也常会与人说说校园生活故事等。

我们会发现，有的孩子能言会道，讲述的内容引人入胜，好像事情就发生在眼前，让听众听得两眼放光，不忍打断；有的呢，则只会报流水账，让听众听起来索然无味；还有的孩子则习惯絮絮叨叨，看起来很能说，然而重点内容却是语焉不详，搞得旁人不知所云。讲故事，如果连最基本的"讲述"都做不到，怎么来"讲活"故事呢？这让教师们不得不在儿童口语教育中开始探索，研究应该如何引导学生从"讲述"故事到"讲活"故事。

事实上，无论是从书中看来的故事，还是听别人讲来的故事，抑或是自己写出来的故事，它们的载体都是文字。在故事进入孩子们的脑海后，通过讲述，它们最终都会变成图画和场景浮现于听者的脑海中，这就是成功"讲活"故事之后所达到的最佳效果。

---

[*] 朱凌佳，上海市普陀区青少年教育活动中心教师。

为了达到这种效果,教师必须引导学生从细节入手,字斟句酌,精益求精,在故事讲述上追求更高的目标,只有这样,才能使原本的故事材料或故事素材变得"闪耀"。

以下,将从口语教育的四个发展方面来论述儿童究竟该如何从"讲述"故事到"讲活"故事。

## 一、如何让儿童学习"讲述"故事——"理清楚"讲

当孩子准备开始讲述一件完整的事情或者一个完整的故事时,教师该怎么来引导他进行讲述呢?这就需要通过几个步骤来完成。第一步,明确主题思想;第二步,确定主人公和人物的关系;第三步,一定要想办法让故事足够精彩。通过这三个步骤把故事的来龙去脉讲述清楚,避免故事的"乱"。"乱"的故事让人听起来云里雾里、搞不清楚状况。教师不妨利用5个"W"来帮助学生更好地讲述故事!

(一)When:故事何时发生?

时间在很多故事的单一情节当中,似乎是一个可有可无的东西,因为有些故事是按照顺序来推进的,除非是一些特别的插叙、倒叙的部分,否则的话,故事的情节都是按统一顺序安排的。但在故事讲述中,时间(When)这个要素格外重要,因为这涉及故事中的情节顺序和时间线的贯穿。

教师可以引导学生确定自己要讲的故事是在哪个时间发生的,如下表所示:

表1 确定故事时间

| 序号 | 具体思考内容 |
| --- | --- |
| 问题1 | 时代背景/具体年份 |
| 问题2 | 季节/具体月份 |
| 问题3 | 星期几 |
| 问题4 | 具体时间 |
| 问题5 | 时间跨度 |

(二)Where:故事在哪里发生?

讲述任何故事,除了交代故事发生的时间,还需要交代地点。只有交代了具体的时间地点,故事才会显得更加真实。时间和地点,是故事的背景也是故事发展的基础。

作为一个故事的讲述者,教师可以引导学生尽量在讲述故事时把故事发生的地点

压缩到最少,这样可以方便听众快速了解事件发生的整个过程,不至于让听众因为场景变化复杂而产生错误理解。

(三) What:你的故事是关于什么事件的?

故事的内容、子内容、意义(象征、隐喻、原型)和相关性是什么?故事传达的思考和信息是什么?我们又想向观众传递什么?这真的是一个个复杂的问题,从何而起呢?

教师不妨引导学生拿出一张纸,设置一个5分钟的计时器,随后写下关于这个故事能想到的任何想法。在这里要注意一点,不要丢弃或修改任何细节,任何跳入脑海的,都可以把它写下来。

当5分钟时间到,请学生把写下的这些乱而无序的回忆建立起一定的联系,并按时间顺序进行排序。

(四) Who:谁?

教师要明确告诉学生,这个"谁",不是单一的答案,这个"谁"包括两层含义——你的故事讲述给谁听?故事的主人公又是谁呢?

故事讲给谁听,决定了学生需要用什么样的论调和口吻讲述故事;谁是故事的主角,这个确立了学生应该用什么样的角度去讲述这个故事。只有这两部分都明确了,故事的讲述才能更为精准。

表2 明确故事主人公及讲述对象

| 序号 | 具体思考内容 | 涉及的相关问题 |
| --- | --- | --- |
| 问题1 | 故事讲给谁听 | 用什么样的论调和口吻讲述故事 |
| 问题2 | 谁是故事的主角 | 用什么样的角度去讲述这个故事 |

(五) Why:为什么要讲这个故事?

这可能是当学生感到困顿时,教师要帮助学生解决的最重要的问题!

为什么是这个故事?到底是什么让你如此迫切地想要讲述这个故事呢?你的目标又是什么呢?在此过程中,教师可以不断地帮助学生进行思考,一步步进行引导,让其更明确讲述故事的原因和最终想要达到的效果。

**表 3　明确讲述故事的原因**

| 序号 | 具体思考内容 |
| --- | --- |
| 问题 1 | 这个故事是想要讲些什么道理吗？ |
| 问题 2 | 还是你仅仅觉得讲这个很有意思呢？ |
| 问题 3 | 你是为了塑造一个你很喜欢的形象吗？ |
| 问题 4 | 或者是想分享你的一部分经历？ |
| 问题 5 | 你是不是想让听的人发笑？ |
| 问题 6 | 还是想让人听完后能够有所思考？ |

以上是教师在教学指导中用到的五个"W"，其实就是学生在故事讲述中运用到的思维过程，捋清楚这些，会让故事的讲述清晰很多，因为重点和要点都有了。

## 二、如何结合感受体验学习"讲述"故事——"带情绪"讲

### (一)足够亲切

不知道大家是否都有这种感觉，当自己成为许多听众中的一员，会很希望得到温柔的关心，如果有人用寡淡冷漠的语言来讲述故事，自然会让人感到非常不舒服，并立刻给予同样无动于衷的反应，那这样讲述故事所收到的效果自然不尽如人意。因此，在讲故事的全过程当中，必须要有温柔的表情、亲切的声调，才能有效地激发起听众的内心情感体验，让听众在轻松、愉快的气氛中接收故事所传递的信息。

为了使语言"足够亲切"，教师通常可以引导学生做到以下几点：

第一，进入故事的角色，用亲切、自然、纯真的表情和语言让听众感受自己的天真、自由、烂漫之情，唤起在场所有听众的童心。

第二，在语音语调上注意轻重缓急，处理好语句的重音和句读的停顿，也可以重叠使用形容词、象声词等，加入一些修辞手法，以达到娓娓动听的效果。

第三，为了增加"亲切"的讲述效果，可适当地添加一些语气助词，如"啊""呀""啦""呢"等。

### (二)打动人心

老师们对于课堂教学再熟悉不过了。在课程开始时，如果老师抛出一个故事，那么这堂课是不是会瞬间吸引学生的注意力呢？如果老师还十分善用情绪，声情并茂地讲述这个故事，是不是会让故事更为吸引人呢？相信答案是肯定的，因为往往"带情

绪"的故事更容易让听众"感同身受"。

相信大家都有这样的体会：当学生遇到困难、犯了错误的时候，老师如果在课堂上说："犯了错误没关系，老师小时候，也这样！"这会让很多犯了错的学生一下子从低落的情绪里振奋起来，并暗暗告诉自己原来老师小时候也是这样，所以没关系，我可以很努力去改正错误。这就是情绪带入产生的效果。

如何帮助学生在讲述故事时，激发这样的情绪，表达这样的情绪呢？不妨开启"打动人心"的关键模式：

一个时间点
一件小事
一点润色（修辞或类比）
一段誓言或总结
一个动作

下面通过几个实例来看一下：

例如在运动会上，为运动健儿加油：

"曾经在一次男子100米比赛中（一个时间点），我不慎摔倒（一件小事），当时我对自己说：'别怕，爬起来，继续！'所以我并没有放弃，立刻爬起来，坚持一瘸一拐地跑向终点（一点润色），相信这就是运动员永不言败的精神，我暗下决心，一定要继续加强训练，争取在下一次比赛中取得好成绩（一段誓言）！终于我成功了！"

然后，右手握拳表示力量和信心！（一个动作）

又如母亲节，向妈妈表达爱意：

"三年前，我发烧的那天晚上（一个时间点），你忙碌着为我物理降温（一件小事），看到我烧退了，你欣喜的神色，仿佛吃了巧克力般的甜美（一点润色），那时，我便默默对自己说，我要好好的，不要让妈妈担心（一段誓言）。"

然后，上前抱抱妈妈！（一个动作）

曾经有过一个调查，调查研究发现，演讲后的一个小时内，听众会忘掉50%的内容，一天后会忘记80%，一周后会遗忘95%。听众唯一记得的就是演讲者所说的故事，特别是情境和画面。也就是说，教师得告诉学生在讲亲历的故事的时候，必须保证故事的质量、叙述表达的方式，控制好自己的感情，这才是关键中的关键。

学会带着情绪讲故事，其实是一个在学生成长过程中必须要掌握的技能，毕竟入学之后，无论是在升旗仪式上、班队活动中，还是在干部竞选上、各类比赛中，学会"带情绪"地讲述自己的故事，不仅是在分享属于自己独一无二的经历，也是学生人格魅力的最好展现。教师有责任也有义务去帮助学生尝试这样的故事讲述方式,让他们离成功更进一步。

## 三、如何创造性地"讲活"故事——语境时代化

如果"讲活"故事不再是按部就班,而是已经在理清楚、带情绪上进行了调整,那么接下来需要进一步发挥创造性,让故事语境带点时代化的气息。

其实在不知不觉中,各类网络流行语已悄然成为我们日常学习、说话、交流时所添加的"调味料",这些富有时代性的词语会更加简洁生动、诙谐形象、新奇别致、感染性强,并在网络和现实生活中具有一定的传播影响力以及很强的"可复制性"。在讲述故事的过程中,教师往往可以引导学生去尝试通过这些具有时代化特征的语句,让故事语境变得更接地气,与时俱进。当然,除了流行语之外,还可以对歌词进行改编,并加入故事角色的语言中,这样也能更快速地与受众产生共鸣。

不过在此要提醒各位教师在教学过程中需要进行严格把关,切记不能让学生不经思考和选择,就为纯粹追求标新立异而一味地堆砌使用网络流行词。这种误操作很容易让故事落入俗套,大大降低故事本身的可读性,使其听起来没有意义。因此,讲述者对于这个度的把握,尤为重要!

此外,利用好各种各样的声音营造适当语境,也是"讲活"故事的关键之一,这可以使故事角色的形象塑造更立体和饱满。但是,有的学生会问:"我没有经过系统的训练,怎样才能拥有丰富多样的声音呢?"根据实际教学工作经验,教师们应该不难发现,只要提醒学生在讲述故事的时候,有意识地变一变语速,尝试调整一下音调就可以了。

在一般情况下,儿童说话的语速较快、较为活泼;大人的声音往往趋于稳重;而老年人的声音会有些低、有些慢,更为和蔼可亲;至于坏人的声音,有的凶猛些、有的狡猾些……根据不同人物的思想和情感,以及性格特征、环境情况的变化,教师需要引导学生正确去选择合适的语音、语调、语气、语速,以及适当的动作来刻画人物。

在刻画人物的过程中,教师还需要提醒学生尽力在既定语境下,抓住故事人物的情绪和心理活动:一般当故事中的人物要展现骄傲状态时,语气多为盛气凌人;平稳叙述的状态通常可以用在故事中的人物谦虚好学时;而当故事中的人物要去奉承拍马屁的时候,说话通常会低三下四的;至于说话断断续续的,除了结巴,也可能是故事中的人物生病时。让学生用声音塑造一个故事人物,就要求他们要抓住故事发生时的特定环境和人物当时的心理状态,以及情绪变化,并结合人物本身的性格,尽可能真实地展现故事人物当时最真实的状态。

## 四、如何融入生活成长"讲活"故事——口语"生本化"

曾经有一篇报道称：美国哈佛教育心理学家凯瑟琳·斯诺经过长期研究发现，会讲故事的学生，小学时学习和社交能力比较好。这也就是为什么越来越多的家长会选择让孩子从小去学习讲述故事，除了培养孩子的阅读能力之外，更重要的是培养其语言表达能力。学生在讲述故事的时候，通常需要用到语言的组织能力，再加上记忆力和想象力。教师在这个过程中，万不可从思想上去"绑架"学生，让其成为背诵故事的机器和模仿老师讲述故事的"牵线木偶"。此时，教师需要走下"教学神坛"，让学生成为"讲活"故事的主人，在此过程中允许他们充分发表自己的观点，用自己最为习惯的语言讲故事，同时，需要引导儿童适当结合已有的生活经验，融入自身的道德判断来讲述故事的前因后果，并表达自己的观点。

从讲别人的故事到讲自己的故事，这是学生故事能力发展的目标，学习"讲述"故事、锻炼"讲活"故事，无非是要提高其语言表达的能力，在积累了足够的精彩故事之后，能够把自己的故事讲出来，能够用"讲述故事"的方法来论述自己的观点、引导他人赞同自己，拉近彼此的距离。其实学生对自己是无比熟悉的，对身边的朋友也是如数家珍，对亲历的活动更是历历在目……然而把这些熟悉的东西迅速准确地表达出来，却并不简单，甚至他们会觉得像来到陌生的城市一样，一时语塞、不知所云。

教师在教会学生于众人面前，做好充分准备，讲别人故事的本领之后，下一个教学任务就是进行更为"生本化"的引导，和学生一起进行讲身边故事的游戏，让学生能够讲属于自己的独一无二的故事，并在讲故事的过程中发现生活之美，能够出口成章、词不穷竭，并融合自己的生活和成长"讲活"故事，讲出最为精彩的只属于自己的故事。

综上所述，教师指导儿童"讲活"故事从来都是一件有趣且有意义的事情。教学应该以学生为本，从真正意义上去调动学生的内在需求，"生本化"必须作为重中之重。当然，这仅仅是第一步。在故事部分的教学过程中，教师会有足够的时间诠释如何更好地进行口语教育，也必将有更多的技巧和方法应运而生。"讲活"故事其实不单是学生辛苦和坚持的旅程，也是教师不断学习修炼和努力探索的过程。

**参考文献**

[1]彭昌柳.口语和书面语的比较研究[J].湖北函授大学学报,2013(1).

[2]洪雪.孙敬修儿童故事教育研究[D].吉林:东北师范大学,2014.

[3]王胜菊."生本化"高效课堂的构建[EB/OL].[2022-05-03].https://m.xzbu.com/9/view-3667907.htm.

# 垂直领域口语表达技巧探索
## ——以带货主播培养为例

✧ 侯威全*

**摘要：**随着短视频行业的兴起,各个垂直领域都加入了直播带货的这条赛道。在直播带货中,"互联网营销师",就是我们常说的带货主播,往往是整场直播成功与否的关键所在。带货主播如何快速了解其所服务的垂直领域的专业知识,掌握其领域的口语表达技巧,成为一个非常值得我们思考的问题。是给予特定垂直领域人才口语表达技巧,还是给予传统带货主播垂直领域知识和术语?是在表达中把专业内容化繁为简,还是加强专业术语输出?垂直领域的口语表达应该具备什么技巧?这些问题的解决将会进一步推动校外教育口语传播矩阵的构建。

**关键词：**垂直领域;口语表达技巧;带货主播;教育培养

随着我们逐步走进移动互联网时代,以 AI 为代表的人工智能在制造业中承担了更多的任务,那么从繁重的生产中解放出来的人类,对于自身的需求就有了更多样化的关注。从衣食住行,到娱乐、医疗、环保、教育、体育等领域,都将迎来黄金发展时期。垂直领域一词,正是指为限定群体提供特定服务,这里的服务,就包括了我们上面提到的各个行业。垂直指纵向延伸,而不是横向扩展,以体育为例,体育作为一个垂直领域,可细分为竞技运动、娱乐体育、大众体育、医疗体育。

直播带货的热潮始于 2020 年。在新冠肺炎疫情期间,人们因活动场域受到限制而把流动轨迹转移到互联网社交空间中,从而掀起了直播带货热潮。据统计,在 2021 年的"双十一"期间,近两百家老字号开启直播带货模式,多家老字号品牌的直播间当天销售额超过了一百万元。第 50 次《中国互联网络发展状况统计报告》显示,截至

---

\* 侯威全,优酷体育解说员。

2022年6月,我国网络购物用户达到8.41亿人,占网民整体的80.0%。电商直播用户达4.69亿人,占网民整体的44.6%。根据以上数据,我们可以肯定的是,电商直播已经成为全媒体时代革命性的一种传播形式。作为此传播形式中的主体,带货主播(作为语言的传播者)要顺应时代发展趋势,在越来越垂直细分化的带货市场中让自己的口语表达永葆青春。

## 一、带货主播需培养的话术技巧与垂直领域的表达技巧

面对如此庞大的直播带货市场,直播间对带货主播的要求也变得越来越严苛。作为直播间内容的"生产者",主播的"产品"就是自己的语言,即带货话术。在带货主播的培养过程中,话术练习也是最重要的课程之一,这里包括了宣传话术、带货话术、活动话术、催单话术、引导话术、感谢话术等。如果我们把这六类话术进行总结,可归纳成三个话术特点,就是主播话术的代入感、主播话术与受众交流的直观性、主播话术的感染力,这三点在垂直领域的口语表达中也同样重要。我们先对这三个话术特点进行分析,来看看当传统的直播带货话术开始不能满足网络直播带货的销售需要时,带货主播需要做到什么才能保持自己"产品"的竞争力,从而探索出如何给听上去有些高深莫测的垂直领域语言插上口语表达技巧的翅膀。

### (一)培养主播的代入感

带货主播的代入感,体现在把冰冷的图片和文字转变成极富有张力的口语表达上,例如将自己对于商品的使用感受第一时间传递给受众,这种即时性、丰富性的真实体验会给受众带来更多元的体验感和强烈的代入感。在这一过程中更多的个人情绪的渲染、即时丰富的个人感受加之精准的语言表达会让受众立刻深入其中,对直播间、商品和主播个人产生浓厚的兴趣。此时,主播再把复杂的商品简介化繁为简,把关键信息浓缩给大家,实现信息的有效传达,突出自身的专业性,以及进一步提升自身的代入感,让受众获得更丰富、翔实的商品信息,刺激受众的下单欲望。

很多知名的主播都是这样做的,比如罗永浩,在"交个朋友"直播间,正是靠着自己对所卖商品的真实感受,加之独特的语言风格和言简意赅的信息传递,给受众详细地介绍了产品功能和产品信息,展示了主播的个人风格,给直播间受众留下了深刻印象。

我们再次拿体育中的竞技运动来举例,一场激烈的比赛在表达中能不能让观众有代入感?当受众听完你对竞技运动的讲解后,能不能像是自己去参与了一场竞技运动

一样过瘾？竞技运动中的专业名词，例如越位，怎么样能浓缩成关键信息并实现有效传达？

我们举个例子，在垂直领域中，对于足球赛事里的越位一词的解释为："在进攻方出球球员出脚的瞬间，在对方半场，接球球员比包含门将在内的倒数第二名防守球员距离端线更近，同时比球距离端线更近，并试图借此位置干扰对方球员争球，干扰比赛，接门柱横梁及对方身上反弹球就会被判罚越位。另外需要注意的是，角球和界外球、球门球并不算越位，且在对方半场靠前球员回传不算越位。"这样的解释是不是很难听懂呢？我们通俗来讲，越位就是球员在对方半场内，其队友在传球的一刹那，前面只有一名对方防守队员（包括守门员在内），这种情况下，球员就越位了。再有代入感一些来讲，越位就是你的队友在传球时你越过了对方的倒数第二名防守队员。这样讲，代入感是不是就更强了一些呢？

（二）培养与受众交流的直观性

在直播带货中，主播在表达时，除去介绍自身产品、阐述自身使用感受外，全程都会借助评论区的评论点赞、分享、转发、抽奖等平台功能，持续与消费者（也就是直播受众）进行实时不间断的互动交流，在答疑解惑的同时，也进一步展现了产品特性，传播有效信息。

培养主播与粉丝的交流能力是十分重要的，这也是目前市场上区分主播优劣的标准之一。懂得与粉丝互动、善于与评论区内容进行即兴的交流，能充分利用点赞、分享、转发和抽奖等内容活跃直播间气氛，拉升直播热度的主播，通常能在单位时间内获得更高的报酬。

在主播与粉丝互动交流的过程中，其实消费者 A、B、C 之间也在利用着评论区、点赞量进行着快速互动，直观性也由此显现。试想，直播在进行的过程中，直播间内所有的文字信息评论、点赞量、转发量都公开透明地呈现给了所有消费者。这种存在于互联网节目中的直观性，决定了在直播带货的主播话术中十分重要的一点就是持续激发粉丝活性，让粉丝始终保持在一个高频互动的状态，让粉丝与粉丝之间也保持良性的互动状态。切勿让粉丝感觉自己好像是一个局外人一样在屏幕外冷眼旁观，粉丝活性和观众留存时长两项数据能够较为直观地体现出一个直播间在这方面的好坏。

对于主播来说，自身的声调、节奏、音量、肢体语言如何巧妙地与话术相结合是持续激发粉丝兴奋点和兴趣的关键，对自身个性化的发扬更是催化剂。当主播能和粉丝融为一体时，当主播能感受到其与粉丝穿越了屏幕通过互联网的线路身处于一个场域之中时，主播再通过特定的话术运用制造高频次的互动，就能营造一个令人狂热的氛围。

垂直领域的口语表达技巧中的互动尤为重要。刚刚在上文中提到的,直播带货时最怕的是让粉丝感觉自己像一个局外人一样在屏幕外冷眼旁观。相对于屏幕,垂直领域里垂直的这堵墙不是更让门外汉们望而却步吗?在表达时主动地与受众互动,引导粉丝发问、引发粉丝与粉丝间的交流欲望,甚至厚着脸皮多要一些掌声,这都是打破主播与受众之间壁垒的方式,也能让粉丝们更直观地接受到主播阐述的垂直领域的信息。

(三)培养主播话术的感染力

感染力,指能引起别人产生相同思想感情的力量,启发智慧或激励感情的能力。主播话术的感染力在设计话术时就应该精益求精,比如李佳琦的口头禅"oh my god,买它买它"比如直播间气氛组常用的话术"人多人少,气氛不倒"。再比如引导粉丝关注时的"关注主播不迷路,主播带你住别墅"。还有最近十分火爆的T97直播间里的"咖啡你冲不冲?冲冲冲冲冲!"但你可千万别觉得带货主播在屏幕前展现的只有自身的口语表达和特定话术,除此以外,主播的肢体语言、环境、音乐等诸多非语言符号也在传递大量信息。

在网络直播带货实践中,普通话标准与否并不重要,只要受众能听懂主播所表达的意思即可,更具感染力的是主播的肢体语言等非语言符号与带货话术表达的相结合。例如在"疯狂小杨哥"的直播间里,大杨哥和小杨哥二人夸张的表情、浮夸的声调、激情澎湃的高亢状态,是他们独特的人格化带货话术特征,其感染力之强,从受众对其直播间的狂热追捧和其个人账号的粉丝数量(九千九百九十九万多人)便可以看出。随后,杨家兄弟又将自己的语言风格与肢体语言相结合,找来厂家对所卖产品进行暴力测试,在面对直播中主播的百般刁难下,商家和产品依旧能凭借着过硬的质量过关,再次提升了直播间的整体感染力,最后通过现场砍价的形式,引导受众享受"哄抢"商品的愉悦感,力求征服受众获得认同从而完成促销。

垂直领域里一样如此,我们再拿竞技运动中足球比赛的越位来举例,在单纯只靠语言表达很难解释清楚越位的情况下,能否借助道具让受众一看便知?能否利用肢体语言更好地示范传球、接球动作和球员的跑位?能否借助视频和音效明晰地告诉大家案例中的球员是否处于越位状态?这几点都是在垂直领域的表达中帮助主播增添表达感染力的技巧。

## 二、垂直领域 IP 运营中的口语表达者

在现如今的新媒体大环境中，出现了许多网络红人，他们都有一个共同的特征，那就是在自己的垂直领域中重点发力，打造自己的 IP。比如大家熟悉的美食博主"麻辣德子"、旅行博主"房琪 kiki"、佛教寺院自媒体僧人"释慧海"，他们都无一例外地进入了大众的视野。当我们纵观这些网络博主时，无论是其外在形象还是声音条件，大多与传统的口语表达者的界定标准都相去甚远，他们是靠什么赢得了流量，吸引了大部分受众的目光呢？答案很简单，他们都是靠着自己在某一垂直领域的专业表达赢得了大众的认可。

（一）语言表达专业化

新媒体时代的内容是在同一个平台上同时推送给大家的，即同一时间，各个领域中无限量的垂直内容可以在一个平台上同时上线，这就使我们发布的内容需要更加精细，强调分类化。这时，语言的表达就需要加入场景思维来应对新媒体时代的新需求。新媒体的内容在生产方面受多种因素影响：时长、地点、受众人群、受众人群喜爱看的内容。每一个账号从头像背景图片的选用、账号简介，再到核心内容制作，都有独特的标签。主播要致力于深耕某一垂直领域，主打传播中的特殊"场景"。

内容的生产方式决定了主播的定位。在新媒体环境下，主持人需要让场景与内容的专业度相匹配。比如美食主播是否懂得什么是汆、余、杀、浸、掸、蘸；时尚达人对于时尚潮流变化是否具有敏锐感知力；唱作型主播的音乐表现力能否感染受众；体育主播对体育项目是否足够了解等。受众既然在特定场景观看，并想要获取一定的信息，对于主播的阐述和表达自然有更多的专业要求。这就是我们一直提到的语言表达的专业化，越是专业的话术和词语，越能够吸引特定场景下的观众，从而尽早完成账号 IP 的内容运营任务。

受众在新媒体时代对内容场景的需要开始转变——许多原本站在镜头后面撰稿的幕后专家，纷纷成为垂直领域的"专家型"主播。这源于他们拥有足够的专业知识储备，往往能更精准地捕捉到受众的需求，从而可以实现点对点的精准传播，在传播的过程中也更容易做到语言表达专业化。因而，此类"专家型"主播要比传统的"杂家型"主持人更有信服力。例如 2022 年卡塔尔世界杯临近时，在抖音平台发布的解说天团阵容中，除了黄健翔和刘建宏等传统体育解说外，范志毅、孙继海、武磊等有着国家队履历的职业球员也都加入了解说工作中，这让解说内容显得更为专业。

大家都很熟悉的红透网络平台的主播李佳琦,仅需1小时,就能在他"Oh my god,买它买它!"的声音中,创下几千万元的营业额。这主要在于粉丝在他账号的场景中对于他的信任。曾有人细致剖析过李佳琦的成功之道,发现受众对于他的第一认知是口红色号,第二认知是极其专业的美妆领域的词汇表达。换言之,在美妆具象的口红领域里深耕,对所有产品都了如指掌的形象,让他成为业界权威、产品销售的风向标。但在他还不太适应的美食领域,想用专业化的表达来最优化地展示产品,就显得有些力不从心了,这也导致他在直播中出现煎蛋粘锅的尴尬。面对突发状况,专业化语言的匮乏,使他也无法做出最好的化解之举,最终传播失败,个人信誉也蒙上了阴影。这就是为什么在垂直领域的IP运营中,口语表达者一定要做到语言表达专业化。

再以美食领域为例,对于炸鸡,以往表达者会形容:"哇!真的很好吃!""外酥里嫩的感觉!""表皮吃起来酥脆,咬开后里面鲜嫩多汁"……这样的大众化表述,如若没有极富创意的样式设计,在现如今的海量内容领域中绝无被人深刻记忆的可能。但若在吃了一口炸鸡后,表达者说:"果然啊!近220度的油温,锁住了鸡肉内部的水分,吃起来润而不柴。外皮看起来金黄,咬起来酥脆,挂糊均匀,薄薄的外壳下就是鲜嫩多汁的鸡肉,并且以我的经验来判断,这应该是提前腌制过的,味道已经沁入鸡肉的纹理之中……"从看到咬,从外到里,专业化的语言表达在垂直领域中的作用不言而喻。

(二)表达阵地网络化

目前,越来越多的垂直领域的优秀表达者已经完成了从传统媒体到新媒体的转型,他们在新媒体平台上的传播优势越来越明显,正是因为其话语专业化,更贴合普通人的接受习惯。

例如浙江广电主持人"新闻姐",在短视频平台中依靠着自己对新闻独特的解读视角和传统广播中十余年的新闻采访报道经验,迅速地积累了过千万的粉丝,赢得了大众的喜爱。

再例如中国男子足球队前队员范志毅,在退役后一直深耕于足球领域。范志毅的特点有两个,其一是因为受过专业化的足球训练,所以职业足球运动员对足球赛事的技战术分析、词语使用十分到位,让普通体育博主望尘莫及;其二是范志毅在表达时特有的上海腔调,幽默风趣的语言,令其在体育——足球这条垂直领域迅速站稳脚跟。

中央广播电视总台主持人朱广权与淘宝平台的"口红一哥"李佳琦也曾共同为湖北父老乡亲做过一场直播"带货",在直播中,本就有着丰富文化积淀的朱广权在讲解产品时,频频引经据典,从文化视角诠释产品,令直播间的受众耳目一新,取得了非常好的直播效果,同时也让他的搭档李佳琦"自愧不如"。

综合来看，转换阵地，将新媒体平台作为口语表达者的"主战场"，结合垂直领域的语言表达，一定能起到令人意想不到的效果。

(三) 主播话术 IP 化

"所有女生,给我听好了。""所有女生,今晚一定要给我抢到它,只有 5000 份,卖完就没有了！""所有女生,所有女生,做好准备,来,321 上链接！没了。""基本上不赚钱,交个朋友。""我在读到这本书的时候,第一次充满了对力量、对生命、对森林、对流水、对落叶、对日月、对清风、对苔藓、对起舞的萨满、对夜里的月光,由衷深沉、不知所以但一往情深的爱。他们吃着简单的食物坐在星空下,围着篝火喝酒聊天,他们会带着孩子去捕鱼打猎,他们也会与爱的人在落日的山巅,欣赏秋风与红叶。"看完上面这三类话术，你会想到哪几位带货主播？没错，正是李佳琦、罗永浩、董宇辉。这类 IP 化十分明显的话术在主播话术中非常关键，也可以使用到垂直领域表达技巧中来。

IP 一般是指"知识产权"，是 Intellectual Property 的缩写。IP 在学术上并没有统一的概念，范围也较广。作者这里对 IP 话术的定义是"有价值的，能够形成记忆符号的一句话，这句话可持续开发和延伸"。短视频账号本身即一个 IP，IP 话术就是这个视频账号的语言化形象，IP 话术的塑造是主播直播时给受众留下印象的基础，是内容宣传的核心基石，是垂直领域语言表达的重要载体。

以美食类账号"大刘美食团"为例，主播开场的第一句话永远是"饿了找大刘，吃啥不用愁"，账号专注美食团购领域，每一期视频通过对美食的品尝和描述，勾起人们肚里的"馋虫"。主播在品尝美食后替大家把美食价格"砍"到冰点，再让商品以团购形式在视频中出现，进行带货。鲜明的 IP 话术可以让大刘在垂直领域的美食类主播中更具识别度，为后续美食讲解和团购带货提供基础，并为账号变现提供更多可能。

## 三、结语

垂直领域的口语表达技巧和带货主播的技能培养有诸多相同、相通之处，无论是为垂直领域专业人士赋予带货主播的代入感、互动直观性、感染力，还是培养出带货主播在某垂直领域的专业性语言能力，都可以起到良好的效果，为双方赋能，从而做到更有效的传播。让垂直领域的专家具备表达能力，让"杂家"主播具备"专家"知识皆是口语表达发展过程中的必然趋势。

**参考文献**

[1]朱晓杨.从"杂家性"主持人转向垂直领域的"专家"[J].视听,2020(8):144-145.

[2]谭琳静.主流媒体垂直领域IP运营的实践与探索:以长沙晚报家长学院为例[J].湖南大众传媒职业技术学院学报,2021,21(3):6-8+116.

[3]刘缘全.网络直播带货特点及话术研究[J].中国报业,2022(8):104-105.

[4]闻晓彤."垂直领域+剧情":短视频内容创作模式探究[J].电视技术,2021,45(3):81-83.

[5]刘东明.直播电商全攻略[M].北京:人民邮电出版社,2020.

# 青少年口语表达能力测评内容的研究与设计

孙莜佳　林　毅*

**摘要**:"青少年口语表达能力评估研究"已进入学生样本能力测评阶段。本文将从测评对象分类、测评题库设计、测评分值表设计、测评规则与流程四个方面,结合初次测评的具体案例,简要阐述测评研究内容及流程设计思路。

**关键词**:口语表达;能力测评;青少年

2022年,由上海市演讲与口语传播研究会牵头合作的上海市社联年度学术团体学术课题研究项目"青少年口语表达能力评估研究"正式立项。该项目聚焦中小学生口语表达能力的提升与评估,旨在通过科学测评的形式,为中小学生口语表达学习提供有力的理论依据,以下将简要阐述测评阶段具体内容的设计思路。

## 一、测评对象分类

合理有效的分类,有助于更为客观、直观地分析测评对象各项能力数据。根据初次测评案例,我们将测评对象作以下分类。

(一)根据学生年龄分组

我们发现,学生本身的知识储备对测评有直接的影响,如在测评中的情景讲述环节中:"你来到书店里看书,想拿到书架上顶层的《伊索寓言》这本书,但你个子不够高,拿不到,你想请书店的工作人员帮忙,你该如何表达?"对于部分低幼年龄段学生来说,他们甚至没有去图书馆拿书的经历,不能理解该题,答非所问,因而,此题不能合

---

\* 孙莜佳,中国福利会少年宫影视指导;林毅,上海体育学院艺术学院副教授。

理考查该年龄段口语表达能力。故根据学生年龄的不同,我们将测评分为低年龄组(小学一至三年级)和高年龄组(小学四至六年级)。

(二)根据学习经历分组

为了科学测评学生的口语表达能力,我们需要充分考虑是否会有相关口语表达能力培训经历对其口语表达能力的影响。故我们又将有过相关语言表演培训经历的学生与没有相关经历的学生进行分组。

在这一过程中,我们发现在有过口语相关培训经历的学生中也存在差异,一部分学生仅有过语言及非语言表现力的培训,另一部分学生除了表现力的培训,更有语言思维、逻辑性相关培训经历。项目组老师们希望客观了解这些培训方式的不同对测评对象的影响,因此将分组进一步细化。将有过语言表现力相关培训经历的学生与有过语言思维、逻辑相关培训经历的学生进行分组。

表1 "青少年口语表达能力评估研究"组别分类表

| | 年龄 | 有表现力培训经历 | 有语言思维培训经历 | 无培训经历 | 人数 |
|---|---|---|---|---|---|
| 第一组 | 一至三年级 | | | √ | 13人 |
| 第二组 | 一至三年级 | √ | | | 12人 |
| 第三组 | 四至六年级 | √ | | | 18人 |
| 第四组 | 四至六年级 | √ | √ | | 15人 |

## 二、题库设计

在前期准备过程中,我们根据学生的不同分组选用专业题库(在已公开出版或得到相关认证的书中选择题目)及自编题库(由一线教学经验丰富的教师团队自行设计的题目)相融合的形式进行测评。我们将题库分为以下五类:

(一)语言及非语言表现类

第一类题,主要通过朗读形式测评学生在音调运用、节奏掌握、非语言表现方面的能力。对于一至三年级组,我们会选用通俗易懂又有趣味性的小故事。考虑到学生理解能力及短时间内对语句节奏的把握能力,我们尽可能选择有关小动物或孩子生活的题材,内容句子短小偏于表现的故事进行测评。

例如,《猴王吃西瓜》中,猴王找到一个大西瓜,可是怎么吃呢?这个猴王是从来也没有吃过西瓜。忽然,它想出了一条妙计,于是就把所有的猴都召集起来了,对大家说:"今天我找到一个大西瓜,这个西瓜的吃法嘛,我是全知道的。不过我要考验一下你们的智慧,看你们谁能说出西瓜的吃法,要是说对了,我可以多赏它一份,要是说错了,我可要惩罚它!"小毛猴一听,挠了挠腮说:"我知道,吃西瓜是吃瓤!"猴王刚想同意。一个短尾猴说:"不对,我不同意小毛猴的意见!我清清楚楚地记得,我和爸爸到我姑妈家的时候,吃过甜瓜,吃甜瓜是吃皮。我想西瓜也是瓜,甜瓜也是瓜,当然是该吃皮儿啦……"

对于四至六年级的学生,我们选用句子结构相对复杂、题材更为丰富的文章。

例如,在一次名人访问中,被问及20世纪最重要的发明是什么时,有人说是电脑,有人说是汽车,等等。但新加坡的一位知名人士却说是冷气机。他解释,如果没有冷气,热带地区如东南亚国家,就不可能有很高的生产力,就不可能达到今天的生活水准。他的回答实事求是,有理有据。

在测评过程中,我们发现部分孩子识字量有限。故在朗读时,只关注字本身,根本无暇顾及表现力等方面,这对测评有很大的影响。因此,在后续测评中,对于低年龄组的学生,我们需要在文字的基础上加上拼音,帮助识字量有限的孩子也能顺利完成测评。

(二) 言语组织类

第二类题,是通过看图说话、复述等形式测评学生言语组织方面的能力。这种类型的题不需要提出观点,只需要学生看过材料后选用精准语言,把握讲述结构,并在短时间内组织好语言表现出来。

对于一至三年级组的学生,我们选用看图说话形式进行测评。图片所呈现的故事相对具体、完整,并不抽象,并给到一些关键词的提示,来帮助学生在短时间内进行讲述。对于四至六年级学生,我们选用故事复述的形式进行测评。学生需要在短时间内把握文章大意,在理解的基础上梳理结构段落,运用精准的词进行复述。由于不少学生有过思维导图学习经历,我们也尝试将仅有关键词的故事思维导图给到孩子,请他们根据导图进行故事讲述,以考查其语言逻辑性。

例如,四至六年级组测评题,根据思维导图,讲述"扁鹊与桓公"的故事。

在测评过程中,我们发现低年龄组的部分学生对图片理解有所偏差,但只要学生能完整、清晰、用词准确地讲述故事,理解上的偏差不作为测评标准。

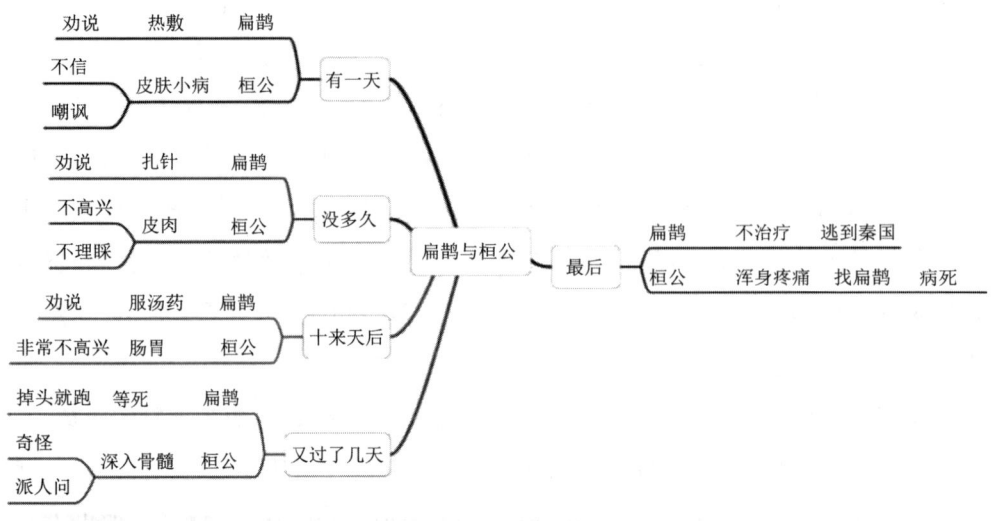

**图 1 "扁鹊与桓公"的故事思维导图**

(三)言语交互类

第三类题,是通过问答的形式测评学生语意阐述、言语交互方面的能力。在这一环节中,题目须由测评教师通过口语形式告知,目的在于考查学生的倾听能力。

对于低年龄组,我们会选用他们较为熟悉的内容进行测评,比如:"你喜欢语文课还是数学课";对于高年龄组,可以选用一些具有规划性质的、构思性质的问答,更能体现学生观点的表达。

在测评过程中,我们发现一个有意思的案例。一位一年级的学生,性格十分开朗、活泼。在其他练习中,他都大声、直白地告诉老师:"我不会,我说不了。"唯独在问答环节中,当老师提问"你最喜欢的玩具是什么"时,他会表现出十分积极主动的状态。在他告诉我们喜欢机器人玩具,并且有一个动画片时,他兴奋地告诉老师动画片是如何表现机器人的威武的,并且时不时加上不少生动的非语言表达方式。他在这一过程中的表现与做其他测试题时的表现判若两人。通过这样一个案例,我们发现,兴趣对于测评对象的口语表达有直接的影响,它会激发测评对象表达的欲望,使其呈现出兴奋、积极的表达状态。测评对象的注意力在高度集中的状态下,其身体各个器官仿佛被打通一样,在语言、非语言表现部分也会有更好的呈现。故在问答题环节中,我们认为有必要围绕每个学生感兴趣的、喜欢的内容进行提问。为了多次、客观地评估其倾听能力,教师可以对测评对象进行不少于三次一问一答的交互形式。

(四)语境把握类

第四类题,是通过情景讲述的方式来测评学生对语境的把握能力。语言环境,是指说话时,人所处的环境和状态。比如,一名学生的自我介绍——他在教室里向新认识的同桌介绍自己时的状态,与走进新班级向全班同学介绍自己时的状态显然是不一样的。教师可以设置测评对象熟悉或可以理解的情景,让测评对象在熟悉的情景下进行口语表达,直观展示其对语境的把握。

对于一至三年级学生,我们选用误会、请求帮助等类型的情境进行测评。例如:你的同桌笔掉了,你在不知情的情况下捡到了,当时想着先保存着,之后还给失主。可是,你的同桌发现丢掉的笔却在你的铅笔盒里,还误会是你"偷"的,你会如何向他解释呢?对于四至六年级学生,我们选用的情境会相对复杂或者给予测评对象更多的表达空间。比如,你有过被误会的时候吗?你当时是什么感受?能说说你当时是如何处理的吗?

在测评过程中,我们发现大部分学生并不能很好地融入情境进行表达。他们可能是紧张,毕竟面对陌生环境、陌生老师、陌生同学时,其紧张状态往往成为语言表达的阻力,连完整讲话都费劲,更别提融入情境了。也可能是专注力不足,融入情境是一种表演状态。测评当下,我们其实是在教室里,或许只有在真实的场景下,才能看出学生是否能把握语境。那么在现有条件下,如何有效测评其对语境的把握呢?在这个环节中,我们建议测评教师去扮演情境中的"对象"。特别是面对低年龄段学生时,在"偷笔"的误会中,教师可以扮演其"同桌",以生气、埋怨的口吻,来帮助他们融入情境。

(五)综合测评类

第五类题,即综合测评,需要我们选择涉及口语表达能力每个元素标准的题型,故我们运用命题讲述的形式进行测评。

对于一至三年级的学生,我们可以选择命题或半命题形式的测试题。比如说说你最擅长的劳动,并告诉大家展现这个"本领"的过程和要求。需要注意的是,对于本组学生,我们可以适当给一些提示,帮助他们组织语言、建构框架。

对于四至六年级的学生,我们可以选择命题形式的测试题,也可以给一些较为抽象的、有些深度的图片(应与低年龄组看图说话区别开)作为测试题。并不是以故事讲述为目的,而是以表达观点、阐述缘由为测评要求。我们也可以使用一些与学生有关的社会热点新闻素材,以评论的形式来考查学生口语表达综合能力。

## 三、测评分值表设计

为了直观了解学生口语表达能力的各项标准达成情况,我们需要设计详细的评分表。在林毅老师的带领下,我们设计了第一版测评表,将口语表达的各项能力囊括其中,并制作了量化的分值表。

表2　口语表达能力测评分值表(第一版)

| 口语表达能力测评打分表 | | | |
|---|---|---|---|
| 言语表达(55%) | 音调运用(10%) | 语音清晰程度(4%) | |
| | | 语调生动程度(3%) | |
| | | 语气贴切程度(3%) | |
| | 节奏掌控(6%) | 语流顺畅程度(3%) | |
| | | 停连恰当程度(3%) | |
| | 语意阐述(15%) | 观点鲜明程度(5%) | |
| | | 用语精准程度(5%) | |
| | | 内容丰富程度(5%) | |
| | 言语组织(15%) | 逻辑缜密程度(5%) | |
| | | 条理清晰程度(5%) | |
| | | 结构完整程度(2%) | |
| | | 布局合理程度(3%) | |
| | 语境把握(9%) | 时机切合程度(3%) | |
| | | 场合适宜程度(3%) | |
| | | 人际贴近程度(3%) | |
| 非言语表现(20%) | 态势辅助(10%) | 表情自然程度(5%) | |
| | | 体态端庄程度(5%) | |
| | 心理调适(10%) | 自信放松程度(5%) | |
| | | 积极主动程度(5%) | |
| 言语交互(25%) | 信息受传(10%) | 倾听准确程度(5%) | |
| | | 回答到位程度(5%) | |
| | 效果反馈(10%) | 沟通有效程度(5%) | |
| | | 信任感染程度(5%) | |
| | 氛围调节(5%) | 场面有序程度(2%) | |
| | | 气氛和谐程度(3%) | |

但在实际运用中,我们仍发现了一些问题。

如在接触过语言表演训练的学生中,有部分学生在朗读稿件时的语言状态十分具有表现力,其音调运用、节奏掌握、态势辅助等部分接近满分。但在后几类题型中,却表现平平,甚至连最基础的语音清晰度也有所欠缺,更别提生动程度了。那么该如何分析这种情况呢?不能完全说学生的语音不清晰、不生动。毕竟他在朗读时,确实在这些方面表现较好。我们发现相较朗读类型的题,对学生思维的要求相对简单,只需要其考虑语音语调等表现力方面即可。其他类型的题,思维状态是在积极组织语言,故部分学生还不能做到在组织语言的基础上兼顾其外在表现力。另外,在受到语言表演训练的学生中,有部分孩子在朗读练习时虽语言清晰、生动却不自然,显然他们过多注重技巧、语言过度刻板生硬。而在其他类型的题中,语言又过度松弛,把握不好语言应有的松弛度。面对各个类型的题学生的表现完全看"心情",感兴趣的题多说些,不感兴趣的题就少说些。学生刚进教室需要一个适应放松的过程,是否能在学生缓解紧张感后进行测试?否则,有的学生,前半部分紧张,后半部分松弛了,测评应以哪部分为标准呢?

以上种种因素对测评结果的准确度都有直接的影响,可见上述测评表并不能精准测评学生的口语表达水平。我们需要在这版测评表的基础上进行改动。

(一) 对不同类型题分开测评

每位学生每道题的测试需要分开测评,并且明确每道题的测试标准。如针对第一类语言及非语言表现题,需要从音调运用、节奏掌控、态势辅助、心理调适四个方面进行打分;针对第二类言语组织题,需要从音调运用、节奏掌控、言语组织、态势辅助、心理调适五个方面进行打分;针对第三类言语交互题,需要从音调运用、节奏掌控、语意阐述、言语组织、态势辅助、心理调适、信息受传、效果反馈、氛围调节九个方面进行打分;针对第四类语境把握题,需要从音调运用、节奏掌控、言语组织、语境把握、态势辅助、心理调适六个方面进行打分;针对第五类综合测评题,则需要对学生的各个方面进行评测。

对不同类型的题分开测评有助于客观记录学生对每个题型的完成情况,便于后期综合分析。

(二) 采用分层、均分的方式

所谓分层,指的是根据口语表达能力各个标准的重要程度进行分层,对学生在测评环节中变数大的、容易出现不稳定情况的、影响测评结果的因素进行分层;均分,指的是所有环节需要根据两次至五次的测评取平均分的方式。

显然,音调、节奏、态势、心理在测评过程中是学生最容易出现不稳定情况的四个方面。这四方面受紧张、语言风格不统一、思维语言协调力不足等因素的影响,因此,每道题都需涉及这四个方面的测评。然后,在五个分数中取其平均值。语意阐述及言语组织是整个测评中占比最重的部分,其在口语表达中的重要性不言而喻。故我们设计了五道题来对这两个方面进行测评,然后在五个分数中取其平均值。语境把握及言语交互方面的元素,其呈现效果相对稳定。除了语境把握方面的题,需要我们借助外力来帮助学生融入情境外,言语交互类的题评测难度相对较低,故我们设计两道题来评测这些方面,并在两个分数中取其平均值。

采用以上方式,旨在能尽可能排除干扰因素,更客观、有效地评测学生口语表达能力的各个方面。在实际运用中,我们也会根据测评对象的反馈进一步细化调整。

有些老师提出,既然每个部分的题都对音调运用、节奏掌握、态势辅助、心理调适四个方面进行了测评,为什么还要单独进行朗读测试呢?

笔者认为该测评的目的是在于及时发现学生口语表达中的问题,帮助其了解今后要改正或提升的方向。故我们需要了解学生在思维被动状态下的语言及非语言表现能力的水平,便于后期判断学生是有一定表现力,只是在即兴表达状态下顾及不上表现;还是没有语言及非语言表现力或有待提高;或者过多注重技巧,造成刻板、做作、不自然的学习方向性错误。我认为得到这些结论比单纯的分数,对学生口语表达提升的意义会更大。以下是改动后的分值表:

表3 口语表达能力测评分值表(第二版)

| 口语表达能力测评打分表 | | | 语言及非语言表现 | 言语组织 | 言语交互 | 语境把握 | 综合(命题) | 总分(均分) |
|---|---|---|---|---|---|---|---|---|
| 言语表达(55%) | 音调运用(10%) | 语音清晰程度(4%) | | | | | | |
| | | 语调生动程度(3%) | | | | | | |
| | | 语气贴切程度(3%) | | | | | | |
| | 节奏掌控(6%) | 语流顺畅程度(3%) | | | | | | |
| | | 停连恰当程度(3%) | | | | | | |
| | 语意阐述(15%) | 观点鲜明程度(5%) | | | | | | |
| | | 用语精准程度(5%) | | | | | | |
| | | 内容丰富程度(5%) | | | | | | |

续表

| 口语表达能力测评打分表 | | | 语言及非语言表现 | 言语组织 | 言语交互 | 语境把握 | 综合（命题） | 总分（均分） |
|---|---|---|---|---|---|---|---|---|
| 言语表达(55%) | 言语组织(15%) | 逻辑缜密程度(5%) | | | | | | |
| | | 条理清晰程度(5%) | | | | | | |
| | | 结构完整程度(2%) | | | | | | |
| | | 布局合理程度(3%) | | | | | | |
| | 语境把握(9%) | 时机切合程度(3%) | | | | | | |
| | | 场合适宜程度(3%) | | | | | | |
| | | 人际贴近程度(3%) | | | | | | |
| 非言语表现(20%) | 态势辅助(10%) | 表情自然程度(5%) | | | | | | |
| | | 体态端庄程度(5%) | | | | | | |
| | 心理调适(10%) | 自信放松程度(5%) | | | | | | |
| | | 积极主动程度(5%) | | | | | | |
| 言语交互(25%) | 信息受传(10%) | 倾听准确程度(5%) | | | | | | |
| | | 回答到位程度(5%) | | | | | | |
| | 效果反馈(10%) | 沟通有效程度(5%) | | | | | | |
| | | 信任感染程度(5%) | | | | | | |
| | 氛围调节(5%) | 场面有序程度(2%) | | | | | | |
| | | 气氛和谐程度(3%) | | | | | | |

## 四、测评规则与流程

在学期开始时，我们要求各组别学生需完成每人五题的测试。学期结束时，各组别学生也需完成五题测试（与学期开始时的题类型一致，但内容不一样）。没有学习口语表达经历的学生，在一个学期中，只是在学校进行校内课程学习，当然语文课也是口语表达相关训练。有口语表达训练的孩子在一个学期中，将继续学习各自领域的语言表达技能。学期末，我们将再次评测，来看看不同的口语表达培训对孩子是否会有影响。

在初次测评时，我们安排一位测评教师，一次测评五至十位学生。测评时间大概是30分钟至60分钟一组。考虑到测评方式的调整，如问答题中需要三问三答，语境把握中需要角色扮演，故建议测评中，师生比在1对3较为合理。此外，考虑紧张因素对于学生测评结果造成的影响，在条件允许的情况下，可让学生尝试先做热身游戏及自我介绍,在短时间内以达到破冰、拉近彼此距离的目的。以下推荐热身游戏《最独特的我》,大家围成圈,由老师开始,每位同学根据自己的特点用一句话介绍自己,并设计一个非语言动作。比如一位同学个子高,腿很长,她会做拍拍自己腿的动作,并告诉大家:"大家好,我是大长腿。"随后,大家要学习她的非语言动作,并且用语言回应她:"你好,大长腿。"在游戏过程中,大家在快乐中感受每个人不同的特点,熟悉了同学也随之放松下来。

以下是以一组 9 位学生、3 位测评老师为例的测评规则与流程细则:

表 4　流程细则表

|  | 内容 | 时长 |
| --- | --- | --- |
| 准备工作 | 记录名字<br>根据年龄及是否有相关口语表达经历进行分组<br>录像准备<br>评分表准备 |  |
| 热身环节 | 热身游戏<br>自我介绍<br>(帮助学生在短时间放松、融入集体) | 5 分钟 |
| 一、语言及非语言表现 | 1.学生读稿准备(1 分钟)<br>2.分组测评(师生比 1∶3) | 5 分钟 |
| 二、言语组织 | 1.学生读题准备(1 分钟)<br>2.分组测评(师生比 1∶3) | 7 分钟 |
| 三、言语交互 | 学生听题回答(师生比 1∶3,1 对 1 问答)<br>(需完成三问三答) | 7 分钟 |
| 四、情境讲述 | 1.学生读题准备(1 分钟)<br>2.分组测评(师生比 1∶3)<br>(老师或外请学生完成情境中的角色扮演) | 7 分钟 |
| 五、综合能力 | 1.学生读题准备(1 分钟)<br>2.分组测评(师生比 1∶3) | 7 分钟 |

"青少年口语表达能力评估研究"项目组在林毅老师的带领下,在进一步深入研究。我们本着为青少年口语表达教育提供科学化、规范化标准支持的初心,将不断努力。未来,我们也将进一步思考如何扩大测评范围,探讨线上测评新模式。

**参考文献**

[1]王群,沈萌萌,卢红霞.口才等级测评与目标训练[M].上海:华东师范大学出版社,2017.
[2]上海市语言文字水平测试中心.普通话水平测试指导用书[M].上海:立信会计出版社,2011.

# 口语传播情境下医生职业语言能力探究

◆ 张人匀*

**摘要**：一直以来,救死扶伤被看作医生的天职。正如名医爱德华·利文斯顿·特鲁多(Edward Livingston Trudeau)的墓碑上刻着"有时去治愈;常常去帮助;总是去抚慰"。治愈和帮助体现的是医生的专业素养,抚慰则是医生的一种能力,它尤其体现在医生的语言之中。通过对医生职业语言能力的分析,结合口语传播学和教育学理论提出对医生职业语言能力培养的相关建议,力求将抚慰的功能最大化和最优化。

**关键词**：职业语言能力；口语传播；科学素养；人文关怀

## 一、引言

古希腊名医希波克拉底说过,"医生有三样法宝:语言、药物和手术刀"。对于医生来说,"语言不但是交际工具,而且是思维工具"。医生的职业道德和专业水准都将在医生的语言能力中直接显现。尽管现代医学技术飞速发展,一些科技产品已经强大到可以替代手术刀和药物,但"语言"这个法宝仍然无法被替代。杨亦鸣将国家语言能力分为广义的国家语言能力和狭义的国家语言能力。广义的国家语言能力包括公民个人语言能力和社会语言能力,狭义的国家语言能力指国家层面在处理政治、经济、外交、军事、科技、文化等各种国内外事务中所需要的语言能力。医生职业语言能力是国家语言能力的具体体现形式,加强医生职业语言能力的培养会在一定程度上促进国家语言能力的提升,具有十分重要的研究意义。

---

* 张人匀,上海长海医院职员。

## 二、医生的个人语言能力

语言学家乔姆斯基认为语言能力是内在于人类大脑中的语言机制,以及在特定的语言社团中习得的内在性语言知识。语言能力包括由基因表达、通过大脑神经回路实现的人脑语言机能,也包括由语言的组合关系和聚合关系所组成音义结合符号系统的所有语言知识,以及使用某种语言系统进行听说读写的语言技能。医生的语言能力是由"语言机能+语言知识+语言技能"综合形成的一种语言输出能力。杨亦鸣将语言能力训练中的口语分为标准口语、社会口语、职业口语和艺术口语。

(一)医生的个人语言能力

医生的个人语言能力体现为在医生大脑中迅速进行编码、组织语言,再以有声语言的形式输出的传播过程。医生的个人语言能力需具备以下三个特点:规范化、礼貌化、简约化。

首先,对于日门诊量过万的一些三甲医院的医生来说,每天都会面对来自全国各地的不同患者,应当鼓励并提倡使用规范、标准的普通话。比如武汉疫情爆发时,来自全国各地"各持己言"的医护人员一下子涌入鄂方言区,这使语言交际障碍一度成为救援一线难以回避的沟壑。在大力号召和督促临床一线医生使用规范、标准的普通话的同时,应尽快建立语言应急机制,发挥"应急语料库"在紧急救援中的作用。

其次,使用礼貌用语是医患沟通当中最基本的要求。比如在医患沟通中,如果患者规范使用礼貌用语,医生应立刻给予回应,而不能"习惯性"地无视和冷漠。医生的用语礼貌,可以避免患者产生误解或与之发生言语冲突,形成良好的沟通氛围,最终有效完成诊疗目的。

另外,目前依然存在一些医生为创"门诊记录",仅靠几个简单的"套路式"询问就开出"冗长"化验单的现象,实际上这会将医患沟通变得更加复杂。"简约化"是指医生需要将一些"硬核"的医学术语或数据,转换成通俗易懂、简单明了的"大白话",高效发挥医生语言在医患沟通中的科普传播作用。

(二)医生的职业语言能力

医生语言能力的核心成分是其职业语言能力。根据医生的职业特点,再结合医生日常的交际主体、交际对象、交际内容和范围等特定条件,我们认为医生在临床工作中会产生符合职业特点的医生口语,形成特定的医生职业语言能力。它体现在对患者传递治疗方案的精确性和对大众传递医学信息的科普性两方面。提升医生的职业语言能力需注意以下三点：

第一，杜绝"嘴巴"跑在科学研究结果前。

我们一直强调用"数据"来衡量医生的专业背景和能力，但是在突发事件中，如果让广大群众直接面对那些纯粹的科学数据，恐怕不能完全抚慰大众的恐慌和负面情绪。这就需要医生在一些公共传播平台上用通俗易懂、浅显直白的方式来"解释"科学，也就是科学普及。我们提倡医生在突发事件中要敢于发声，但不能急于发声。一些并没有经过精确科学统计和完成临床实验的药物不能为了"抢先一步"而公之于众，这样会逐渐丢失广大公众对医生的社会认同感和信任感。

第二，正向引导是医患沟通的"必修课"。

医患关系是社会关系中相对较为复杂的一类人际关系，处理好医患关系也是医生职业生涯中的一堂必修课。《黄帝内经》中提出"上医治未病，中医治欲病，下医治已病"，意思是医术最高明的医生并不是擅长治病的人，而是能够预防疾病的人。对于患者而言，他们会格外注意医生的一言一行。那么，对于医生而言，在针对"已病"患者时不仅需要精确地获取其病因，还要提供严谨缜密的治疗方案，采取主动询问、深入探讨和综合评定等方法，千万不要为了所谓的"治愈率"而草率行事。对于"未病"的人，医生更要对其积极引导，正向鼓励，让其保持乐观的心态。

第三，幽默与共情彰显医生职业素养。

尤其是在万物互联的时代，社会公众能够获取信息的渠道十分广泛。特别是对于病情一知半解的患者来说，很容易在"信息茧房"的作用驱使下形成对虚假信息的"迷信"。如果医生可以向患者"因病施语"，形成"1"对"1"的专属对话模式，特别是当患者在医生面前流露出失望、无助的感情甚至哭泣时，医生用形象化的语言解释说明相关病情，将患者视为宝贵的生命个体产生"共情"，抚慰患者情绪，使用一些接地气的语言和灵活的表达形式，帮助患者在一种较平和的身心状态下接受治疗。比如，屡爆金句的"网红"医生张文宏，在面对媒体采访时多使用幽默风趣的语言，流传度颇广。他"防火、防盗、防同事"的"花式"提醒和告诫，对于广大群众来说的确是既接地气又十分有趣。

综上，结合我国医生职业发展现状和疫情以来对医生职业语言能力的突发性考验，我们深刻认识到医生这个职业对公众的价值和意义，以及在未来，公众对医生职业语言能力的期待。

## 三、医生职业语言能力口语传播情境建模

口语传播情境包括人际沟通、小团体传播、组织传播、公众传播以及跨文化传播。笔者结合对医生职业语言能力的分析,进而形成医生职业语言能力口语传播情境的建模。

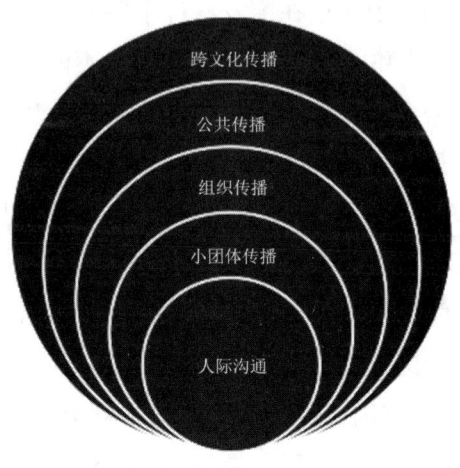

**图1 口语传播范畴**

人际沟通是口语传播活动的基础,具体包括五个方面的内容:第一,注重行为——以分析日常生活中发生的人际语言与非语言行为为主;第二,强调时间性——视人际沟通为一个持续的过程,探究出两人在互动过程中相互作出的调整和适应;第三,社会认知——探究人际交互过程中双方的心理与思考的变化过程;第四,人际掌控——包括人际间的影响、顺服的取得、关系的掌控等;第五,强调个体差异——视个体自我认知、性格等差异为影响沟通的变量(如图2所示)。

**图2 研究人际沟通的五个角度**

医生在医患沟通时可以从这五方面入手来提高沟通质量。比如医生可以采取主动询问患者的方式,认真倾听患者对病情的初步描述,同时做到两个"强调"。第一,强调患者个体的差异性和病情的时间紧迫性,并结合自身已有的知识经验,迅速作出精准的诊断;第二,要关注患者及家属的情绪态度,时刻调整自身的沟通方式,确保医患沟通顺利高效完成。

(一)情境一:"生死之交"式的人际沟通——医患沟通

"生死之交"式的人际沟通是指医生对患者进行询问、病史采集、病情诊断等基本的信息交流,以及伴随信息交流而产生的情感交流,充分体现医者仁心的人文关怀。良好的医患沟通可以让患者在术前消除过分紧张的情绪,使患者充分相信医生,积极配合医生工作。比如"术前谈话",医生应在谈话前根据患者的病情打好"腹稿"。比如,一则"93年护士'哄'93岁李奶奶"的视频在各大媒体平台上引起广泛关注。视频中,一位"90后"护士正在安慰病床上93岁的李奶奶。李奶奶因为离开家的时间较久,她在接到儿子电话时情绪一度十分激动,站在一旁的护士马上对李奶奶说:"奶奶,别哭,别哭,我们把病看好就回去了。"在这句真诚、朴实的话语中,一声亲切的"奶奶"既让我们感受到"白衣天使"对患者的关爱,也体现出中华民族尊老爱幼的优良传统美德;一声"我们"也表达出医护人员对战胜疫情的决心和信心。

(二)情境二:"星火燎原"式的小团体传播——科室氛围

科室对于医生来说就是一个"小团体"。它由科室主任、科室成员及其他工作人员共同组成。它的传播形式包括:科室成员之间的沟通、科室主任与成员间的沟通、科室与科室间的沟通等,属于一种全方位传播过程。其中,"小团体传播"氛围的营造十分关键,也就是科室氛围的营造。良好的科室氛围不仅可以促进多方向、多层次的传播效果,还可以提升整个工作团队的凝聚力,传播效果越好,凝聚力也越高。另外,科室氛围还会间接地影响患者就诊时的感受和情绪,安静、平和、温暖的科室氛围会为患者就诊带去更多舒适感,提升科室品牌效应。

(三)情境三:"城市名片"式的组织传播——医院文化

医院文化以组织传播的形式与所属城市文化水乳交融,成为居民健康服务的精神象征。比如"大医精诚、追求卓越"是上海华山医院的医院精神,它与"海纳百川、追求卓越、开明睿智、大气谦和"的上海城市精神正好交相辉映。同样,医院文化可以看作传播城市文化的信息桥梁,它代表了医院在发展过程中逐渐形成的一种组织氛围和组织价值观。另外,医院文化还体现在医院外部的文化环境建设。比如一些医院设有医院文化图片展,包括医院历史沿革、重点科室建设、医患感人故事等;还有一些医院专门为医护人员提供茶歇室、健身房等场所。这些不仅可以让医护人员在紧张的工作节奏中有放松身心的机会,还彰显了医院以人为本的核心价值观。

(四)情境四:"意见领袖"式的公共传播——名医精神

公共传播是当代社会信息传递的一种常见方式。它是指政府部门的相关负责人或工作人员,某领域的专家、学者等与公众进行的面对面交流,并通过不同媒介形式进行宣传和推广。在公共卫生事件中,"意见领袖"起着十分重要的舆论导向作用。公众在接受"意见领袖"发出的信息后,会对一些虚假信息自动肃清,形成相对客观冷静的理性认知。

(五)情境五:"人类命运共同体"式的跨文化传播——世界卫生组织

跨文化传播主要存在于人类日常生活和文化交往两个层面。在文化交往层面中最重要的就是身份认同。身份认同对于全世界人民健康的保护者和引领者——世界卫生组织来说,是沟通合作的第一步。其中包括种族认同、民俗认同、国家认同、性别认同和社会地位认同。世界卫生组织要秉持公平、公正、公开的原则,为各个国家的公共卫生系统提供一个和谐、共赢、发展的跨文化传播平台,将全世界人民的健康问题紧紧联系在一起,将全世界人民视为一体,同呼吸、共患难、共命运。

## 四、医生职业语言能力的培养

从"医学生"到"医生"的蜕变,不是简单地去掉一个"学"字,而是身份的转变和升华。实际上,要想成为一名真正的医生,需要学习的知识与技能只增不减。同样,对于医生职业语言能力的培养亦是如此。

首先,"学院+医院"进阶式培养。学院作为医学生的培养摇篮,对医生职业语言能力的培养应从"医学生"阶段抓起,整个过程应该视为一个整体。一方面,教师要加强对学生在实践中职业语言能力表现的考核。比如对学生与科室成员沟通协作、医患沟通等能力的培养与监督。借助学员互评、自我评价、综合评定等方式来判断其是否符合继续进行更高层次的学习和培养的条件,如果评定不合格,也就是说医生职业语言能力不过关的话,教师应考虑适当调整其实习(实践)期限,直到合格为止。另一方面,(按照年级划分)学院可以安排多层次职业体验实践活动,从低年级(大一、大二)

开始,定期完成门诊志愿者服务工作(门诊量预测、患者情绪抚慰和引导等基础工作);中年级(大三)完成科室轮转志愿者服务工作(特殊患者情绪抚慰、熟悉医院文化和整体工作模式);高年级(大四、大五)开展全面实习。

其次,"教室+科室"全方位引导。对于医学生而言,科室既是诊室也是教室。科室氛围就好比学习氛围,它对科室成员(包括在科室内实习的学生以及外院的进修医生)会产生重要影响。科室主任是科室氛围的"掌舵人"。因为科室主任既是科室的直接建设者和管理者,也是科室成员的教育者和监督者。科室主任的言谈举止、性格特点等都会影响整个科室成员的工作氛围。科室主任应为科室成员树立积极进取、严谨踏实的工作态度和高效的工作目标,创设公平、公开、合理的工作竞争机制,鼓励科室成员互学互助,共同进步。学生要在科室里,利用已有的知识和经验,以整合、探索、发现、假设、演绎等方式深度挖掘学习内容,自主地对知识进行建构,提高自身的语言表达能力。

最后,"家庭+社会"包容式关怀。医生职业语言能力的培养,离不开医生个人的家庭语境和工作的社会语境。学生在入学时,可以让家长一起参加医生职业体验日活动,为学生投身医学事业做好"心理建设"和"全家动员",充分感受医生的职业性质和职业语境。同时,公共媒体可以加大对医生职业形象的宣传力度,号召更多优秀"后浪"加入医生行列。

## 五、结语

当下,医患关系依然随时面临危机。当下对于医生职业语言能力的研究尚不完善,亟需社会各界的长期关注与支持。社会各界都应大力支持和推动我国医疗卫生事业的发展,让医生这个职业真正闪亮起来。建设健康中国,仅靠医生远远不够。放眼未来,"白衣后浪"们正在经历一个充满机遇和挑战的时代,他们的职业语言能力或将代表健康中国的形象。

**参考文献**

[1]李宇明.语言也是"硬实力"[J].华中师范大学学报(人文社会科学版),2011,50(5):68-72.

[2]秦琍琍,李佩雯,蔡鸿滨.口语传播[M].上海:复旦大学出版社,2011.

[3]沈亮.权力转移教育:戏剧理论漫谈[J].艺术评论,2013(9):56-57.

[4]苏金智,张强,杨亦鸣.国家语言能力:性质、构成和任务[J].语言科学,2019(18):449-459.

［5］司罗红,王晖.重视生存普通话在紧急救援中的作用[N].语言文字报,2020-02-26(001).
［6］王璐颖.文化自信视域下医学生人文素质培育[J].中国医学伦理学,2018(8):1068-1072.
［7］杨亦鸣.语言能力训练:口语篇[M].北京:高等教育出版社,2012.
［8］朱祖德,张强,杨亦鸣.中国临床语言学学科内涵与科学架构[J].语言科学,2020(6):561-578.

# 政务直播的口语传播策略研究

◆ 王 瑞*

**摘要:** 近年来,政务直播作为一种独特的网络直播节目类型,伴随着网络直播行业发展和各级政府政务公开、政务服务升级的浪潮,逐渐走入公众的视野。作为一种新兴的口语传播样态,政务直播的口语表达水平亟需全方位提升。本文将结合传播学的口语传播理论、互动仪式理论和播音主持创作理论,分析政务直播过程中传者和受者的行为策略,提出政务直播节目口语传播策略的提升之道。

**关键词:** 政务直播;口语传播;播音主持;互联网

近年来,随着中国媒体改革转型和网络直播行业竞争逐渐进入下半场,各种新的网络直播主体、题材、技术都层出不穷,其中"政务直播"的从无到有再到逐渐发展壮大,非常引人关注。自从2015年国务院提出"互联网+"行动战略以来,互联网与经济社会各领域的融合发展进一步深化,网络直播作为本就依赖互联网技术的媒体形态,更是产生了深远的变革和影响。尤其是在2020年新型冠状病毒疫情爆发以来,为了应对疫情挑战,完成常态化防疫的要求,加强疫情期间的信息公开,各级政府通过各种媒体平台进行的政务直播活动逐渐走向常态化、制度化,政务直播的水平、效果都得到了长足的进步。

比如在2020年年初,中央广播电视总台央视频5G新媒体平台创新推出《疫情24小时》慢直播产品,从1月26日开始全天24小时直播火神山和雷神山医院的建设过程。直播先后共上线7路镜头,其中包括两路VR镜头,从医院建设到投入使用,24小时不间断直播一共持续了117天,累计在线直播超过6000小时,吸引了总计超过2亿人次的观看流量,由此衍生的例如"云监工""叉酱""挖掘机天团"等网络热词多次登

---

\* 王瑞,四川传媒学院有声语言艺术学院讲师。

上热搜榜。再比如从2020年下半年开始，为了解决新冠疫情防控带来的农产品滞销问题，全国多个县的县长纷纷开启了网络直播，带货助农，助力农村农民脱贫致富，取得了良好的经济收益和社会效益。

政务直播的火爆证明了网络直播对于数字政府建设的巨大潜力，因此本文将结合互联网直播的互动性特征，以口语传播业务的视角分析政务直播的特点和发展路线，探讨政务直播口语传播策略的改进之道。

## 一、政务直播的现状和作用

### (一) 我国政务直播的发展历程和现状

2016年被称为中国的"网络直播元年"。其实站在多年后的视角来看，早在2010年之前，秀场直播就已经开拓了一定的网络直播市场，网络直播形态逐渐成为中国互联网文化的重要组成部分。而2016年则是网络直播得到空前的爆炸性发展的年份，在这一年，中国的网络直播平台快速超过了300家，参与者众多、资本热情高涨、行业关注度居高不下，全年共有31家网络直播公司完成36起融资，涉及总金额达108.32亿元。

然而，仅仅一年之后，受到资本退潮和直播内容严重同质化的影响，整个行业开始了大洗牌，一批直播平台被爆出负面新闻，小平台纷纷倒闭，整个行业面临寒冬。在这个背景下，政府部门和网络直播的合作逐渐发掘出了互联网直播平台的媒体属性，"互联网+政务"的直播模式应运而生。

2016年8月，公安部交通管理局组织多地公安交管部门通过官方微博等渠道开展为期一个月的"全国交警直播月"活动，各地交警纷纷开启政务直播，用直播带着观众"云执法"，抓酒驾、抓改装车，前后持续一个月之久。这次政务直播活动在网上取得了良好的反响，不仅关注度很高，而且起到了良好的教育警示作用。"交警直播月"的活动也得以每年常态化运行，截至2021年9月，"全国交警直播月"活动已经成功举办了6届，各地方自行组织的交警直播执法活动也屡见不鲜，甚至还出现了一些如《谭谈交通》等明星节目和明星交警，取得了良好的传播效果。

政务直播的发展在政府和人民群众之间开启了全新的互动方式，通过"互联网+"的技术手段，让政府的行政过程透明化，而且在很多时候还兼顾到了互动性和趣味性，深受年轻人的喜爱。通过网络直播自带的弹幕、评论、转发、礼物等互动工具，政务直播让公民更简单也更直观地参与政府运行的过程，提高了人民群众参与社会管理的热情意愿,也确保了政府的社会管理能力现代化。

(二)政务直播对于政务工作的作用

国务院《关于积极推进"互联网+"行动的指导意见》指出,"所谓'互联网+'是把互联网的创新成果与经济社会各领域深度融合,推动技术进步、效率提升和组织变革"。在媒体传播领域,近年来备受关注的新媒体、媒介融合都是"互联网+"的最新应用典范。这些技术应用不仅自身是新生事物,而且一直处在变化之中。对于各级政府而言,如何处理好新的媒介形势下的政务工作无疑成了一个重要话题。在2016年2月19日党的新闻舆论工作座谈会上,习近平总书记指出,"领导干部要增强同媒体打交道的能力,善于运用媒体宣讲政策主张、了解社情民意、发现矛盾问题、引导社会情绪、动员人民群众、推动实际工作"。结合近几年来,尤其是新冠疫情以来的实践经验来看,"互联网+"背景下的政务直播对于各级政府开展工作都起到了十分积极的作用。

1. 完善政务公开

随着移动互联网的快速发展,人们获取信息变得越发容易,对于关系到每个人切身利益的政府信息,人们的关注度达到了空前高涨的地步,因此高质量的"政务公开"成了我国各级政府势在必行的事情。所谓政务公开,实际上是政府全流程行为的公开,包含决策、执行、管理、服务、结果的公开。除去结果公开之外,前面四项内容的公开都是过程公开。在"互联网+"的技术条件之下,政务直播毫无疑问是实现过程公开最有效的方式。不论是司法系统的庭审直播还是交警的执法直播,以及在脱贫攻坚和疫情管理之中的带货直播、政策解读,我国政务直播公开的范畴开始变得越来越广泛。作为完善政务公开工程的"最后一公里",政务直播良好地完成了其工作。

2. 助力政务服务

在传统的政府服务模式之中,政府提供政务服务的方式主要是由各个部门单方面为群众提供服务,而群众以被动接受为主。毫无疑问,在现代社会之中,这种模式无法充分发挥社会各方面的积极性。在"互联网+"的技术支持之下,政府机构开放共享,充分调动社会各方面力量让完善社会治理成为可能。例如在县长直播带货助农的案例之中,政务直播把农民、企业、消费者、社会组织纷纷连接到了政务服务的框架之下,推动了广泛的协作。

3. 推动决策科学化

在互联网时代,数据不仅对人们决策的影响日益提升,对于政务决策的影响也是如此。传统的政务决策经常因为缺少相应的数据支撑而受到质疑,而"互联网+"背景下的政务直播在推动决策科学化方面天生具有巨大的优势。政务直播在数据上客观记录了政府、公众、市场等各个行为主体的倾向。借助于直播平台,各方的意见也能得到表达。政府通过政务直播获取公众观点,能够有效增强政务决策的科学性。

## 二、口语传播视角下政务直播的传播效果

口语是人们日常谈话时使用的语言,传播是信息有效传递并且实现熵减的过程。与大众传播(Mass Communication)所关注的媒体运营、舆情分析、公共关系等宏大叙事不同,口语传播(Speech Communication)更加关注人们在具体的环境中如何运用语言和副语言来组织、发送信息,并且在传受双方之间形成有效的互动。因而,在口语传播的视角下,我们不妨把政务直播活动分解成"传播者"——主持直播的主播、官员,"接受者"——观看直播的观众,分别衡量他们在政务直播活动中的参与程度,并且按照传播的有效程度进行分层,以此解读政务直播的优势与劣势,总结出改进直播效果的方法。

(一)传播者视角下口语的社会功能分层

对于口语传播者而言,在进行口语传播的过程中必须先考虑其社会功能。同时,这些社会功能也是衡量口语传播是否有效的最佳准绳。

1. 信息共享

张颂认为,"从传受关系来看,传者要成为真正的信源,通道畅达地把信息完整、准确地传送到受者",传者作为矛盾的主导方面,只有"传播真实、确实的有价值信息",才能实现"信息的共享"。总的来说,要想实现信息共享,就必须确保信息的真实性。对于政务直播而言,由于其本身的特殊性,天生就具备一定的权威性,在众声喧哗的舆论场上更容易正本清源,使人相信。然而,这种权威性并不意味着什么都不做就能高枕无忧,如果政务直播不能实现具体真实,反过来也是对政府权威的严重损害。因此,如何在口语传播过程中消除歧义和误解,实现具体真实,就显得尤为重要了。笔者认为,保证政务直播的表达具体真实,主要在于把握好以下三个方面。

第一是要素真实。任何事实,本质上来说都是由何人、何时、何地、何事、怎么样、为什么等元素构成的统一体,这也是信息共享的最基础内容。以2021年9月16日的国务院联防联控机制新闻发布会为例,以下是主持人的开场白:

大家下午好！欢迎参加国务院联防联控机制举办的新闻发布会。

当前，全球疫情仍处于反弹当中，境外疫情输入并造成传播的风险仍然较高。自9月10日以来，本轮疫情新增本土确诊病例一半以上为中小学、幼儿园师生和工厂员工，场所聚集性感染明显。

要加快流调溯源和核酸检测，排查风险人群；要严格隔离管控，防止交叉感染，保障好群众基本生活和就医需求；要严格做好重点场所、重点单位、重点人群疫情防控，落实测温验码、室内通风、环境消毒、安全距离、个人防护等各个环节防控规范；要做好秋冬季多病同防，加快推进疫苗接种。

截至9月15日，全国累计报告接种新冠病毒疫苗21亿6142.8万剂次，完成全程接种的人数为10亿1158.4万人。

今天发布会的主题是进一步做好疫情防控和疫苗接种。

（中国政府网，2021年9月16日）

这段开场白很好地实现了"要素真实"，通过列数字、讲时间、定范围、作比较，短短数语不仅介绍了常态化防疫以来我国取得的基本成就，还引出了发布会主题，为整场政务直播确定了基调。

第二是事项真实。在口语传播中，仅仅堆叠列出"真实的要素"是远远不够的，最能体现共享信息真实性的内容，往往隐藏在细节之中。这些细节事项越丰富，口语传播所共享的信息就越翔实。同样以2021年9月16日的国务院联防联控机制新闻发布会为例，会上谈到了福建省在应对莆田疫情时的一项"适时抽检"制度。对于流行病学领域而言，这种做法并非新鲜事，但是与会的官员还是非常仔细地讲解了"适时抽检"制度的具体实施方法。这种细致的讲述，全方位提升了公众对于常态化防疫的认知，也让口语传播中隐藏的信息得以充分表达。

第三是关系真实。关系真实指在口语传播中，不能颠倒事项之间的逻辑关系，比如主次关系、因果关系等，如果各个事项之间的关系搞错了，即使呈现了所有的事实，最终共享出的信息也将会南辕北辙。我们常说，说话要"讲逻辑"，对于有官方背景的政务直播而言，逻辑是否通顺关系到直播效果的好坏。在国务院联防联控机制新闻发布会这个案例中，我们可以看到不论是会议主持人还是与会官员，都十分精准严谨地把握住了事实之间的关系（先主后次先因后果），大大降低了公众对会议内容的理解门槛。

2. 认知共识

对于口语传播的传播者而言，信息共享不是工作的结束，因为此时的信息还只是孤立的、表象的,接下来应当引导受众达成一种"认知共识"。在传播过程中,信息本身往往是比较容易理解的,一般不会出现错误。但是关于传播信息的目的、话语的深层含义和精神目的,不同的人会有不同的理解。引导受众正确理解传播者的目的和意图,恰恰是传播者应当妥善处理的核心命题。对于政务直播而言,凝聚共识本就是现代化政府执政过程之中的应有之意,尤其是在扶贫助农的带货直播上,能否和受众达成共识,直接决定能否促成受众的购买行为,实实在在地关系到人民群众的切身利益。

2020年是精准扶贫与脱贫攻坚的收官之年,然而突如其来的新冠肺炎疫情使乡村中的农产品滞销,在国家政策的大力支持下,直播带货将乡村社会中许多线下的场景和服务拉到了线上,例如《人民日报》发起"为鄂下单"直播带货活动,为湖北省疫情期间滞销的农产品打通销售链路,促进当地复工复产和经济复苏。直播邀请了北京协和医院首批援鄂医生赵静以及武汉大学人民医院东院重症医学科主任周晨亮等人,和网友们分享抗疫故事,直播中的故事化的叙事更易激发人们的共情心理,让人们为情怀而下单,产生购买行为。

3. 愉悦共鸣

任何有声语言的表达都应当创造美感。任何信息,哪怕是看起来简单或者枯燥的信息都应该给人审美的享受,只有如此才能激发受众的主动性,让受众主动接受传播者的思想观念。要实现这个目的,就必须要求口语传播能够具备愉悦共鸣的社会功能。

在近些年的政务直播实践之中,逐渐脱颖而出了一些"网红政务工作者"。比如成都交警谭乔、内蒙古县长刘建军、山东济南商河县"扒鸡副县长"王帅等,他们之所以能够在网络上迅速"出圈",得到全国网民的关注,就是因为他们在政务直播之中做到了"幽默表达",撩动到网友们敏感的"玩梗"神经。可以说,他们的节目也许不如传统的广播电视节目精致,但是也实实在在地用口语表达创造了审美享受,让传者和受者之间形成了"愉悦共鸣"。

(二)接受者视角下的互动卷入程度分层

互动仪式链是美国社会学家兰德尔·柯林斯提出的理论。柯林斯认为,在信息传播的过程中,每一次互动都是一种仪式,在理想的状态下,人们在互动中得到了很强的相互关注,创造了一种共同相信的象征现实,他们在那一刻共同相信这一现实,并且在互动仪式结束之后带着社会团结感离开。

笔者认为,网络直播在"互联网+"的技术支持下,已经具备了非常完善的互动环境，接受者在使用弹幕、评论、打赏、分享等功能时就已经加入了互动仪式之中。而且接受者在互动仪式中所产生的情感能量与情感状态是不一样的，包括从顶层的积极、热情，到中间的选择性追随，以及随后的点赞式互动，再到末端缺乏主动性的被动围观。这种具有差异性的情感状态实际上体现出接受者卷入互动仪式的深浅程度不一，其程度由深及浅可以分为四层。

1. 专注性互动

专注性互动是最积极的互动模式。采取这类互动方式的接受者处在互动仪式的核心地带。在收看直播时，他们往往能够做到全程关注、全神贯注，并且不断通过弹幕等互动工具发声，表现出很强的情感力量。在一场直播活动中，他们的重要程度无法被忽视，甚至可以说他们本身就是直播活动的核心组成部分。在弹幕和评论区中，他们各抒己见，感到自己有责任有义务去表达诉求、监督执法、引领意见。

2. 选择性互动

选择性互动的感情状态较为积极。采取这类互动方式的接受者处在互动仪式的中心外围。他们经常对直播内容保持高度关注，但是不善于发表自己的意见。当他们擅长或者关心的话题出现时，他们也可以表达意见，但是这种表达往往需要主持人或者其他用户进行唤醒。

3. 点赞性互动

点赞性互动的感情状态比较平稳。采取这类互动方式的接受者处在互动仪式的外延。受益于"点赞"功能的便利性和匿名性，他们往往只对互动内容保持一般程度的关注兴趣，默默点赞。他们点赞的目的也不尽相同，有的可能只是出于习惯，有的可能是觉得内容有趣，有的是为了在社交媒体中表示自己的存在感。点赞性的互动行为可以视为接受者表达关注的态度和加入互动的兴趣。

4. 围观性互动

围观性互动的感情状态最为平稳。采取这类互动方式的接受者处在互动仪式的边缘。他们看似聚在一起，却没有固定的关注焦点，只是偶尔发表三言两语，无关紧要地参与一下，总体而言体现出一种看热闹似的参与方式。但是在直播活动之中，正是因为有了围观，互动仪式才显得重要而有意义，所以最外围的围观性互动也是政务直播中不可缺少的一部分。

### 三、政务直播中口语传播策略的提升途径

从历史上讲,口语传播脱胎于辩论术、修辞学、演讲学。随着技术进步,尤其是"互联网+"战略开始与经济社会各个方面融合,基于互联网新媒体环境下的口语传播呈现出快速演变的状态。对于必须要通过语言凝聚共识的政务工作而言,口语传播策略问题发展到了一个史无前例的复杂阶段。从2016年中国直播元年算起,政务直播作为一项重要的政务公开和政务服务工作,至今也不过发展了5年。许多政务工作者和官员出身的"新主播"们依旧没有学会使用恰当的口语传播策略回应公众的期待,甚至一些"直播问政"节目中出现节目参与者仓皇失措,支支吾吾,需要通过"递条子"才能回答问题的情况。可以见得,口语传播策略的构建和提升,必将为解决政务直播带来的新挑战而提供充足的基础和依靠。

(一)口语并非即兴,细节决定成败

口语虽然具有即兴、亲切以及生动易懂等天然属性,但口语传播并不意味着率性而为、自说自话、纯粹即兴,不可因为口语传播的即兴特征而弱化了口语传播的表达功力。国务院新闻办公室前主任赵启正指出:"对于新闻发言人来说,内知国情,外知世情,这是最重要的,口才和技巧还在其次。"这句话指出了前期准备的重要性。对于政务直播中的口语表达而言,看似即兴而出的口语传播内容,实际上是有着大量的前期准备和广义备稿作为打底的。对于一名从事政务直播的口语传播者而言,他的理解力、感受力、想象力、表现力、对直播节目的驾驭能力等,无不与他的修养有关,这都需要不断地学习实践。

同时,狭义备稿也应有章可循。如笔者前文所述,达成信息共享需要体现内容的真实性,而在体现真实性的过程中,"细节"往往具有决定性的作用。决定一名主播的口语传播效果优劣的关键点就在于他是否能准确记忆并还原"细节"。对于政务直播而言,"主播"往往自己本来就是相关事项的直接负责人,因而,更要学会在日常工作中站在受众的角度思考哪些细节是受众急于共享的内容,哪些细节能够引起认知共识。如此一来,只有言之有物,才能让口语传播的效果得到提升。

(二)强调语体交融,严谨而又亲切

语体,是为了适应不同的交际需要而形成的具有一定风格特点的语言表达体式。

随着移动互联网时代的到来,网络视听节目逐渐呈现出"语体交融"的创作特征。政务直播作为一种独特的网络视听节目形态,也应该在语体交融的过程之中找到自己的定位。

相比于传统的严肃政论型节目,政务直播作为一种新型的网络视听节目,大多数的风格是更为轻松活泼的。内蒙古多伦县的县长刘建军,在短视频平台上拥有近10万粉丝,当谈及自己的心得体会时,他多次对《新京报》的记者提到"平常心"三个字,在他看来,自己个人账号上的政务直播只是在跟人民群众进行"沟通"。笔者认为,刘县长的成功正是抓住了正确的表达形式,融合了新闻公文语体和日常交流语体,使用了严谨又亲切的交流方式。可以见得,正确的语体交融是提升口语表达的重要策略。

（三）关注互动反馈,排除紧张干扰

相比于传统的广播和电视节目,网络平台上的政务直播节目有一个典型特征就是主播往往不是专业的播音员、主持人,甚至没有受过口语传播领域的训练。其中一些比较简陋的直播环境甚至没有主持人的加入,完全靠政务工作者自己进行全流程的直播设计和实施。可以想象这些"临时上岗"的新人主播所面临的巨大压力。很多时候,临场紧张感会成为影响直播的干扰因素,主播在镜头前紧张,会失去创造力,原因是多方面的,不能一概而论。很多人会用"别紧张"来自我安慰,但这实际上是消极的、无济于事的。正确的方法应当是抓住直播中的互动仪式,不断明确直播的互动本质和目的,积极地引导自己的感情集中到直播内容上。

## 四、结语

总体来说,政务直播是在新的技术条件下,用互联网的技术条件赋能政务服务创新的新探索和新途径,极大地改善了政府信息公开和政务服务。同时,作为网络直播内容的一种,政务直播还兼具在众声喧哗的网络舆论场上正本清源、树立风清气正的社会风气的作用。因此,把网络政务直播做好,提升政务直播的口语表达能力,改善网络直播的口语传播效果,对于整个社会来说必将影响深远。

**参考文献**

[1]张颂.播音创作基础[M].北京:中国传媒大学出版社,2011.

[2]杨梦辉.开放政府数据:概念、实践和评价[M].北京:清华大学出版社,2017.

[3]柯林斯.互动仪式链[M].林聚任,王鹏,宋丽君,译.北京:商务印书馆,2009.

[4]中国政府网.国务院联防联控机制2021年9月16日新闻发布会文字实录[EB/OL].(2021-09-16)[2022-09-01].http://www.nhc.gov.cn/xcs/s3574/202109/f89d117481b24572a346c19fde76a396.shtml.

[5]沈霄.网络直播+政务与用户的互动研究:基于互动仪式链的视角[J].情报杂志,2018(5):111-116.

[6]王力.汉语讲话[M].北京:北京联合出版公司,2019.

# 第七届口语传播学术论坛(2022)综述

◎ 巩晓亮　邹　运*

2022年11月19日,由华东师范大学传播学院与上海广播电视台融媒体中心联合主办的第七届口语传播学术论坛在华东师范大学闵行校区圆满召开。本届论坛聚焦"有声的中国:口语传播与国家叙事"这一主题,设置一个主论坛和五个分论坛。

在主论坛中,华东师范大学副校长、教授顾红亮和上海广播电视台融媒体中心党委副书记、看看新闻首席运营官宋菁菁发表致辞。教育部戏剧与影视教学指导委员会主任委员、北京师范大学艺术与传媒学院教授周星,浙江传媒学院副院长、教授姚争,中国传媒大学播音主持艺术学院教授曾志华,中国人民大学新闻学院教授高贵武,上海东方卫视新闻主播何卿,上海东方卫视新闻主播于飞,华东师范大学传播学院副教授巩晓亮发表主旨演讲。主论坛由华东师范大学传播学院党委书记方奇华,华东师范大学传播学院院长、教授王峰主持。五个分论坛的主题分别为"中国故事与国际视野""理念演进与人才培养""数字构建与传播经验""口语叙事与传播实践""校外教育口语传播矩阵构建"。本次论坛以线上线下相结合的方式举办,来自全国各高校的200多位专家学者、博士、硕士研究生齐聚一堂,交流研讨。

## 一、讲好中国故事：国际视野中的口语传播

党的二十大报告中强调:"增强中华文明传播力影响力。坚守中华文化立场,提炼展示中华文明的精神标识和文化精髓,加快构建中国话语和中国叙事体系,讲好中国故事、传播好中国声音,展现可信、可爱、可敬的中国形象。加强国际传播能力建设,全面提升国际传播效能,形成同我国综合国力和国际地位相匹配的国际话语权。深化文明交流互鉴,推动中华文化更好走向世界。"口语传播作为一种重要的传播方式,在

---

* 巩晓亮,华东师范大学传播学院副教授;邹运,华东师范大学传播学院硕士研究生。

构建中国话语体系的过程中扮演着重要的角色。华东师范大学副校长、教授顾红亮在开幕式致辞中说道:"口语传播既拥有播音主持艺术学中口语的叙事建构,又包含了新闻传播学科中的传播内涵与范式。如何运用数字技术进行口语传播叙事与实践;如何在国际叙事与本土情怀中找到口语传播的支点;如何助力全面提升国际传播效率,推动形成同我国综合国力和国际地位相匹配的国际话语权,这些议题将成为本次论坛的焦点,甚至是口语传播学科未来的研究核心。"本届论坛中众多学者深入思考与探求国际传播中的口语传播和国家形象建构,视角多元,讨论深入,具有国际视野。

(一)"自塑"与"他塑":国家形象的积极建构

国家形象的概念自被提出以来,政治学、传播学、语言学、国际关系学等学科都有涉入,其中又以新闻传播学的研究最为集中,大致形成了两大研究脉络:一是从实体主义或本质主义视角出发,强调的是主客二元结构中国家形象的"自塑"和"他塑",遵循的基本行动逻辑为结果性逻辑,即国家形象的自我传播和他者塑造是由"利益决定的行动";二是从建构主义的视角出发,国家形象是在国际社会中被"结构"出来的一种相互承认、认同的关系,遵循的基本行动逻辑是适当性逻辑,即"规范塑造行动"。① 上海广播电视台融媒体中心党委副书记、看看新闻首席运营官宋菁菁在开幕式致辞中提出:"二十大报告明确我们已经踏上了全面建设社会主义现代化国家的新征程。站在新起点上,我们的传播工作也要有新站位。首先我们的传播必须要保持与国家发展同频共振,用鲜活生动的语言描绘奋进路上真实、立体、全面的中国。同时我们要不断优化传播语态,持续探索故事化、个性化、垂直化的口述方式,真诚真挚地记录这个时代。"口语传播对于国家形象的建构具有重要意义。

许多学者通过话语建构、叙事方式、表达属性等不同维度探析国家形象建构中的"自塑"。中国传媒大学播音与主持艺术学院博士研究生赖冬阳认为,国家话语通过图片文字、音视频等多模态的媒介进行建构和传播,口语亦是国家话语传播的常见形态。国家话语口语传播作为国家话语传播的一种样态,兼有国家话语传播和口语传播的特征。公共性是国家话语的口语传播最重要的特性,国家话语口语传播具有公共表达的属性。公共表达属性通过公共场域、公共话题、公共利益得以体现。国家话语的公共表达通过全球治理维度和国内治理维度体现国家话语公共表达的多维性。国家话语的公共表达通过声音修辞、言语修辞、仪式化场景修辞的方式实现国家话语公开表达的创新性实践。国家话语的公共表达也需要不断提升话语认知,优化语篇结构模

---

① 王创业,张昆. 如何在国家实践中找回国家形象?[J]. 新闻大学,2022,199(11):67-78+119.

式,转化话语风格,全方位提高公开表达效能。爱丁堡大学博士研究生王志威认为,在中文互联网这一"狂欢节"场域被创造的过程中,其与线下中国社会存在着高度连接性。政府与平台虽然在基本的国族表达框架中发挥了主导作用,但是用户对于具体的国族/民族主义话语的实际解释与调用却取决于他们自己的主观能动性。华东师范大学传播学院硕士研究生李胜蓝和郑州大学新闻与传播学院讲师秦静基于"战略叙事"理论,聚焦中国官方对外媒体《中国日报》(国际版)的"双碳"报道,以 2020 年 9 月至 2021 年 12 月 164 篇报道为分析样本,考察国内主流媒体如何在对外气候报道中运用战略叙事思维。《中国日报》(国际版)的"双碳"报道经历了四个阶段,各阶段通过故事化叙事的手段和比喻的修辞,扩展了报道议题,实现了叙事目标。研究认为应该提高气候报道的议题管理意识,增加非官方主体的叙事,重视气候报道的语境搭建。

在国际传播中,他国对我国的报道亦是国家形象建构的重要因素。西北大学博士研究生常益敏、西安石油大学硕士研究生贺妍和《纽约时报》的记者 Nissel Bruin 给我们提供了"他塑"视角,其研究发现西方主流媒体在以俄乌争端为主体的报道中,西方媒体往往渗透了本国的国家意愿、国民情绪、政治导向、价值倾向等,尤其是在对涉及中国的报道中多有偏颇。在《纽约时报》的报道中,对中国形象的报道具有一定程度的态度倾向,具体可以分为"支持俄罗斯的形象""负面的形象"以及"中立"三种形象,可以看出该报在报道的过程中对中国负面形象的塑造比较多。

(二)路径与实践:中国故事"走出去"

2021 年 5 月 31 日,习近平总书记在主持第十九届中央政治局第三十次集体学习时强调:"讲好中国故事,传播好中国声音,展示真实、立体、全面的中国,是加强我国国际传播能力建设的重要任务。"①中国故事由谁来讲?如何讲?通过什么方式来讲?这些问题成为本届论坛中专家学者讨论的热点话题。

内蒙古大学文学与新闻传播学院讲师、中国传媒大学电视学院博士生烁宁分析了我国主流媒体舆论引导力的特征,认为我国在国际传播中要改变"被动守势"的局面;实现由"讲道理"向"讲故事"的转变;改变大众刻板印象,主动进行议题设置。作者认为我国主流媒体要想提升国际舆论引导力,首先要注重人文关怀,讲好中国故事;其次要加强多元领域传播,构建话语传播体系;还需要重视意见领袖,提升国际话语。北京师范大学硕士研究生周亘认为,国际汉语教师作为向世界讲好中国故事的重要力量之

---

① 人民网. 加强和改进国际传播工作 展示真实立体全面的中国[EB/OL]. (2021-06-02)[2022-10-31]. http://cpc.people.com.cn/n1/2021/0602/c64093-32120102.html.

一,兼有"教学者"和"传播人"两种身份,在促进中国对外交流与文化传播中彰显出独特优势。在逆全球化态势下,国际汉语教师在国际传播实践中依然面临许多现实困境,需要重视课堂内外并举,开发讲述中国故事的多元模式;明确教学对象差异,针对不同学生进行因材施教;破除负面偏见认知,构建正面积极的中国国家形象;创新远程教学模式,帮助学生还原多元互动的中国故事课堂。北京外国语大学国际新闻与传播学院博士研究生胡康基于叙事范式框架,结合主体间性、交往理性、新修辞学等理论,从全新视角探索中国故事的叙事,具体表现在阐释中国故事的"元传播"、中国故事的"基因底色"、中国故事的"同一取效",从学理与实践的角度关注"讲好中国故事"这一命题。华东师范大学传播学院硕士研究生高文卿以"互动仪式链"为理论支撑,通过对主流媒体"二十大"融媒作品的分析,从情境、情感、符号三个角度对如何讲好中国故事进行路径分析。党的"二十大"是中国故事中的重要组成部分,主流媒体在新闻报道中不仅要关注"讲什么",更要关注"如何讲",在"情境"中营造受众的"在场感",用"符号"延续价值共识与群体记忆,进而实现受众的认知共识与情感共鸣,打造出深入人心、凝聚共识的新闻作品。中国传媒大学硕士研究生吕奕翰认为,中华经典著作有声作品作为一股新的文化力量,以其新兴的外驱力和强大的内驱力,在如今的国际传播体系中为中国故事的有效传播发挥着力量。从中华经典著作有声作品的传播出发,启示中国的传播者和媒体不忘中华文化根基,构建新的文化传播生态,培养更多传播人才,建立更有话语权的中国媒体,在讲好中国故事的路径探索中不懈努力。扬州大学硕士研究生薛海洋从口语传播中接受者在期待视野中的心理诉求与呈现方式、召唤结构的叙事性留白与共情化视域融合、审美娱乐的社交属性与娱乐化表达三方面分析了接受美学视阈下中国国际电视台(CGTN)的口语传播路径。薛海洋认为传播者的文本塑造需从受众的期待视野着手:在内容上充分考虑受众的文化心理诉求,在形式上探寻口语传播的具象化符号表达;从文本的召唤结构出发,在创作过程中留下可供受众发挥的创造空间;传播者与受众共同构建文本的深层意味;在语言符号中形成含蓄蕴藉的情感认同,通过情感交织的网,召唤传受间的视阈融合。

## 二、守正创新:新媒体背景下的口语传播

随着媒介技术的不断发展,口语传播在新媒体环境下展现出巨大的发展潜力,数字化、碎片化、情绪化的媒介环境也给口语传播的发展带来极大的挑战。新形势下,众多学者从历史回溯、技术演进、实践拓展等多重视域探讨新媒体背景下口语传播的发展路径。

(一)鉴古知今:口语传播理念演进

口语传播的发展历史,最早可以回溯到公元前四五世纪古希腊时代。一般多将希腊三哲苏格拉底、柏拉图和亚里士多德对于修辞的论辩,视为修辞发展的起点。① 可见口语传播具有悠久的历史渊源,且随着时代的发展,不断进行着解构与重塑。在新的媒介环境背景下口语传播正在发生新的变化。

四川师范大学影视与传媒学院副教授、南京大学新闻传播学院博士生米斯茹通过以"口"为媒、以"电波"为媒、以"耳机"为媒,分析了在不同历史环境和媒介技术下,"讲故事"这一口语传播方式在"视觉宰制"的夹缝中自由生长的方式或是听觉文化传播的一个重要形式。福建师范大学传播学院副教授、台湾世新大学博士卢佳音聚焦于数字修辞在实作性上的应用,结合媒介研究的技术物质性视角,融合"技术可供性""动态性""多重主体性""展演性""群我流动性",将经典修辞五要素扩展和转化为一种数字媒介中介下口语内容产制原则,以补全数字修辞在产制面向上的空缺。安徽广播影视职业技术学院教授杨忠认为从远古的巫术祭祀集会等仪式活动到 AI 虚拟主持人的出现,从文化传播走向物质流变,说书人、领读者或智能主播在融入技术、艺术、社会、心理和哲学等元素后将涅槃重生。单向的播音主持艺术离不开用社交化手段维系黏性,在从精神价值到物质价值的嬗变中,全媒体建设将承载着文化和资本的双重责任。暨南大学硕士研究生吴雨晴从口语文化的发展视角出发,以当下的音频型口语实践形态为研究对象,从其发展逻辑、表征比较、兴起逻辑等方向探寻社交新场景下次生口语文化的实践趋势。吴雨晴认为,"口语"这一媒介在当下的电子媒介时代重新焕发生机,重新夺得受众的注意力资源,但需要注意的是,"后次生口语"始终存在于机器之耳当中,在沉浸与再造空间的同时,也实现了与现实世界的割裂,在看似丰富的个人选择背后,是被消费主义裹挟的无差异化的支配,在媒介的按摩中逐渐麻痹却不自知。对此,我们应该重新调动起所有的感官,进入真实的世界,明辨真实与虚拟的界限,以真实且现实的自我重新与世界建立起联系,实现"人"的回归。

(二)实践出真知:口语传播的新尝试

随着移动互联技术不断向纵深发展,纷繁复杂的短视频、直播、社交媒体成为人们日常生活中不可或缺的一部分,共同构筑新的媒介景观。在这个"人人都有麦克风"的时代,多元传播主体利用口语这一媒介在各种场景中发声,这种多元主体的参与丰

---

① 秦琍琍,李佩雯,蔡鸿滨.口语传播[M].上海:复旦大学出版社,2011:10.

富了口语传播的产制方式、传播样态和商业模式。

口语传播在新媒体环境下具有丰富的应用场景,因此学者对于此方面的研究呈现出多层次、全方位、立体化的特点。深圳大学戏剧影视学院教授王婷、硕士研究生张语嫣认为,网络脱口秀节目突出表现在话语形象的整体"祛魅",包括作为话语主体的节目主持人对传统形象的去权威、去精英化,以及以"梗"和"自嘲"为表征的表达样态的网感化;从原先的理性说服到感性狂欢的话语策略。然而,在节目火爆和话语"祛魅"的背后,其蕴含着的新的隐忧仍屡屡被诟病和质疑:对娱乐狂欢的盲目追逐,对权威话语秩序的抗拒,对网络话语底线的触及,对受众单纯的取悦,价值引领的责任等。因此,更需要在话语"祛魅"的呈现中把握并实现话语所承载的社会价值和传播责任,努力在网络赋能下开展更深层的对话,在话题选取和话语传播中更多地实现社会文化和情感价值的共建共鸣,以及基于网络信息组织分众化的多元话语角色定位和信息的有效传递。四川传媒学院有声语言艺术学院讲师王瑞结合传播学的口语传播理论、互动仪式理论和播音主持创作理论,分析政务直播过程中传者和受者的行为策略,他认为对于政务直播而言,口语并未即兴,传播主体需要有大量的前期准备,力求准确记忆并还原"细节";同时强调语体交融,达到严谨而亲切的要求;还需要关注互动反馈,排除紧张干扰因素。华东师范大学博士研究生温凯基于社交媒体蓬勃发展的背景,以网红主播晁然为例,剖析带货主播现状,反思在头部主播的压力下其他主播如何通过自我营销而突出重围,并揭示其语言文本特征、主持话语规则、传播模式变化,以此探讨新时代的主持传播艺术的特性。作者认为要想在社交媒体环境下取胜,获取"社交货币"至关重要,而"社交货币"的获得离不开主播对于自己在媒介拟态环境、现实环境中的形象、身份管理;离不开优质直播场域的加持作用;离不开用户对于主播本身的信任及品牌忠诚度;离不开对个人标签的打造;离不开与用户群体深度积极的沟通;更离不开具备审美、质感的语言的包装与输出。暨南大学新闻与传播学院硕士研究生彭淑怡认为,直播带货从表面上看是电商平台与直播界的跨界合作,实际上其背后建构的是一个大型的口语传播实践平台和虚拟的社交场景。在其完成口语传播的过程中,涉及直播间各符号要素之间的互动,同时,主播和观众之间形成的互联网交互性口语文化也形成了互联网媒介促生的"电子口语文化"。从口语传播的视角来看,直播带货作为电商平台和直播的交互界面,提供了一个口语传播实践平台,整合声音图像文字进行同一传播,在多符号语境的直播间中完成情感或消费的同创与共构。华东师范大学传播学院硕士研究生王虎认为,在媒介话语范畴里,节目主持人话语作为普遍且具有影响力的公共话语,对社会变革和影响受众起到了较大作用。他通过费尔克拉夫三维话语分析理论明确了观察类综艺节目主持人话语的基本特点与规律,阐明了社会视角下隐藏在观察类综艺节目主持人话语中的制约因素与意识形态。华东师范大学硕士研究生王路阳认为,智媒语境下的口语传播具有"创意感""艺能感""在场感"。在智媒时代这一大环境下,万众皆媒,网络中的每个人都是口语传播的参与者,都在用口语传播着自己的信息。同时,大数据、人工智能、VR、AR 等新媒体技术的应用,使虚拟数字人也成为口语传播的主体,整个社会呈现出人机共存的传播局面。中国传媒大学硕士研究生丁韬文认为,近年来随着媒体融合从顶层设计到纵深推进,从"物理捆绑"到"化学裂变",从"局部维修"到"系统集成",媒体融合的实践也逐步与主持传播领域产生更为密切的生态关联,使主持传播在主体构成、角色定位、语体形态、业务需求等方面产生建设性危机,但与此同时也促动了主持传播进一步实现传播思维的升维、情感能力的精雕,并通过对主持业务的自我审视助力媒体融合的多元"变量"成为主持传播的发展"增量"。广西大学艺术学院硕士研究生于特浩通过研究发现,"逻辑性、符号性、矛盾性"等是主持人口语表达中常见的戏剧性表征;同时,在实践中可通过"故事化叙事、逻辑性形塑、比喻辞格移用"等途径完成口语表达中的戏剧化创新。以主持人作为传播主体,将口语表达作为主要形式,把戏剧性元素融入口语表达的策略之中,既适用于媒介融合语境下的语态创新,也拓宽了"讲好中国故事"的表达途径。"去精英化"的表达要求呼唤基于平民视野的新表态,其中"戏剧性"的融入可有效地贴近受众的期待视野、审美旨趣和话语逻辑。更重要的是赋能口语表达的多样性,嬗递主持传播"人文逻辑"的必要性,形塑主持人在从事主持实践中的多元可能性。中国传媒大学硕士研究生王铸以体育解说员为切入点,认为随着技术的不断发展,信息时代可以给受众提供的信息种类越来越多,受众越来越可以凭自己的喜好去选择收看自己喜欢的内容。在这种大数据环境的支撑下,主观体育解说将会具有更大的发展空间,同时解说员要与观众搭建"亲密的公共空间",注重与观众之间的交流互动。中国传媒大学硕士研究生陈虹诺以《锵锵行天下》为具体案例,从口语传播的视角探讨了主持人和嘉宾如何通过语言沟通将文旅节目兴、观、群、怨的节目使命塑造出来,将文化与旅游深度融合的节目宗旨彰显出来,将文旅节目与受众的共通感、互动性调动起来。

新的媒介技术不断催促传统媒体向新媒体转型,"Vlog""短视频""有声书"等新兴传播方式改变了传统媒体的表达语态,丰富了表达形式,进而达到良好的传播效果。辽宁师范大学副教授李伯冉、硕士研究生陈悦佳认为,文博 Vlog 打破了博物馆僵局、增强了大众参与意愿、降低了参与门槛,使创作者和观众都愿意参与到容易上手的文博 Vlog 观演行列中。参与式文化推动了文博 Vlog 的价值表达,提升了大众对于文博的参与积极性,对于传统媒体和文博传统传播方式都有一定的借鉴意义。暨南大学硕士研究生杨卓妮认为,"Vlog+出镜记者"的模式无疑为新闻传播活动注入了新的活力。它既是新闻报道发展的必然趋势,也成为新闻媒介适应网络化、年轻化发展趋势的必然手段。"Vlog+出镜记者"的模式积极适应并学习互联网逻辑下的话语表达,凭借着年轻化、多元化的文本叙事,生活化、接地气化的叙事传播以及趣味、个性的视频化表达方式,在引导中构建了媒介认同,在和受众互动中产生了情感共鸣,彰显了国家认同。中国传媒大学硕士研究生安泰金以时政新闻Vlog为研究对象,从时政新闻Vlog语言传播的叙事视角、叙事内容、叙事表达三个维度入手,提出时政新闻Vlog博主的"自我"叙述视角和"他者"叙述视角,总结主话题内容的副话题化、副话题内容的主体化、主观内容软化时政新闻"硬度"的内容创新方式,提出精准化叙事获得受众共识、交互化叙事激发受众感受、碎片拼接凸显叙事节奏感的表达创新方式,为在国际讲好中国故事寻找到新的范式。中国传媒大学副教授康健、硕士研究生田由甲通过模糊集定性比较分析(fsQCA)的方法从视频主题、出镜场景、话语风格等8个要素出发,对抖音话题"#大V说"中的45个典型创作者的影响力构成要素进行分析。研究发现,新闻评论短视频生产中存在的两种典型微观组合是样本视频获得较好传播效果的关键。由此,通过对结果组态中核心变量的分析总结出提升新闻评论短视频传播力的路径及方法,通过及时发布视频、聚焦社会热点、融入真实情感、营造具身化体验、把握内容深度、立体丰富呈现,以期取得更好的传播效果。中国传媒大学播音主持艺术学院博士研究生王忆希认为,从"大屏主持人"到"小屏主播",传统媒体主持人在新媒体、数字化浪潮下,借助MCN完成"跨屏传播",呈现出不同的跨屏角色,进而体现出平台化下由"虚拟的关系劳动"向"真实的关系劳动"的转变。对于传统媒体主持人"跨屏传播"模式与角色的梳理,既有助于说明与数字技术有特定联系的个人表达,也有助于呈现在不同媒体平台下关系劳动的转变。可以看到,互联网不仅仅正在改变媒介空间,也在对媒体工作者的社会实践与关系构建产生广泛影响。中国传媒大学播音主持艺术学院教授曾志华在主旨演讲中提出并思考广播有声书类节目"谁在听""谁在生产""节目还是产品"三个核心问题。在新的声音传播格局中,广播有声书类节目应当立足于国家文化机构的传媒身份,在媒介化的基础上,注重用户思维,用经得起时间和人民检验的优秀作品,引领健康向上的听觉文化,从根本上有效服务国家"全民阅读"的文化战略。中国传媒大学电视学院国际新闻学博士研究生林阳分析了"凯叔讲故事"在创作前期、创作过程、产品营销的各个环节运用的品牌营销理念。作者认为内容创作思维和品牌营销思维需要在作品产品化的过程中并行,二者相辅相成、无法分割,在有声读物创作的过程中,辅以品牌营销意识,并在创作的各个环节以不同方式具化体现,如此,才能够帮助有声内容创作者更加理解其听众,也能使合适的听众可以匹配到合适的内容,让优秀的内容被更多人听到并能够顺利进行商业转化,为创作者持续产出优质的内容续航。华东师范大学传播学院硕士研究生郭金锦从有声书制作出版的质量管理角度出发,以 S 公司有声书产线为例,研究图书有声化改编的口语传播实践中存在的问题和解决方案。作者认为,第一,现如今有声书品类丰富,竞争激烈,产品更新迭代快,唯有把控头部产品才能稳居潮头;第二,成本水涨船高,与主播工作室的合作需要强有力的质量监督机制;第三,团队建构方面人员流动率过高,产品质量不够稳定,内部人员的培训和专业化再教育很关键;第四,需要厘清和处理好出版方与平台方的竞合关系。

(三)期待与隐忧:口语传播新的语言特征

中国人民大学新闻学院教授高贵武在主旨演讲中探讨了新的媒介环境下,口语传播在表现形式上呈现的新现象,并从文字失语的角度展开思考。高贵武认为要想规避文字失语现象,需要重视以下层面,一个是从个人层面来看,要克服浅阅读和碎片化阅读,养成深度阅读的习惯,提高文字的接触比例。另一个是从平台层面来看,真正优质的内容应该得到更多的推送机会,主流媒体大量使用网络流行语,对于网民来讲也无疑是一种鼓励倡导。当然我们并不否认,语言的发展是流动的,是一个变动的过程,是一个创造性的过程,语言不是僵化的,所以我们看待网络流行语对口语传播造成的影响,以及口语传播对思维、观念、价值、生活行为方式造成的影响,既要看到正面影响,也要看到负面影响,这应该是未来口语传播要继续去研究和深挖的问题。东北师范大学副教授孟翀、硕士研究生王天伯认为,在视听传播中,可爱性作为一种以青年为对象的情感、形象指认,将其加注在语言表达中并进行大众化推广,不仅暗含了和谐社会的轻松气氛,还彰显出数字媒体时代青年文化主流化趋向和娱乐泛化后所形成的文化民主氛围。除此之外,随着跨文化交流渐涉深水的今天,二次元文化中的萌元素加深着中国大众文化的"可爱性"认知。基于此,弥漫在整个社会大众文化空气中的"可爱性",作为一种个体情感的凝聚,映射着新时代下的情感结构更迭,其与高度聚焦社会现实的后情感社会理论相契合。浙江传媒学院教师、博士孙昊及学生余昕晨认为,越来越多的动物元素凸显在青年群体社交语言的话语体系中,即社交语言"动物化",构成了其社交方式的重要特征。从文字到图片、动图、短视频,以及基于虚拟现实技术的网络社交平台的出现,让社交语言"动物化"不仅具有深刻的历史性发展,还具有广泛的应用领域。这种"动物化"的表达有青年群体形象的刻意塑造、本我意识表现的凸显、还有本体安全的自我追求。同时这种现象也值得我们对它给青年群体带来的深刻影响进行审慎思考,它在一定程度上导致了社会个体化的断裂、身份认同的快餐化和成人儿童化的加剧。

### 三、坚守与开拓：口语传播教育的进路

口语传播和具有中国特色的播音与主持艺术专业具有天然的关联性。本届论坛的许多专家学者结合媒介技术、新文科建设、教育理念等视角，集思广益，为口语传播教育的未来发展指明方向。

教育部戏剧与影视教学指导委员会主任委员、北京师范大学艺术与传媒学院教授周星在专家主旨发言中指出，口语传播的语言根底和传播目标、手段都离不开人去实施艺术表达。口语传播具有依存于播音主持艺术的一面。周星以"新文科建设和新学科目录交互背景"为基点，深入探讨播音主持专业人才培养。他首先分析了新文科建设与新学科目录交互背景下播音主持理论与实践交互融合的关系；而后通过丰富的案例探析了播音主持人才培养需注重培育人文素养、树立正确三观、凸显情感价值、鼓励个性表达。浙江传媒学院副院长、教授姚争提出近年来很多学者关注到口语传播和播音主持的相关性，尽管学者们讨论的角度和观点不尽相同，但是大体上都赞同这两种学科具有理论上的同源性、实践上的相似性，两者在理论和实践上的交叉整合是可能的、必需的。华东师范大学传播学院 MFA 硕士点点长、副教授巩晓亮认为，在国家话语权激烈竞争和广播电视学科急剧变革的时代大背景下，重视口语传播的本质，在追溯口语传播的沿革发展之路中寻找答案，显得至关重要，建设"中国特色的口语传播学科研究体系"，是立足于新时代特点下，极具现实价值和学科意义的思考。巩晓亮认为，在口语传播研究不断深入的当下，还需注重国际传播中口语传播的相关研究；注重口语传播人才培养；坚持守正创新，兼顾"技"与"学"；回归口语传统，凸显"中国特色口语传播"价值。

东北师范大学教师侯月认为，元宇宙给口语传播教育发展带来了新的空间契机——全新的口语传播教育应用空间的现实变化；技术契机——虚拟现实技术下的口语传播由人际传播向人机传播过渡；能力契机——口语传播能力迭代进化的全新挑战。作者认为元宇宙视域下的口语教育会呈现以下特点：增强技术与场景的使用；增强口语传播感知力；强调个人的认知和共情力；激发创造想象空间，打造多元审美。南京艺术学院博士生导师周隽、研究生舒雨以全媒体语境下播音主持业务融合创新研究为起点，分析国内播音主持教学的模式与存在问题，结合新文科建设背景下播音主持学科的发展要求，提出播音主持专业改革和创新的路径。作者认为目前播音主持专业面临着教学内容同质化严重，融媒体思维缺乏的弊病。在全媒体时代背景下，主持人

专业素养亟待提高,传统的播音主持课程的教学方法应当跟随时代做出改变,如需要将言语大课与分方向小课相结合;语言基础与思维表达相结合;职业意识与政治、文化意识相结合。上海体育学院博士研究生李子彤、副教授朱俊河通过对比分析主持人大赛、主播有新人与上海市大学生主持新人赛三个大赛的不同与相同之处,试图寻找出主流媒体、地方媒体、高校在新时代对播音主持人才的新需求,折射出当前传媒行业与社会的共同追求,总结出融媒体时代培养播音主持人才的新要求。作者从参赛选手、选拔人才的标准和赛制设置方面分析三个比赛的异同之处,折射出新时代社会对播音主持人才的新需求;分析当下传媒行业对主持人传播能力的新追求,分别是即兴反应能力、采访与访谈能力、实战能力和具备国际视野能力。辽宁师范大学助教毕嘉豪以播音与主持艺术人才培养课程探析为议题,结合近年来在成果导向教育中的综合实践,阐述基于 OBE 教育理念下的"口语传播艺术"课程在教学计划、教学组织、教学思考与展望等方面的设计与经验。作者认为课程应制订更加适应行业和社会发展的课程目标,主动从把握传播、人与社会的本质关系入手,将口语传播课程定位为培养学生跨学科知识迁移和可胜任多元传播岗位的专业课程,更趋向于"专""泛"结合的口语传播实训,更加强调课程目标的可视化,使学生专注提升有声语言"内力"和对于口语传播"硬实力"的培养。中国传媒大学博士研究生胡子豪分析了中国演播艺术家口述史的叙事结构,认为经典的作品依托于演播艺术家的创作个性,本身就是对优秀的文学文本的讲述。这种"二度讲述"使口述历史具备了独特的叙事结构,在叙事人称、叙事聚焦和叙事作品的接受等多个维度呈现出更加多元的表达效果。

正如华东师范大学副校长、教授顾红亮在开幕式致辞中所言:"当前大数据、数字化、人工智能等新兴技术不断涌现,世界正面临百年未有之大变局。在新文科的学科建设中,创新具有中国特色的口语传播学科显得十分必要。"本届论坛顺应时代发展所需,围绕"有声的中国:口语传播与国家叙事"这一主题,从不同维度、视角探讨我国口语传播领域的焦点、热点议题。众多专家学者积极参与讨论,激荡思想,共同擘画我国口语传播未来发展图景。